新疆文物故事

（上）

新疆维吾尔自治区文化和旅游厅　编

文物出版社

图书在版编目（CIP）数据

新疆文物故事. 上册 / 新疆维吾尔自治区文化和旅游厅编. -- 北京：文物出版社，2025. 3. -- ISBN 978-7-5010-8516-3

Ⅰ. K872.45

中国国家版本馆CIP数据核字第2024PS6740号

新疆文物故事（上册）

编　　者：新疆维吾尔自治区文化和旅游厅

责任编辑：冯冬梅
封面设计：程星涛
责任印制：王　芳

出版发行：文物出版社
社　　址：北京市东城区东直门内北小街2号楼
邮　　编：100007
网　　址：http://www.wenwu.com
邮　　箱：wenwu1957@126.com
经　　销：新华书店
印　　刷：文物出版社印刷厂有限公司
开　　本：889mm×1194mm　1/16
印　　张：10
版　　次：2025年3月第1版
印　　次：2025年3月第1次印刷
书　　号：ISBN 978-7-5010-8516-3
定　　价：298.00元（全二册）

《新疆文物故事》编委会

主　　编：徐锐军　　侯汉敏

副主编：李　军　　于志勇

编　　委：李　强　　赵文政　　党志豪　　周志成

　　　　　李文瑛　　白　伟　　郭梦源　　何　李

　　　　　王金文　　张凌志　　刘宏斌

编　　务：张　青　　张明月　　玛丽娜

校　　核：冯志强　　乐谭歆　　余瀚静　　龙玥伊

目　录

上　册

下　册

第三章　万里同文

第四章　徕远静塞

第五章　启航复兴

前　言

　　新疆维吾尔自治区，简称新，位于亚欧大陆腹地，地处祖国西北边陲，总面积 166.49 万平方千米，约占全国陆地总面积的六分之一；国内与西藏、青海、甘肃 3 个省区相邻，周边与蒙古、俄罗斯、哈萨克斯坦、吉尔吉斯斯坦、塔吉克斯坦、阿富汗、巴基斯坦、印度 8 个国家接壤；陆地国界线 5742.1 千米，约占全国陆地国界线的四分之一，是中国面积最大、交界邻国最多、陆地国界线最长的省级行政区。

　　新疆是一个多民族聚居地区，目前共生活着 56 个民族。据第七次全国人口普查数据，截至 2020 年 11 月 1 日，全区常住人口 2585 余万，少数民族人口占总人口的 57.76%。新疆辖有 14 个地级市（自治州、地区），下辖 105 个县（市、区）。新疆生产建设兵团是自治区的重要组成部分，辖 14 个师、9 个市。

　　新疆地形独特、地貌多样，总的轮廓是"三山夹两盆"，北面是阿尔泰山，南面是昆仑山，天山横亘中部，把新疆分为南疆和北疆；阿尔泰山和天山之间是准噶尔盆地，天山和昆仑山之间是塔里木盆地；全疆雪山、冰川、草原、绿洲、沙漠、戈壁并存，有中国最大的全封闭性内陆盆地——塔里木盆地，面积 53 万平方千米，中国最大的沙漠——塔克拉玛干沙漠，面积 33.76 万平方千米，中国最长的内陆河——塔里木河，长 2100 千米，中国最大的内陆淡水湖——博斯腾湖，水域面积 1600 多平方千米。

　　新疆古称西域，自古以来就是祖国不可分割的一部分。生活在这片土地上的各族人民和睦相处、休戚与共，共同开发、建设、保卫祖国的疆土，创造了灿烂的文化，推动着历史文明进步。公元前 138 年，汉武帝派张骞出使西域，西汉政权与西域各城邦建立了联系。公元前 101 年，汉朝在西域设立使者校尉，在今库尔勒、轮台一带屯田。公元前 60 年，西汉政府在乌垒设立西域都护府，管辖天山南北的广大地区。自此，西域正式列入祖国版图。公元前 48 年，西汉政府在今吐鲁番地区设立戊己校尉，管理屯田事务。东汉时期，西域都护府共领护 50 余城邦国。魏晋及十六国时期，中原王朝在西域设立西域长史，前凉在今吐鲁番地区设立高昌郡。隋朝曾设鄯善郡、且末郡和伊吾郡。唐代西域范围，远及中亚，在西域设立安西、北庭都护府，实行郡县制、军府制、羁縻府州制治理。元朝在今霍城一带设立阿力麻里行中书省，管理伊犁至巴尔喀什湖以东以南地区；在今吉木萨尔设立别失八里行中书省，管辖天山南北地区，后又在别失八里行中书省之下设别失八里、和州、斡端三个宣慰司，分管北疆、南疆及和田地区的军政事务。明代称新疆地区为别失八里，后改称亦力巴里，1406 年，明朝在新疆建哈密卫。17 世纪中期，卫拉特蒙古准噶尔部成为中国西北边疆重要的地方政权（史称"准噶尔汗国"）。清朝平定准噶尔部与大小和卓叛乱后，1762 年设立伊犁将军府，代表清朝政府有效管辖天山南北及巴尔喀什湖以东、以南的广大地区。1884 年，正式建立新疆省，省会设在迪化（今乌鲁木齐市）。1949 年，新疆和平解放。1955 年，新疆维吾尔自治区成立，首府设在乌鲁木齐市。

新疆作为古代"丝绸之路"的中枢要地，是东西方文明交流荟萃的重要区域，在漫长的历史长河中，各民族人民在这片土地上共同创造了辉煌璀璨的优秀文化，留下了大量弥足珍贵的文物遗存。据第三次全国文物普查和第一次全国可移动文物普查数据，新疆现有不可移动文物遗址9542 处；全区文化和旅游（文物）系统归口管理的博物馆、纪念馆、文管所等文博单位藏品总量25 万件／套，其中一级文物 916 件／套，二级文物 1899 件／套，三级文物 7321 件／套；新中国成立以来，在新疆维吾尔自治区党委和人民政府的领导下，新疆几代文物工作者历远方晴翠，涉大漠广川，起文物于地下，飨世人以华章，考古发掘和文物研究工作取得了丰硕成果。这些成果上至远古文明曙光，下至社会主义建设时期，从总体上反映着新疆的历史进程，反映了新疆的命运始终与伟大祖国和中华民族的命运紧密相连。通天洞遗址、吉仁台沟口遗址等史前时期考古发掘出土的黍、小麦等农作物遗存和燃煤遗存为东西方文化交流、天山区域时空框架及文化序列梳理提供了佐证；楼兰古城、交河故城、北庭故城、石城子、克亚克库都克烽燧遗址等的考古发掘和出土文物研究有力证明了中央王朝在西域的军政设置和有效管辖；尼雅遗址、扎滚鲁克墓群、营盘古墓、阿斯塔那古墓等出土的纺织品、文书竹简、泥塑木俑等实证了多民族融合、西域和中原东西方文化交流的历史事实；克孜尔石窟、达玛沟佛寺遗址等宗教遗址和考古研究印证了新疆是多种宗教并存的地区；格登碑、卡伦等反映着新疆各族人民维护祖国统一的坚定信念；克一号井等革命文物展现了中国共产党领导各族人民建设美丽新疆的历史长卷。

习近平总书记在亲临新疆视察、听取自治区和兵团工作汇报时指出："要加强中华民族共同体历史、中华民族多元一体格局的研究，充分挖掘和有效运用新疆各民族交往的历史事实、考古实物、文化遗存，讲清楚新疆自古以来就是我国不可分割的一部分和多民族聚居地区，新疆各民族是中华民族大家庭血脉相连、命运与共的重要成员。""要把铸牢中华民族共同体意识工作抓实。要加强文物和文化遗产保护利用，引导干部群众树立正确的国家观、民族观、历史观、宗教观。"

总书记的重要指示为做好新疆的文化遗产保护传承利用工作提供了根本遵循和行动指南，全区文物工作者备受鼓舞，倍感振奋，在具体工作中深入贯彻习近平总书记重要指示精神，为讲好新疆故事、铸牢中华民族共同体意识发挥更加重要作用。为此，新疆维吾尔自治区文化和旅游厅（文物局）组织全区文博单位专家学者，以通俗易懂的语言和图文并茂的形式，展现重要的考古发现和珍贵文物，并将其中 73 篇佳作结集成《新疆文物故事（上、下册）》，带领读者走进新疆历史的深处，感受那些被岁月尘封的辉煌和传奇，更加深刻地认识到中华文化的博大精深和中华民族的伟大精神。

第一章 文明曙光

炜煜之光，薪火相传

——新疆考古发现的钻木取火器

于志勇

旅雁上云归紫塞，家人钻火用青枫。

在杜甫《清明》诗句里，提到了我国古代清明寒食"改火"的礼俗，追溯起来，是古代钻木取火，因四季所用树木种类不同，所以叫"改火"。中国古代典籍《周礼》中有更火之文，汉代大学者郑玄曾注释说："春取榆柳之火，夏取枣杏之火，季夏取桑柘之火，秋取柞楢之火，冬取槐檀之火。"看起来仪礼和规则似乎很是繁缛。

如今，作为古代人类用火的重要方式之一，钻木取火的技能、方式、材料，乃至礼仪形式等，除存留于卷帙浩繁的典籍，凭借近现代民族学、民族志资料能够展开充分的联想、比较外，多已成为当今人们对遥远时代的回忆。

钻木取火，始自洪荒远古，是人类征服自然的革命性成果，是利用钻木摩擦而取火的总称。由于古代钻木取火工具材质均是木、竹等有机质材料，历数千载，多已腐朽不存，且近代以来考古出土者弥少，遂愈为今人所熟知而无睹见。

近数十年来，在地处中亚内陆干旱地理环境的新疆地区，发现了保存相对较好的许多钻木取火的遗物。据不完全统计，迄今新疆地区考古发现钻木取火器已有 40 余件。这些钻木取火器，对我们了解古代先民钻木取火技术的问题，有很多有益的启示。

新疆地区钻木取火器，最早是 1906~1913 年，英国探险家斯坦因在尼雅遗址、安迪尔遗址、楼兰古城等地发现的。采集的多件钻木取火器，基本是长条形方木，长边一侧有若干钻眼，还有套装的钻木取火器包，内置两件钻木取火器；或者钻木取火板和钻木棒有系孔，用细毛绳联结在一起。取火板上都残留有烧焦的炭黑痕迹，钻眼侧均有纵向切出的引火槽（图一、二）。

图一　1993 年尼雅遗址采集的钻木取火器

图二　1995 年尼雅遗址 M4 出土钻木取火器

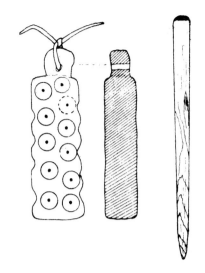

图三　1993年鄯善县苏贝希三号墓地M27出土钻木取火器

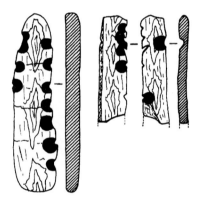

图四　1986年和静县察吾呼一号墓地出土钻木取火器

中华人民共和国成立之后，各地陆续发现了形式各异的钻木取火器。较为典型的，在吐鲁番盆地，1978年，在托克逊县西阿拉沟和鱼儿沟春秋战国时期的墓葬中，出土了多件钻木取火工具，长10~20厘米，在木片的一侧或两侧钻有数量不等的钻眼，少者两三个，多则十数个，在外侧均凿有一个楔形引火槽。1993年，在鄯善县苏贝希三号墓地M27出土的钻木取火器，长条形，一边整齐，另一边有均匀的刻槽（图三）。侧面留有孔痕。前半截排列着连续的6个使用过的钻眼，后半截仅见5个钻出的圆圈痕，是预制好位置的。M3出土的为长方形，顶端有一个圆头上穿孔并系有皮条，器身一面有两排11个钻眼，钻眼边侧有引火槽。同时出土钻杆2件。鄯善县洋海一号墓地出土钻木取火器10件。由钻杆和取火板组成一套，有的只剩下其中之一。取火板为长条形，钻眼边有引火槽。钻杆为锥形木棒，头部较粗，尾部较细，大多也有使用过的痕迹。1984~1988年，在和静县焉耆盆地察吾呼一号墓地、四号墓地、五号墓地先后出土钻木取火器5件，均用长条形木板加工而成，长短不一，其上有钻眼一排或两面都有钻眼（图四）。在昆仑山北麓的且末绿洲扎滚鲁克墓地出土钻木取火器7件，基本有取火板和钻杆，一号墓地M81出土的长方形钻木板长达50厘米，细圆木棍钻杆长达41厘米。在和田绿洲民丰县尼雅遗址，历年考察采集钻木取火器十余件，和田地区博物馆藏NN54，长10.5厘米，上有两排9个钻眼；95MNI号墓地M4出土钻木取火器一套，

钻木残，长方形带柄，上有小孔。其上残存8个钻眼，钻杆完整，复合式，在一直木棍上一头开槽装上圆柱楔状钻头，用毛线绳捆绑。洛浦县山普拉墓地也出土钻木取火器2件。在哈密盆地，2004年在伊吾县拜其尔墓地出土钻木取火器一件（图五）。在帕米尔高原的塔什库尔干塔吉克自治县北的春秋战国时期墓葬中，出土了一件长方形钻木取火器，在两个侧边上有几个楔形小竖槽，是预制钻取火点（图六）。

简单统计归纳可以看出，出土的钻木取火器，包括钻木杆(棒)和取火母板两部分。钻木棒(杆)的形态基本上是圆棒形状，以长而直的树枝加工而成，也有部分复合而成。取火母板从形制上可分为两大类：一类是直接经过削制加工而成的木棒，另一类是长方形或长条形木板。就器物的使用痕迹观察，钻木杆多为较为硬质的直木棒，一端呈圆形，有系绳的凹槽或穿孔；取火板，一般多用较硬或材质较为疏松的材料，一端均有系绳的穿孔，便于携带使用；钻眼均靠近木板的一边，呈排列状，钻眼底部，多留有烧灼的焦黑痕迹。钻眼紧挨的侧边，均加工出与钻眼同向的引火槽。在钻眼一边加工出引火槽豁口，我们分析，是为了使急速施钻产生的火星木屑聚集一处，点燃引

图五　2004 年伊吾县拜其尔墓地出土钻木取火器　　图六　塔什库尔干塔吉克自治县北春秋战国时期墓葬出土
钻木取火器

火材料。

　　新疆上述各地点发现的钻木取火器，数量较多，保存较好，形态多完整而且可观察，年代早的可以到青铜时代或早期铁器时代，晚者可以到汉晋时期，或见诸墓葬，或见诸房屋建筑遗迹、烽燧遗址，表明自史前时期至汉晋时期，西域各绿洲居民已普遍掌握了钻木取火技术。

　　在新疆周邻地区，也曾发现过钻木取火器。斯坦因在敦煌的烽燧遗址采集到一件钻木取火器。1979 年，在敦煌曾经出土过钻木取火器，整理者根据简牍资料，命名为"出火器"。在汉代张掖郡居延、肩水两都尉所辖边塞上的烽燧、塞墙遗址，曾经发掘出土过点燃烽火用的草苣和取火工具。取火器由一根木杆和一块有孔的木板组成。而在敦煌出土的简牍中，士兵武器籍账"守御器簿"里不乏钻木取火器的记载。20 世纪20 年代，在蒙古国诺音乌拉墓地 6 号墓葬发掘出土钻木取火器一套；苏联学者在帕米尔地区也发现过成套的钻木取火器。

　　20 世纪初英国学者 T. A. 乔伊斯对斯坦因采集的尼雅遗址以及其他遗址所出钻木取火器——这种通过快速钻木而生火的原始装置进行了研究，认为这种与现今野蛮部落仍在使用的取火板相似的装置可能曾一直为高度开化的中亚地区所使用，并且一直延续到 8 世纪，颇令人奇怪。他还指出，类似的装置在古典时期就有所闻，而且在印度开化之后，它尚未完全消失。

　　观察新疆出土钻木取火器的形态和使用痕迹，我们发现，用于钻木取火的木材，多是质地较为坚硬或质地疏而较坚实的木材；而钻火杆也是质地坚硬的木棒。在发现的所有的取火板上，存在一个普遍的现象：在长方形或长条形取火板的钻火面，钻眼多在靠近侧边的位置，排列有序，钻火眼点在钻火前均进行过预制处理——使用刀或钻在钻眼点切削或刮挖出一个凹口，再在紧邻每个钻眼的板的边侧，刻出竖向的槽口，这些槽口基本上与取火板两面的钻眼对应，连在一起。从痕迹看，经久使用后，钻眼已和引火槽豁口贯通。根据与有关民族学资料的对比，预制钻眼点位、开切孔边的槽口，目的是使得钻杆在急速钻磨的过程中，产生的火星能够从槽口流下，使放置在槽口位置的引火材料转瞬引燃，迅捷地采到火苗，从而成功实现钻木取火。

新疆发现的上述钻木取火器的使用，具体的途径和方式应当是通过双手或木弓形器转动钻木杆，产生火星，火星顺引火槽流出，积蓄到预置的引火材料上，引燃引火材料并成功取火。取火中所用的媒介物，即引燃火苗用的芯绒、木棉絮等为有机物，因年代久远，不易保存，很难在考古发掘中发现。

关于钻木取火的技术细节，《淮南子·说林训》里也有一些零星的记述。"以燧取火，疏之则弗得，数之则弗中，正在疏、数之间。"疏，是迟缓的意思，数是疾速的意思，说明钻木取火既要掌握节奏，经验又尤为重要。而在一些唐代赋文里，则有关于钻木取火的精彩描述。

王起在著名的《钻燧改火赋》中形象生动地记述了钻木取火的过程和细节："尔其始也，命工徒案林麓，选槐檀之树，榆柳之木，斩而取也，期克顺于阴阳，钻而改之。序不愆于寒燠，既类夫求美玉而琢山石，又似乎采明珠而剖蚌腹。尔其钻也，势若旋风，声如骤雨，星彩晨出，荧光夜聚，赫戏郁攸，赪炽振怒，青烟生而阳气作，丹焰发而炎精吐，影旁射而曜威，气上腾而以顺兹四时。"

在另外一篇《取榆火赋》中，王起这样描述取火的感受："取榆火之有常，钻之弥坚，初若切磋之响，动而愈出，俄生炜煜之光……其执热也，殊金燧之感；其攻坚也，非水石之钻。佩之，或杂于刀砺，用之，以代其槐、檀。运手而绿烟乍起，属目而朱焰可观，余烬收之而有耀，死灰然之而孰难。束蕴是繁，抱焦众伙，何镕铸而不赖，何燔炙而不可。红星忽迸，不异乎种天之星……"

若排除修饰润色的辞藻，可知唐代钻燧取火，首先选定木材；钻火时用手搓动木枝，急促地、持续不断地施钻，被钻之处，首先生烟，继后则"丹焰发而炎精吐"。

明代宋濂《宋学士文集》还记述了一个有趣的故事："宋子闲居，见家人夏季改火，不用桑柘，取赤樨二尺，中析之。一剜成小空，空侧开以小隙，一剜圆大，与空齐，稍锐其两端，上端截竹三寸冒之，下端真空内以细绹缠其腰,别藉卉毛于隙下,左手执竹,右手引绹,急旋转之。二樾相轧摩,空木成尘,烟轳起。尘自隙流,毛上其烟蓊荮,以虚掌覆空之,则火焰焰生矣。"

揭暄《璇玑遗述》详细记述了取火的具体方法:"如榆则取心一段为钻,柳则取心方尺为盘,中凿眼,钻头大,旁开寸许。用绳力牵如车,钻则火星飞爆出窦,薄煤成火矣。"

典籍所记述的钻木取火时讲究"疏""数"和钻孔一侧开"隙"等,依稀地记录了古人的生活方式及其技术之传承;钻木取火,在取材、选定钻眼的位置、施钻、引火等环节上需要具备经验的积累、熟练的技能和高超的技巧。

新疆发现的钻木取火器,应当就是古代文献里所记载的"木燧"。在《说文解字》里,燧,为形声字,从火,遂声。本义为古代取火器具。《韩非子·五蠹》:"有圣人作,钻燧取火,以化腥臊,而民悦之,使王天下,号之曰燧人氏。"文献里记述的"木燧"的形态,虽然无法想象,但从文献所记"燧"的字源分析,可知其是钻木取火的工具。在古代篆文里,"燧"字的形态极似一块有两排钻眼取火木板之象形字,从火。可逻辑地推想最早"燧"字的产生,可能源自取火具中钻木取火器具的初始象形。钻木取火器即"木燧",而"木燧"即专指钻木取火工具。

人类最早的人工取火有很多的途径和方法,在文化发展、融汇的过程中,直接和日常生活、生产、祭祀、战争密切相关的技能和手段,会最为迅速地成为完善、成熟的技术,一些落后的技术可能会被淘汰和更新,而钻木取火技术最有可能成为成熟、便捷、可靠、高效、低成本的取火方法之一。首先,钻木取火不受时间、空间和材质的限制;其次,取火用具可便携使用;再者,基本不受取材量的影响,只需要简单加工的预制备件即可以随时随地使用,尤其利于狩猎和军旅等。汪宁生先生在对多种途径的取火方法进行分析后就曾指出:"从先秦到汉晋时期,人们日常生活中普遍使用的取火方法就是钻法。"

在人类"知者创物"文明史上,钻木取火或钻燧取火所产生的历史性影响和革命性意义深远而伟大,始钻燧者和始教燧者在全世界各民族的记忆深处,永远闪耀着智慧的光芒。如同希腊神话里普罗米修斯盗火传说在欧洲的传播影响一样,在中国古代,燧人氏的历史传说广泛而久远。中国古代先民不仅对于钻木取火、钻燧取火有了长期的历史经验积累,深谙取材、物性、取火之法,而且自先秦时期起,最早发明钻木取火的人——燧人氏,与神农氏、伏羲氏、嫘祖、伯益、仓颉等神话传说里的诸神相继被纳入了祭祀行列。《周礼·夏官》记："司爟掌行火之政令。……凡祭祀，则祭爟。"经学家们的解释里，多是感恩的崇礼之辞："祭爟，报始钻燧出火者，不敢忘其德"；"报其为明之功"；"祭始教燧者。"《五礼通考》中甚至宣扬："凡民非火不活，故祭而报其功。先王于有功之人未尝忘报，如先蚕、先农、先卜皆有祭，而况钻木出火以教人者乎！"

自中国先秦时期起，钻木取火就被赋予了技术的仪礼性——特殊而神圣的价值含义，逐步形成了一套完整的"改火"仪礼习俗制度，被纳入礼的范畴，成为人们应该遵守的行为规范和社会公德，并且为历代统治者所利用，每隔一定的时间要灭去旧火，并以原始的钻法钻取新火。这就是"钻燧改火"。《管子》中说："当春三月，……钻燧易火，抒井易水，所以去兹毒也。"又说："冬尽而春始，教民樵室、钻燧、瑾灶、泄井，所以寿民也。"汉唐时期，钻木改火之法，更为盛行，改火的方式也不仅以钻燧来实现，还有其他的取火办法以易火；每逢寒食节，有禁火而寒食的习俗。唐代皇室在每年清明要举行庄严而隆重的赐火仪式。改火也屡屡见诸历代文人笔下。

恩格斯曾指出："在学会了摩擦取火之后，……现在还在民间流行的一些迷信就表明了这个在意义方面几乎不可衡量的巨大发现给人类留下了多么深刻的印象。……在人们知道其他一些取火方法很久之后，在大多数民族中，任何圣火还都必须由摩擦产生。"而还有许多资料也表明，在许多宗教仪式中一切都要率由旧章，采取古老的取火法。新疆考古发现的钻木取火器除了在技术史上有着重要科学意义，对于探讨西域古代先民取火、用火、火崇拜等文化史上有关问题，也有着重要价值。

通天洞遗址考古发掘手记

于建军

  2014 年 8 月 29 日的下午，丁忧在家的我收到了已退休的铁男老师发来的几张照片，他作为专家组成员正在检查指导北疆各县可移动文物普查工作，在从和布克赛尔蒙古自治县前往吉木乃县时，吉木乃县文物局江尔兰局长带他们考察草原石城，他在石城核心区的一个洞穴附近，发现了一些陶片，并拍了下来，都是夹砂红陶，表面有刻划压印的纹饰。同时发来的还有几张洞穴照片（图一、二），显示洞穴很大，也比较深，让我沉寂一段时间的心情因此而激动，一下子感觉到这应该是个了不起的重要发现，青铜时代的早期遗址在新疆还没有发现过呢！阿尔泰山南麓，虽然有学术界认可的切木尔切克文化，但至今未发现明确的相应遗址，这次发现会解决这个问题吧？还是洞穴遗址，真值得期待啊！

  10 月初，我回到单位，见到铁男老师，我们写了一份报告，交到所里，希望能尽快去吉木乃县做个调查，但由于已是深秋，吉木乃县天气已经冷了，就计划第二年再去。

  2015 年对我的工作而言，上半年没有去野外，算是平静。到了 7 月，所里安排去吉木乃县调查通天洞遗址，这应该是这一年中最重要的一件

图一 洞穴遗址

图二 洞穴内发现的陶片

事。7月9日我从乌鲁木齐坐飞机抵达阿勒泰市，与从青河赶过来的同事艾涛和哈力会合，次日前往吉木乃县。11日去通天洞遗址，县城距离遗址并不远，只有40多千米，但十多千米的山路不太好走。抵达遗址后，发现这里确实是一处奇特之地，花岗岩球状风化和冰碛地貌塑造出鬼斧神工般的奇迹，我们没有更多的时间去打量那一路奇妙的风景。

在吉木乃县文物局阿加汉局长的带领下，我们来到两块巨大岩垒之间相对开阔的地方，中间铺开了五顶毡房，左二右三，如茵绿草上看得出人来人往的痕迹，像是旅游接待煮肉喝酒欢歌的地方。毡房之间有小路蜿蜒而走，沿小路向上，踏上几块岩石，眼前豁然展现出几个洞穴（图三），略呈"品"字形，其间上半部套有几个孔洞和岩穴，现出别有洞天的姿态。左边的一号洞，洞口开阔，长22.5、进深16.6、高5.8米，里面堆积了很厚的干牛羊粪，看得出时代很久远，已没有太大的异味，洞壁上多有泛黑似烟炱的水锈。东壁下有4个小洞，最北洞口较大，有土块垒砌的小矮墙，看样子很深，阿局长说牧民在这小洞里关过羊什么的，夏天洞穴就是个天然牛羊圈；其余南面的三个小洞都很小，洞口几乎被填实了，最南的洞与二号洞相连，牧民家的狗在里面钻来钻去，洞顶塌陷出很大的天窗，这自然是通天洞得名的原因了。

在洞口外面偏南的位置，即二号洞口前，有很厚的堆积，陶片就是从这块堆积中被雨水冲出来的。除了陶片之外，我们还看到大量的碎骨，从这堆积上看，洞穴使用的年代久远，到了近代好像依旧被反复使用。

图三 通天洞遗址

调查完通天洞遗址后，阿加汉局长又带我们调查了即将修建的 G219 沿线涉及的古墓葬，并参加了县里为公路修建召开的协调会。县里很重视这条国道的修建，县委书记主持会议，在各单位发表意见后，专门让我代表文物考古部门说明一下涉及的古墓葬及其保护方案，这让我感觉吉木乃县十分重视文物保护工作。

调查工作顺利结束，我返回乌鲁木齐，向所里汇报了调查情况，并撰写了调查报告。

终于，在 2016 年初申报主动发掘项目时，通天洞遗址位列其中。

7 月 5 日，通天洞遗址正式开始发掘。

2016 年通天洞遗址考古队人员有我、多斯江、尚玉平以及中山大学的本科生范丽媛、新疆大学研究生卓娅、吉木乃县文物局阿加汉局长和他们聘的司机赛力克。草场赔偿之类的前期工作吉木乃县文物局已经协调好，所以工作进展得还算顺利。我们选择在一号洞穴内和二号洞穴洞口前各布置一个 5 米×5 米的探方，以初步了解该遗址的文化特征（图四、五）。

7 月的通天洞雨水比较多，地一直是湿的（图六），两名女生并不介意黑泥，即便有时脸上也沾上了，这让我刮目相看。一号洞穴内的干牛羊粪清理是一项

图四　洞外探方

图五　洞内探方

图六　潮湿的探方

图七 洞穴内探方清理

图八 发现的石器

费时耗力的体力活，竟然板结了60厘米左右的厚度，如果分块包装，以通天洞牌有机花肥的名号限量出售，估计也会卖得不错。

外面探方草皮下很快就有烧土出现，频繁用火痕迹明显，动物碎骨很多，也许牧民们喜欢在这里煮肉饮酒，留下这样的痕迹；陶片也很多，这应该是古人留下被后人翻出的。一号洞内探方牛羊粪清除之后，我们开始布置探方，罗盘竟然一直摇摆不定，难道洞穴内有强烈的磁场？几番周折，布好探方，发掘很浅的约15厘米之下的一层，居然就发现了一把铁刀；再向下发掘，土色变灰，刻划纹压印纹陶片出现；再向下土色变得单一，黄色，沙土，自然堆积，这到底了吗？怎么就生土了呢？洞穴宽阔的开口、低矮的高度暗示堆积应该很厚啊，也许真的没那么厚？虽然犹豫了几下，可毕竟没有显示出抵达洞穴底部啊，还是坚定地向下发掘吧（图七）。

向下的速度很快，60厘米左右的深度下遇到了坚硬的岩石，这回大家都认为到洞底了，本来在"生土"中发掘就很奇怪了，到结实的岩石应该确实到底了。我在探方里仔细观察那些岩石，感觉应该是板结的岩石碎块，可能是洞顶塌落的。继续干吧！十字镐把子断了，再换一根，镐尖秃了，再换一把，在工人们颇感厌倦时，最厚1米左右的岩石层挖穿了，石器、化石出现了，这是旧石器的地层！我判断这些石器早到距今两万年，或者一万多年（图八）。

这需要以更专业的旧石器考古发掘方式来继续以下的工作，国内旧石器考古实力强的单位有中国古脊椎动物与古人类研究所和北京大学考古文博学院，先把这个发现汇报给所里吧，把石器照片发到所里，正好北京大学考古文博学院专研旧石器的著名学者王幼平教授一个月前陪同旧石器考古学家欧弗·巴尔-约瑟夫来过所里，看了以前采集的旧石器，还谈到了新疆旧石器考古的问题。当王老师看到通天洞遗址出土的石器照片，肯定了这些都是典型的莫斯特三期的旧石器，敏锐地发现这应该是一处很重要的旧石器遗址，立刻准备动身来现场。与此同时，我也咨询了中国科学院古脊椎动物与古人类研究所的高星老师，他正在西藏开展工作，抽不出身来现场。

这时候我看了2015年给所里写的调查报告，还真有一句"旧石器文化层堆积存在的可能性很大"，心里不禁为调查时的准确预判暗暗兴奋。

通天洞遗址从一开始发掘其实就是引人关注的，7月24日，在巴里坤参加了东黑沟遗址现场学术会议的中国人民大学、吉林大学、内蒙古自治区考古研究所、北京科技大学、宁夏岩画研究中心等高校和科研单位的魏坚教授、韩建业教授、朱泓教授、李延祥教授等许多学者来到了通天洞遗址，进行现场考察和指导（图九）。他们从阿勒泰市，经过布尔津县、哈巴河县，到达了吉木乃县，一路考察了切木尔切克墓地、托干拜二号墓地、额德克遗址，最后来到了通天洞遗址。这时候遗址已经发现了旧石器遗存和动物化石，等待北京大学考古文博学院王幼平老师来现场，确定下一步工作。魏老师他们考察完遗址后，我在县委办公大楼会议室专门向到来的各位老师和学者介绍了近年来新疆文物考古研究所在阿勒泰地区的考古工作和收获。在进大楼时，正好遇见县委李君霞书记，当得知来了很多学者，准备举行一个小型的关于阿勒泰考古工作的座谈时，她当即表示要参加，推掉了去乡镇参加的重要会议，并要求在单位的相关领导都要参加（图一〇）。

图九　中国人民大学、北京科技大学、吉林大学、内蒙古自治区考古研究所、宁夏岩画研究中心等高校、科研机构专家学者在阿勒泰地区文物局乌东军局长陪同下考察通天洞遗址考古发掘现场

图一〇　考古座谈会

我做完汇报后，各位老师提出了宝贵的建议，李君霞书记表达了对阿勒泰文物考古工作所取得收获的惊讶，提出要和学者们多聊聊，带大家去参观吉木乃县国门，讲述了关于国门的故事（图一一）。老国门在第三次全国文物普查时也被列入近代文物，那是 2009 年的事情，当时我是阿勒泰地区的文物普查指导员，从 1998 年到 2008 年，每年都会来阿勒泰工作，与这里结下了不解之缘，有时候感觉自己已经成了阿勒泰人。

魏老师等学者着急返回阿勒泰，从那里乘飞机返回学校或单位，李君霞书记还是坚持一起吃完晚饭再走，学者们深深感受到了边疆小城的热情和对文化文物工作的大力支持。

这种热情和支持在以后的工作中逐渐表现得炽热和感人。

图一一　吉木乃县中国与哈萨克斯坦老国门

后面还来了中国古脊椎动物与古人类研究所的周新郢和李小强研究员，他们是西北大学王建新老师推荐的，想做一下古环境的相关研究，浮选了一些植物种子，并做了小探方。这个小探方是有争议的，有些学者认为不应该做，我的下意识里也是不应该做的，当时为了配合阿勒泰地区的文化旅游宣传，我被叫去了阿勒泰市。不过，著名的大小麦就是通过这次浮选发现的，后来用炭化麦粒做碳十四测年，结果是早到距今5200年，这是一个重要的发现，是目前国内发现最早的大小麦，说明这里可能是早期小麦、大麦传播的一条重要通道。

再往后还来了南京大学水涛教授、中央民族大学肖小勇教授。一时间，通天洞遗址的重要性越发凸显出来，对已知的未来充满期望，这里将来很有可能成为旅游的热线地域，为和布克赛尔蒙古自治县和吉木乃县人民带来幸福，通天洞遗址所在的托斯特乡原来叫幸福公社，这些因素凑在一起，让人激发灵感做了这样的对联：

　　通天洞，洞通天，自古一洞天

　　幸福地，地幸福，从来两福地

　　横批：造化胜境

8月6日，王幼平老师派他的学生李昱龙抵达乌鲁木齐，第二天所里安排其前往吉木乃县，发掘G219公路建设项目涉及古墓的胡兴军陪同他一起赶到了吉木乃县。通天洞遗址的旧石器考古工作正式开始了。8月14日，李文瑛所长陪同王幼平老师、何嘉宁老师来吉木乃县，我们把他们接到通天洞遗址所在的托斯特乡时已经下午六点多了，王老师不顾劳顿，提出还是去遗址现场看看，我们就接着带路，一起赶到了遗址，可以感觉到王老师的疲倦一下子被遗址现场的状态冲淡了（图一二）。

这将是一个快乐的夜晚。

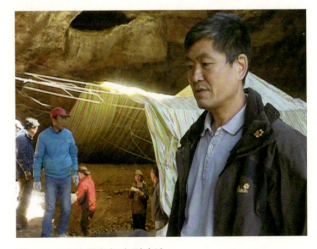

图一二　王幼平老师来到遗址

　　王老师在吉木乃县住了两天，如果不是学校有重要的事情，还会多住一些天的，这个遗址对王老师这样的学者来说，太有吸引力了。

图一三　郭子祺团队进行勘探

　　天气越来越冷，工地上的工作逐渐受到影响，前面的学生已陆续回学校，中山大学的范丽媛在 8 月初离开了吉木乃县，卓雅在 8 月 7 日返回位于乌鲁木齐的新疆大学。中国科学院遥感研究所郭子祺的团队按照前面的约定来到工地，进行遥感探测，对遗址的情况有了大致的了解。探地雷达和电法物探结果表明，一号洞穴探方目前深度再向下大概 6 米还应该有文化层堆积；洞穴前面平地上，应该有比较大的墓葬；在对面崖壁下面 6 米深之下可能还有较大的洞穴；对面崖壁后面相对封闭类似于四合院里面也有文化层堆积，至少 3 米厚，我们在那里地表也发现了陶片和石英岩等。这些信息为深层次认识通天洞遗址提供了重要的参考依据（图一三、一四）。

　　发掘即将结束时，县委李君霞书记专门请我们吃了一次饭，我把通天洞遗址考古发掘的情况向书记做了介绍，同时表达了对工地安全的担忧，因为我们了解到，吉木乃县民间有专门收集石器的，据说还做过民间展览。李君霞书记听完后郑重表示，要在秋冬季节做好通天洞遗址的安防工作，要筹措资金，用最先进的监控设施，确保遗址万无一失。我非常感动，要知道，吉木乃县

图一四　遗址及相关周边环境

图一五　洞穴的围栏

图一六　考古工作结束时的合影

是多年的国家级贫困县。在冬季来临之际，我听到了好消息，通天洞遗址已经安装了先进的微波对子监控，同时还修建好了围栏（图一五）；还有一个好消息，就是县里准备与牧民协商，置换遗址所涉及的草场，这无疑是最值得期待的！

2016 年通天洞遗址的发掘结束了，我们又转向了另一处主动性的考古发掘工作（图一六）。

第一缕煤火

——新疆吉仁台沟口遗址用煤遗迹的发现

阮秋荣

　　人类历史沉淀了浩瀚如烟的物质文化和精神文化，考古学的最大魅力就是用田野考古发现不断确认、修正甚至改写我们对历史的认知，使我们不断向历史的真实靠近。众所周知，煤炭是地球上蕴藏量最丰富、分布地域最广的矿物燃料，对于推动社会进步和经济发展发挥着巨大作用，是工业的"真正的粮食"。"中国是世界上最早发现并利用煤的国家"，这个最早是指战国至秦汉之际，而考古最新发现将人类用煤历史上推了1000余年，那么煤最早在什么时间、什么地方被人类所利用呢？它又是被如何发现的？如何被确认的？……2018年中国十大考古新发现——新疆尼勒克县吉仁台沟口遗址（图一）以明确的证据回答了这些问题，兹将发现经过和认识介绍于下，以飨读者。

图一　遗址地理位置与环境（西—东）

　　2015 年 6 月为配合尼勒克县基本建设，新疆文物考古研究所开始对尼勒克县吉仁台沟口墓地实施抢救性考古发掘工作。吉仁台沟口墓地位于尼勒克县恰勒格尔村东约 1 千米的山谷中，喀什河从这里流出山谷，河岸北侧台地上零零散散分布着大小不一的若干古墓葬。

　　发掘工作顺利进行，一座座墓葬依照发掘程序被清理完毕。两个多月的时间里，考古队共计发掘墓葬 70 余座，既有青铜时代的屈肢葬、早期铁器时代的偏室墓，又有秦汉时期的中型土墩墓，还有隋唐时期的殉马墓等，墓葬类型多样，年代跨越近 3000 年，出土遗物 100 余件。这也从侧面证实了喀什河沟口处的吉仁台自古以来就是人类繁衍生息的宝地，承载着伊犁河谷古代文明发展的印记。

　　时至 8 月的一天，考古人员在清理一座墓葬（编号 M49）时，突然有了惊喜的发现。首先发现，此墓葬为一座竖穴土坑墓，葬式为侧身屈肢（蜷曲状）。随葬品有一件陶器和一面铜镜。从葬式葬俗和随葬品判断，墓葬时代特征明显，是一座青铜时代晚期墓葬，年代至少在距今 3000 年。对于考古人员来说，越早的东西具有越大吸引力，能让我们不断探索未知、揭示本源。

　　此后，又有一个意外的惊喜：此墓葬"打破"了一座小型房址的地面（即营建墓室下挖时把早期房子地面破坏了）（图二）！这说明墓葬的年代要晚于房址！考古学上，遗迹的打破关系指的是晚期人类活动遗迹打破早期的地层或建设而形成的地层关系，说明了遗迹的相互早晚关系，墓葬打破了房子居住地面，也就是说墓葬的年代晚于房址的年代，

图二　打破房址的墓葬

这是考古发掘过程中判断遗迹现象早晚关系的常识。在新疆地区古代墓葬的发掘较多，汉代以前遗址的发现和发掘相对较少，遗址信息在研究古代社会方方面面价值巨大，可以填补众多研究空白。显然这是一处3000年以前的早期遗址，其珍贵程度不言而喻。其后的发掘也充分显示这是一处规模宏大且延续时间较长的聚落遗存！

更令人吃惊的是，在这座面积不大的房址内到处可见煤块、煤灰的堆积，说明煤炭的使用与房址同时期。"这是什么情况？燃煤的利用不是最早出现在中原大地战国时期吗？"作为考古发掘负责人的王永强迷惑了，这一发现无疑推翻了原有的认知，因为房址的年代初步判断至少在3000年以前。回忆当时的发现王永强仍不无兴奋地说道："发现来得很突然，在清理房址内堆积时不时出现黑色炭灰，是煤还是木炭，引起了大家的争论，一开始认为是木炭残留未引起重视，但随着发掘面积的扩大，出现了明确可以判断的煤块、煤渣，这时我们才意识到一项重大的发现与我们不期而遇。"

远古时期，古人将煤炭看作"天火劫烧之灰"，流传着天火把石头引着的传说。文献中煤被称为石涅、石炭、石墨、石薪、铁炭、乌金石、焦石等。北魏郦道元《水经注》记："屈茨北而百里有山，夜则火光，昼日但烟，人取此山石炭，冶此山铁，恒充三十六国用。"这里明确记录了中国西北地区龟兹王国用煤冶铁的盛大场景，此时与吉仁台沟口的煤火相距已千余年了。

鉴于发现的重要意义，考古队执行队长王永强出于职业敏感，兴奋异常，并立即将情况向考古所领导做了详细汇报。考古所也高度重视，第二天，于志勇所长带队赶赴工地进行了详细调查，在确认发现的同时也展开了"吉仁台沟口遗址"后续工作的计划和安排，就此拉开了"第一缕煤火"考古发现的序幕。

在肯定了房址年代在3000年以前这一点之后，也就确定了这里是目前中国发现的最早的使用燃煤的地点。那么，这又给我们提出了更多的问题：为什么世界第一缕煤火在吉仁台沟口燃起？燃煤又是如何被吉仁台沟口人发现并利用的？早期的古人使用燃煤的具体时间是什么？使用规模有多大？他们对煤的开发及利用，到底是取暖、烧陶，抑或冶炼铜、铁？使用燃煤持续了多长时间？这种利用手段是否传播？

带着种种疑问，我们对遗址进行了精细的发掘，至2018年10月，我们将考古勘探显示有遗迹遗物的区域进行了大面积清理，共计发掘房址37座（图三），发现灶（火塘）、灰坑、冶炼遗迹、煤堆等200余座，

图三　房址集中分布区

采集遗物标本 1000 余件。在这里我们发现了目前伊犁地区年代最早、规模最大的以青铜时代晚期为主体的聚落遗址。

　　燃煤问题作为遗址的一项重要发现，一直是我们最关注的问题。这一发现不仅吸引了考古学者的目光，同时也引起煤炭冶金等行业专家的关注。如北京科技大学冶金实验室主任李延祥教授到工地参观考察（图四），中国煤炭博物馆工作人员赶赴工地带走煤炭标本，中国矿业大学煤炭资源与安全开采国家重点实验室梁汉东教授致信询问相关情况。

　　随着遗址的大规模发掘，我们发现在所发掘的房址内（图五、六），或多或少均存在燃煤的遗迹遗物，尤其是在灶的周围，煤灰、煤渣随处可见（图七），甚至可以看到未燃烧或未燃尽的大块原煤，毫无疑问，煤炭的使用在吉仁台沟口人群已是相当普及，已经完全取代了以往取暖炊食的柴薪用于人们的日常生活。当时人群甚至已经认识到煤炭的防潮、干燥功能，因为我们发现燃烧后的煤灰、煤渣没有倒出户外，而是层层铺撒在室内的地面上，就如中原地区汉代粮仓、个别墓葬底部发现铺有煤和煤渣，明显是起到隔水防潮或干燥的作用。

　　房址的年代代表着燃煤的使用年代，为了确定遗址的年代，我们采

图四　北京科技大学李延祥
　　　教授在工地

图五　F6及煤堆（东—西）

集了大量测年标本，分别送至北京大学考古文博学院科技考古实验室和美国 Beta 放射性实验室进行测定。碳十四测定数据均显示：吉仁台沟口遗址年代为距今 3600~3000 年。这也刚好和我们对遗址遗迹遗物的观察比对一致。

　　根据地层叠压打破关系、房屋形态和出土陶器特征，我们将遗址主体遗存分为三个时期：第一期流行中间有长方形火塘的大型半地穴式木

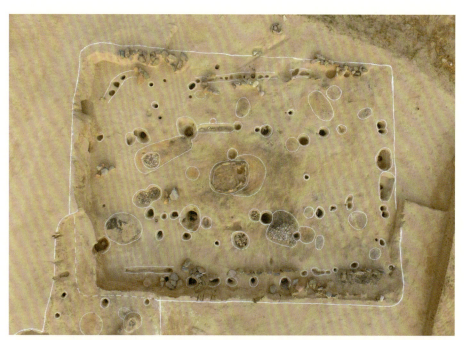

图六　房址 F2（西—东）

图七　灶及煤灰

结构房屋，出土的陶器大多是筒形罐、折肩罐；第二期房屋规模变小，形制趋于简陋，陶器则变得溜肩鼓腹；第三期很少见房屋，常在坡地上发现火塘、石堆和煤堆的遗迹组合，平底器仍是主流，但出现了圜底及较多的带流器物（图八）。历时约 600 年，各期约占 200 年。三期房屋从大到小、从规整到简陋，陶器由筒形罐到圜底器，正好反映了公元前 2 千纪后期到公元前 1 千纪初，西天山地区人群的生业方式从较为稳定的畜牧经济向游牧经济的转变过程，这对整个欧亚草原地带此类研究都具有极为重要的学术意义，因为欧亚草原游牧文化进程的研究也是一个

图八　三期陶器对比

学术界关注的大问题。遗址中还发现了大量羊、牛、马的动物遗骸，这些遗迹遗物为这个转换过程提供了实物资料。

　　全世界考古学者们都在运用各种科技手段探讨世界各地游牧经济的起源背景和过程。因此有人指出天山"是研究北方游牧民族与绿洲农耕民族之间的差异及其重要关系的最佳研究室，而内陆亚洲具有这种双重世界历史使命的地方就是天山山脉"。

　　吉仁台沟口的用煤遗迹地层清晰，测年数据翔实、明确，遗迹遗物丰富，在遗址中早晚地层，尤其是房址内部发现了大量煤灰、煤渣、未燃尽煤块、煤坑以及煤的堆放点等（图九、一〇），显示出使用煤炭资源作为燃料这一行为贯穿了整个遗址发展的始终，历时达600年之久，表明在3600年前，吉仁台沟口人群已经充分认识到煤的特性，并将其广泛应用于生活的各个领域。因此我们可以肯定，这里是迄今世界上最早使用燃煤的遗存，世界第一缕煤火在这天山沟谷中悄然燃起！将人类对煤的使用历史上推千余年，带来的光和热极大地改善了人类生存环境，尤其是温暖了新疆地区漫长的寒冬。这种能源的发现和利用在人类能源利用史上无疑具有里程碑式的性质，

图九　储煤点

图一〇　F3 房基面的煤

图一一　遗址采集煤炭标本

是具有世界性意义的重大考古发现。

围绕遗址煤炭的来源，考古队也进行了大量的调查工作。伊犁河谷是中国七大煤化工生产基地之一，可见煤炭资源丰富的程度。据初步查明，尼勒克县煤炭储量约82.6亿吨，占伊犁河谷煤炭探明储量的20%。首先，我们在遗址周边进行了实地踏查，在河边、断崖、山坡、岩层发现可视煤炭点达7处之多，所以遗址附近是有丰富的煤炭资源的，且埋藏较浅，露头较多（燃点低，易被自燃、引燃），这些无疑都使当时人们认识煤的可燃性概率提高。我们把遗址出土煤炭标本和周边露头煤矿采集标本分别送有关部门进行检测分析（图一一），通过煤炭常量元素、微量元素、碳含量—氮含量等对比分析表明，遗址使用的燃煤就来自恰勒格尔村附近山坡的露天煤矿。按《中国煤炭分类国家标准》将煤分为14类：褐煤、长焰煤、不粘煤、弱粘煤、1/2中粘煤、气煤、气肥煤、1/3焦煤、肥煤、焦煤、瘦煤、贫瘦煤、贫煤和无烟煤。遗址用煤属于长焰煤，因其燃烧时火焰长而得名。

吉仁台沟口遗址燃煤遗迹的发现，无疑说明煤炭已经成为聚落社会生产、生活所需的重要燃料。我们看到虽然历时较长，但并未普及周边区域人群，如离聚落不足50千米的喀拉苏遗址、新源县阿尤赛沟口遗址和哈勒哈西特遗址，还有博尔塔拉蒙古自治州阿敦乔鲁遗址和呼斯塔遗址（与吉仁台遗址一山之隔，直线距离约200千米），它们都属于同时期遗址，文化属性接近，可是均没有发现用煤的迹象，仍是以柴草为薪。可见在当时煤炭的利用基本局限在产地周边有限的区域内。直到战国秦汉之际，才在中原大地重新开花散叶，独放异彩，成为人类征服自然、改造自然、推动社会前进的有力武器，标志着人类文明向前迈进了一大步，也标志着生产力的发展取得了质的飞跃。

燃煤没有在伊犁河谷延续下来的原因，推测可能有三：一是露天煤矿不是随处都有，开采技术有限；二是居住在河谷山地的人群规模不大，薪柴丰富，获取方便；三是公元前1000年之后，游牧经济文化在新疆

图一二　F27 炭化黍种子

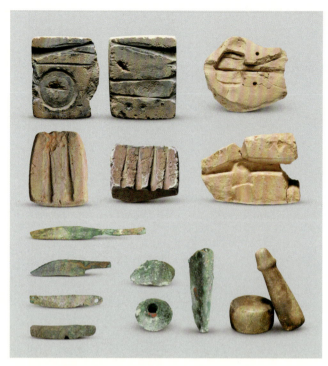

图一三　陶范、铜刀、石杵等

乃至欧亚草原各地迅速扩散，移动的游牧经济生活方式，煤炭的体量和重量不易远距离携带和运输。

　　新疆地处中国最西端，是"一带一路"的核心区域，历史上是中国与西方世界沟通和交流的枢纽之地，这样的区位特征决定了这里的考古发现必然具有更加深远的文明传播和文化交流的意义。吉仁台沟口遗址虽然没有出土精美玉器，也没有厚重的青铜器和耀眼的金银器，但因为对煤的发现使其具有重要价值。此外，还有许多独特的学术研究亮点。如：在遗址中发现大量的炭化黍的种子（图一二），为黍粟西传路径提供了新思路；遗址中还出土了新疆最早的陶范（图一三），在这里首次发现新疆地区青铜时代完整的冶铜技术证据链；中国较早的铁器，为中国乃至整个欧亚冶金研究提供了材料；还有规模宏大、结构复杂，新疆史前面积最大、规格最高、保存最完整的石构"王陵"……这些发现无不揭示了史前时期丝绸之路东西方的交流互动，在这里燃起的第一缕煤火无疑也照亮了我们探寻史前时期的文明之路、交流之路。

灵动喀纳斯

——喀纳斯考古手记

于建军

喀纳斯作为一个极具吸引力的名字，闪耀在新疆旅游的路上。其实，它更是神奇阿勒泰的一个佐证。

1998 年第一次游览喀纳斯，是至今难忘的深刻之旅，原始而质朴，直指自然深处。潮湿而坚硬的路面丝毫不起灰尘，一路洁净，一路清新，洁净了久在城市中疲惫的心，清新了久在喧哗中渐旧的眉目。那时候，就暗自斟酌，我还会再来这里的，一定会。

十年之后，因为第三次全国文物普查，我被委任为阿勒泰地区指导员，再次来到了这里，小住一星期，而且踏足周边，进入喀纳斯深处，感受到阴晴风雨的喀纳斯，感受到历史中的喀纳斯。即便已经没有了潮湿坚硬的路面，没有了浓荫遮蔽的曲径，没有了久违的清新与洁净，自然已经被打上现代化的印记，柏油水泥已经铺开在松林间，喧哗掩住了喀纳斯湖的涛声。好在发现了历史中的喀纳斯，古墓起起伏伏，岩画或深或浅，打开了千年之前喀纳斯的门扉。

古墓展示古人关于死亡的理念，反映古人真实生活的侧面。岩画则是古人现实生活的投射，或者精神世界的流露，或者就是先民的涂鸦，也似乎什么都不是，但终究不能否认其中精神的指向和审美的情趣。

一 喀纳斯的岩画

岩画（Petrogram），指镌刻在岩石、石崖壁面或独立于岩石上的线刻、浮雕等的总称，也可以包括岩石等上面的彩绘，从旧石器时代到历史时期一直在制作。英文衍生的词汇还有 Petroglyphic（岩石雕刻的）、Petroglyph（岩石雕刻术）。岩画一词，英文对应的还有使用 Rock Art，这个似乎专指岩石艺术，跟岩画还是有区别的。

从远古时代起，岩石就不断地被人类使用，作为劳动工具，也作为日常用品，同时也是世界上最早的绘画材料，古人用他们精心挑选的坚硬岩石或者其他工具，在选定的岩面上通过凿刻、磨刻和涂画，来描绘自己的生活，或者描绘各种想象和愿望，这就是岩画。史前时期岩画中的各种图像，构成了文字发明以前原始人类最早的"文献"，它不仅涉及原始人类的经济、社会和生活，同时，还作为人类的精神产品，以艺术语言打动人心，甚至可以说是留给后人最直接的语言。岩画最初的起源，可以上溯到距今四万年前后，一直绵延至现代，有些地区仍有原始部族在制作。岩画分布地域广泛，遍及世界五大洲、150多个国家和地区，主要集中分布于欧洲、非洲、亚洲的印度和中国。

简而言之，岩画就是古人描绘或者凿刻在岩石上的图画；有的学者将凿刻在岩石上的称为岩刻画，描绘的称为岩绘。目前比较明确的岩画制作方法多为凿刻，少量为线刻和磨刻。有的先凿刻出图案的轮廓，中间再以密集的点凿刻填充或者直接磨刻出剪影的效果；有的仅用线条刻出图案轮廓，表示一定的形象；有些直接磨刻成剪影效果的形象。绘在岩石上的岩画用的多数是矿物颜料，有红、白、黑等颜色，有些是用动物血掺和其他物质组成的。

清代纪昀在他的《阅微草堂笔记·卷十三·槐西杂志三》中记载："喀什噶尔山洞中，石壁劖平处有人马像。回人相传云，是汉时画也。颇知护惜，故岁久尚可辨。汉画如武梁祠堂之类，仅见摹本，真迹则莫古于斯矣。后戍卒燃火御寒，为烟气所熏，遂模糊殆尽。惜初出师时，无画手窃笔摹留一纸也。"这是最早对新疆岩画记录的文字资料。从这段文字中可以看出当时学者不但已注意到岩画，而且将此与汉代砖画进行了对比。1928年中瑞西北科学考察团中方团长徐旭生调查了天山山脉博格达峰的岩画，并记录下来："有鹿、有羊、有持弓矢的人，余不甚可识。"考察团成员瑞典考古学家福尔克·贝格曼（Folke Bergma）在他的《考古探险笔记》第二章"1928年新疆之旅"中记载了他在去罗布泊途中、兴地南65千米处布延图布拉克山谷中发现了岩画，"石灰岩壁上画着潦草的动物、骑马者的图像和一些难以理解的符号，甚至在小河中一些大石块上也有雕刻。岩画是以这样的方式'分层'的：最古老的画在最上头，最新的在底部。最新的类型含有佛教符号和土尔扈特人的笔迹，因此十分现代；另外最古老的明显是史前的。我用白颜色把他们拓下来……壁画离地面5.5米高"。从上面的描述中可以看出，贝格曼当时已经注意到了岩画中的时代问题，他在这段文字的注释里还写到他在芬兰陆军元帅曼纳林的《从西向东穿越亚洲》一书中发现，已经提到了这些天山岩画。

20 世纪 50 年代以后，新疆历史文物考古工作者重点调查了哈密、吐鲁番、昌吉、伊犁、阿勒泰等区域的岩画，对于岩画的研究做了大量的工作和有益的尝试。以王炳华、王明哲、王博为代表的文物考古专业人员，撰写了一批介绍和研究新疆岩画的文章，集中发表在《新疆文物》《西域研究》《新疆艺术》《新疆师范大学学报（哲学社会科学版）》《西北民族学院学报（哲学社会科学版）》等刊物上。另有学者从体育史、艺术史的不同角度在《西安体育学院学报》《体育文化导刊》《西北民族研究》等刊物上发表了多篇文章，拓宽了岩画研究的视野，为今后的岩画工作奠定了深厚的基础。《新疆文物》上还陆续发表了大量的第二次全国文物普查的调查报告，对新疆岩画作了较为详细的介绍。

2007~2009 年，第三次全国文物普查的实地调查工作中，新疆共普查岩画 472 处，新发现岩画 249 处，其中阿尔泰山中国新疆段有 131 处岩画。新发现的岩画主要集中在阿尔泰山脉、天山山脉，昆仑山脉也有少量发现。岩画之所以集中出现在这些山区，与古人生活的地理环境有着紧密的关系。

调查中，古墓往往给我们显示出变化不大的外貌，石堆或者土堆，或兼而有之，时间久了，难免会疲惫，也就见怪不怪。岩画不一样，也只有岩画，会让人们激动，会更让人们体会到发现的乐趣。因为岩画每一幅画面都是不一样的，即使画的对象一样。喀纳斯的考古调查就是这样，这里在第二次全国文物普查时，发现过一处岩画——吐鲁克岩画。从喀纳斯湖最大的码头，沿着木栈道，向东北步行 4 千米后，可以看到在一处独立山崖下的岩石阳面上，雕刻有马、羊、狼、鹿等动物，羊的数量最多，均以点线凿刻法制作，简洁朴素，形象生动，并设有木栅栏保护。2009 年第三次全国文物普查期间将此处岩画公布为县级文物保护单位。岩画下方有一东西走向较宽的深沟，沟内有松林和低矮植被及牧草，东面有牧民的草圈。喀纳斯景区管理委员会已经将这里开发为旅游景点，因此有了前面说的木栈道，岩画前还修建了平台，以便于观看。我们在喀纳斯新发现的岩画距离公路很近，属于景区中心地带（图一、二）。

在进入喀纳斯景区，通往湖区的柏油路边，可以陆续看到驼颈湾、月亮湾、神仙湾，直到鸭泽湖。我们发现的岩画就在鸭泽湖东面的山上，因此命名为鸭泽湖岩画（图三）。

鸭泽湖东面的山前坡地上，有一些纵向的岩石带，在面南的表面形成褐色的岩面，岩画就刻在这上面。画面有 12 只动物，其中有 1 只鹿，

图一　通往吐鲁克岩画的栈道

图二　吐鲁克岩画

图三　鸭泽湖岩画

其余的均为羊，部分已经比较模糊，均以点线凿刻而成。岩画周围山体上长满茂密的林带，地表长有杂草和一些低矮的耐旱植物。再向上一些更加陡峭的山岩上，也有一些图案。在如此山清水秀之地发现岩画，无疑是一件锦上添花的事情。而有岩画处，一般还会有其他种类的古代遗存。鸭泽湖岩画对面鸭泽湖岸上，就发现了不少古墓，一座较大古墓上如今已经修建了一座敖包，时不时还有人献哈达。

二　喀纳斯古墓葬考古发掘

从鸭泽湖向南、向北，都有一些古代墓葬，一部分就在柏油路的边上，一部分在树林深处，有的墓葬封堆上长出了松树，表现出非同寻常的沧桑。

图四　发掘现场

到2013年夏季在图瓦新村的考古发掘，可以说已经历了喀纳斯的四季，其中冬季是勉强算的，毕竟只是看到、体验了一两场雪而已，相对于喀纳斯漫长的冬季来说，可以说是管中窥豹了（图四）。

首次在喀纳斯的考古发掘可以说是好事多磨，早在两三年前就已经批准了发掘执照，后来没有实施，就作废了。

2013 年又重新申请了，终于开始实施。这年因为雨水多，7 月底的喀纳斯气温不是很高，还算凉爽，正是适合野外工作的好时间。但是没有想到，后面却有那么多的曲折。

一切开始都似乎是美好的，尤其是在风景优美、空气清新的喀纳斯做考古发掘（图五~七）。

我们要发掘的 8 座墓葬在图瓦新村西南，观鱼台下面较平坦的台地上。找来的工人并不是当地的，而是山下冲乎尔乡的村民和一些正在度暑假的高中生，起初工作的劲头都很足，进展也快，新鲜劲儿过去之后，慢慢就缓了下来，加上厨师做的饭好像总是不够，肉也吃不上，工人们也就不想干了，假期也快结束，又要涨工资，本来景区的工资就是新疆田野考古工作中最高的了，再涨，经费就不足了。说到经费，也是有很多的波折。

为了几万元的经费，上上下下从喀纳斯到县城往返几次，还要重新办农行卡，要办如何如何的各种手续……如此，精疲力竭。无奈之下，在景区跟地区文物局介绍的朋友们借钱，解了工人工资的燃眉之急。一两个星期之后，债主上门了，虽然对方没有穷追不舍，但也让我们很不好受了。

第一批工人终于还是走了，到山下去找来了第二批工人，这批工人终于坚持到了最后。

野外工作就是这样，不但要做好研究，还要善于管理工人。这确实是需要技巧和学问的，既要不伤害工人利益，又要工作有效率。考古领

图五　揭去表土的封堆

图六　封堆下的墓葬开口和石圈

图七　五号墓室

队的管理水平至关重要。

除此之外，当然还要了解野外生存的方法。

在喀纳斯进行考古工作是一件听起来很美、看起来很好的事情，这里气候宜人，景色优美，欣赏着风景，干着考古，多惬意的事情，多好啊！

其实不然，很少有人想到一阵云来一阵雨的天气会对野外工作带来多大的影响，没有人会想到各种飞蚁蚊虫集中轰炸的烦扰，总会莫名其妙地被虫子咬伤，肿一个纽扣大的坚硬疙瘩，一个月之后才会好，留下的黑圆块皮肤很久才会消除；另外，由于在旅游区，就不得不忍受时常被游客光顾的烦扰。且不说这里各种费用都高得让人想象不到，饮食住宿等也不胜其扰。

好在，最终还是坚持着完成了这里的工作，回填了被破坏的草场，收获冲淡了以往的种种不适。

双虎鹿石是这次田野工作一个重要的发现。一块长条形石板两面都阴刻有抽象化的双虎，虎首微举，虎尾上扬，尾梢卷起，紧贴后腰部，这样雕刻有虎的形象的鹿石在阿勒泰地区是首次发现，而且是在墓葬封堆中发现的，有着不一般的意义（图八）。墓葬明显有助于鹿石断代，这对鹿石研究无疑有着重要的作用。一般认为，鹿石都是应该和墓葬在一起的，或者是祭祀遗迹，起到标志的作用，也有学者认为是图腾柱一类的，是部族精神信仰的集中体现物。根据墓葬出土的文物（图九、一○）、墓葬形制以及碳十四测年来看，这块双虎鹿石很可能产生于早期铁器时代。而此前我们在喀纳斯发现的诸多岩画，很有可能也是同一时期的产物，那至少是距今两三千年的事情。

喀纳斯景区范围内发现的墓葬，从青铜时代到早期铁器时代都有，这为喀纳斯历史文化序列的建立奠定了扎实的基础。

与新疆地矿局测绘大队的不期而遇，以至与他们良好的合作，为这次田野考古发掘工作增添了更多的亮色。

一天晚上出去散步，在距离我们住处不远的一幢木屋房头看见一红布拉的横幅，上面写着"新疆地矿局测绘大队工作站"的字样，正好在阿勒泰做考古调查和发掘都需要专业的测量，尤其是考古发掘的遗存平面图，如果能用专业的扫描技术那更好，因此，我就主动去拜

图八　双虎鹿石

图九　鹿首饰件

图一〇　铜熊饰件

访了他们。大家一见面，聊得都很好，他们对考古也很感兴趣，合作的想法一拍即合，他们还将在野外测点时发现的一些疑似古代遗存告诉我们，后来又做了向导，带我们去查看。在图瓦新村，用 RTK 仪器帮助我们对古墓地进行全面的测绘，并使用三维扫描仪尝试对发掘的古墓葬进行扫描，合作完成了对另外一处较大规模的古墓地的测绘工作，对其中一座较大的墓葬进行了扫描建模，为再次合作奠定了基础。相比与内地同类科研机构合作，这种合作成本较低，也方便得多。

三　灵动

喀纳斯是美丽的，即便现在有了更多的水泥块、柏油路，更多的喧嚣。我想我们的考古工作，喀纳斯是欢迎的，在我们感到郁闷的时候，他送来了清凉的雨；在飞蚁蚊虫肆虐的时候，他吹来了清风，吹走了飞虫纷扰，吹走了无限烦恼。

与喀纳斯深层次接触之际，我们感受到了喀纳斯深藏在历史深处流动不息的灵魂。蜿蜒如流水，映照着千百年沧桑变迁，仿佛青山碧水之间跃马扬鞭的牧人和弯弓射雕的狩猎者。

有了岩画、古墓葬的喀纳斯，才是灵动的，才是历史的；流水起起伏伏，穿越阿尔泰山，直奔更为广阔的绿野，历史因此延伸至更远处，这正是喀纳斯真正的魅力所在。

话说奴拉赛古铜矿遗址

宋　敏

　　伊犁河谷自古以来气候温润，水草丰美，是游牧文明的摇篮。2500年前，先民在连绵不断的群山中探得古铜矿脉，他们用木材做原料，打竖井，用木材加温冶炼，生产出青铜雕塑，炼铸出青铜的生产工具和兵器。其中最重要的奴拉赛古铜矿遗址的发现，为伊犁丰富的青铜文物找到源头，也标志着新疆大地开始进入青铜文明的时代（图一）。

图一　奴拉赛古铜矿遗址

奴拉赛古铜矿遗址位于新疆维吾尔自治区伊犁哈萨克自治州尼勒克县城南约 3 千米的喀什河南岸、阿吾拉勒山北坡的天山奴拉赛沟中。根据遗物分析及碳十四测定，其时代距今已达 2500 年左右，大约相当于中原的春秋战国时期。到目前为止，奴拉赛古铜矿遗址是新疆保存时代最早、规模最大和现象较为丰富的古代遗址，2001 年被公布为全国重点文物保护单位。铜矿遗址包括采矿遗址和冶炼遗址。在采矿遗址处，我们发现十余个竖井洞口，但现在大多已经坍毁。其中在半山腰有一处竖井，深达 20 余米，宽约 5 米，矿井内遗迹遗物随处可寻。矿壁陡峭，两侧支撑层层水平方向原木，两端楔入矿壁（图二）。不少撑木已塌折，与矿石石器和泥土混杂在一起，形成厚达 4~6 米的堆积。从地面上看，这些采矿竖井在地下是互相连通的，形成网络状采矿巷道，采矿坑道沿矿脉掘进，深达数十米，迂回曲折，构成规模较大的采矿区。在洞口周围和竖井中发现大量矿石和圆形或扁圆形的石锤，大者重十多斤，小者重两三斤，其形制多呈圆柱状体或锥状体，一端粗，一端较细，粗的一端有明显的敲砸使用痕迹，而较细的一端则有很深的横向和竖向凹槽，以便于系绳，可能是当时用于采矿的提升工具（图三）。这种石器与湖北省大冶铜绿山古铜矿遗址所出同类器物几乎完全一样，表明可能与祖国内地在采矿工艺上有某种联系。冶炼遗址距采矿竖井不远处，人为破坏较为严重，加之山洪的不断冲刷，发现时只可见一条深于地下 1.5 米、长 20 米、厚 0.5 米的炉渣层。层内发现矿石、炉渣（图四）、动物骨骼以及经过粗

图二 矿井木支架

图三 采矿工具——石器

图四 炉渣

炼的呈圆形的白冰铜锭（图五）。经光谱分析，铜含量高达 60% 左右，还含有铅、锌、银等元素，证明这是一处品位很高的富矿。又从一些釉质多孔的黑色炉渣看，孔内残留有木炭或木质纤维状的印痕，说明当时是用木炭作燃料炼铜的。如今冶炼遗址已经全然消失，成了现在沟内开矿的公路。

经初步研究，奴拉赛铜矿遗址开采、冶炼的是硫化矿石，使用了"硫化矿—冰铜—铜"工艺，流程经历了一次冰铜熔炼和一次还原熔炼。在还原熔炼中又添加了砷矿物，形成砷冰铜（黄渣），再通过返料操作将冰铜熔炼将铜回收，形成高含量的铜。冰铜是铜与硫的化合物，根据其含铜量的不同，有白冰铜、高冰铜、低冰铜之分。当时的先民就认识到了铜与硫亲和的属性，掌握了利用火法冶炼生成硫化铜的技术，同时又能在硫化矿中添加砷矿物冶炼砷铜，进一步得到所含铜品质更高的铜锭，真的让人感到不可思议。这些铜锭为我们展现了当时伊犁游牧文明青铜先进而成熟的冶炼技术，也为伊犁的青铜文明的发展奠定了基础。"硫化矿—冰铜—铜"冶炼工艺是我国发现使用最早，也是欧亚大陆上唯一一处添加砷矿物冶炼高砷铜合金的古矿冶炼遗址。对了解当地青铜时代的冶金技术、砷铜的起源与传播以及硫化矿冶炼技术的交流都有非常重要的意义。

在距今 2500 年前后的春秋战国时期，伊犁河流域就开始了采矿、选矿、冶炼、铸造，进入青铜器文化繁荣的时期。1983 年新源县巩乃斯河南岸出土的青铜武士俑就是这一历史的最好见证（图六）。武士俑高 40 厘米，头戴尖顶大沿式帽，帽顶有一刺弯钩，面部表情端凝，双目直视，深目高鼻，留有大鬓角，上身裸露，下身似围一短裙，双手空握执物，两腿一跪一蹲，造型极为生动。同时墓葬还出土了很多春秋战国前后的青铜器。其造型

图五　白冰铜锭

图六　铜武士俑

图七　翼兽对视铜环

图八　三足铜釜

精致，工艺水平很高。如双耳双系兽蹄铜鼎，合范铸造，敞口，斜沿外折，鼓腹。肩部有两两相对的双耳和双系，双耳横置，双系竖置。腹下有三足，中空，向外斜侈，再垂直向下折。腹部饰三圈凸弦纹，足面也有凸起的弦纹，足下端似有兽形纹饰，已模糊不清。整个器物庄重流畅，反映了当时青铜铸造工艺的娴熟。这种器形在中亚草原地区和俄罗斯南西伯利亚地区也有发现，具有浓郁的草原文化色彩。还有专门用于祭祀的青铜用具——翼兽对视铜环，圆环圈形，环体中空，内侧有一条开口，表面起凸棱纹（图七）。环圈的前部是相对呈伏卧状高浮雕的有翼兽前身部位，兽头、角、耳、鼻、眼及吻部雕琢得非常清晰。兽翼为弧形且上翘，用此表现了羽翼纹饰。制模和铸造工艺都非常成熟，造型具有很高的艺术想象力。同时还出土了极其精美的青铜对虎圆环、双熊对坐铜祭盘和三足铜釜（图八）等。专家研究认为这批铜器都是古代塞人的遗物。奴拉赛铜矿遗址的发现正好为出土的青铜器的来源提供了依据，可以肯定它们是伊犁生产的。不少学者还专门进行了探讨，国内外有关专家都很重视这一重大的发现。

　　奴拉赛古铜矿对揭示古代新疆塞人文化和经济面貌有重要意义，该遗址的规模和成熟而独特的冶炼技术，表明塞人冶矿业已经历了相当长的发展过程，已有专业化的生产部门。从工艺流程、冶炼温度、矿渣和钢坯等几个方面看，都已达到较高技术水平，为研究中国新疆地区早期冶铜技术的起源和发展提供了重要的实物资料。

西域古代先民的绘身和文身

于志勇

在史前时代至中古甚至近现代时期，世界不少地方先民们曾经存在过绘身和文身的习俗，这种特殊现象，是指用各种颜料、脂彩等涂抹、画缋身体，或用蠲刻或瘢切方法形成瘢痕切纹和黔刺纹，而达到一定功利和审美等目的的人体装饰形式。绘身和文身习俗，见诸卷帙浩繁的国内外民族史志材料，在某种意义上是"传说时代"或者"远古、原始"的文化细节特征；如今，当遥远的非洲、北美洲、大洋洲和我国南方土著民族尚存的绘身和文身习俗，被文化人类学家们作为"活态"的非物质文化遗产和研究远古的"活化石"，进行记录、传承和探索的时候，考古学家在亚洲腹地——新疆地区陆续发现了这一古老、神秘、奇特的历史文化现象，着实令人惊讶，引人注目。

根据国内外丰富的民族史志、民族学材料，绘身和文身现象多见于南国或海洋岛屿居民，在内陆新疆发现绘身和文身现象，改变着人们对文身历史文化的传统认识，同时丰富、深化着人们对古代西域历史文化面貌和细节的认知。

绘身现象在新疆地区首次考古发现，是20世纪30年代我国西域考古开拓者、著名学者黄文弼先生在罗布泊地区的考古发掘。他在《罗布淖尔考古记》一书中，较早地记录了该区域墓葬发现的绘身现象：葬者"头戴毡帽，高十英寸，上形尖锐，帽系骨粒，帽缨六七股，一头发截断，下披两肩，额部及两眉间，有红绿色所绘之横纹三道，极类本地女人间画眉"。1985年，新疆维吾尔自治区博物馆在且末县扎滚鲁克墓地一座距今约3000年的墓葬中，发掘出两具干尸，面部彩绘均有"雌黄、铅黄及赤铁矿绘成的花纹"（图一、二）。1989年，新疆巴音郭楞蒙古自治州文管所在扎滚鲁克墓地也发现有老年妇女干尸，"双眉细如柳叶，色黑如新描，前额正中绘有一扁形圆圈，已变成淡黑色"（图三），同时指甲似染过色。1989年，在尉犁县营盘墓地汉晋时期墓葬部分古尸有绘面现象，一些墓葬中还见有女性脚指甲、手指甲涂红的现象。1992年，在鄯善县苏贝希墓地一座战国至西汉时期的墓葬中发掘出土一具

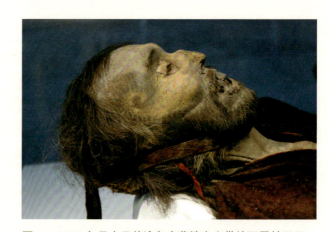

图一　1985年且末县扎滚鲁克墓地出土带绘面男性干尸

图二　1985 年扎滚鲁克墓地出土有绘面女性干尸　　图三　1989 年扎滚鲁克墓地出土面带刺青的女性干尸

干尸，面部系赫彩，自面额中部至鼻端绘有两道竖线纹，自两耳经两颊至鼻翼下各有两条宽约一拇指的横绘纹。

　　新疆地区考古发现的文身现象，首次见于 1983~1984 年新疆维吾尔自治区博物馆在洛浦县山普拉墓地一座距今 2000 年前后的墓葬，曾发现个别干尸上有"文手"，纹饰为蓝色，人形图案。在哈密五堡墓地距今 3000 年左右的墓葬中，也发现过一具干尸右手手背及腕部黔刺有蓝色纹样的例子。

　　新疆考古发现的绘身和文身现象，在时间上，早的可以到青铜时代，晚的可以到汉晋以后；在空间分布上，东到哈密盆地，西、南至和田绿洲。这些存在时空、族体或文化传统差异的绘身和文身现象，究竟有着什么样的含义、如何解释，的确充满着挑战和刺激。

　　新疆考古发现绘身和文身的现象后，学者们对其产生了浓厚的兴趣。黄文弼先生认为罗布淖尔古墓"露体埋葬，断发文面，革履、裹毡，皆非东方之习俗"。扎滚鲁克墓地两具干尸绘面为羊角图案，有学者认为和古代扎滚鲁克人崇拜羊关系密切；也有学者认为纹面葬仪的产生、寓意、文化传统等等，需待进一步研究。

　　权威研究显示，绘身的产生，基本初始于远古时期先民用黏土、油脂、植物汁液、矿物粉末等有意或无意涂抹，防护身体免受自然、社会等多方面因素侵害和影响等；为审美而进行的绘身大概也源于此；而文身的产生，则与受伤后产生瘢刻切痕疤迹或黔记密切相关，同时还与一些巫术行为有关联。绘身和文身产生的制因，有经济、政治、地缘、巫术与宗教等方面因素。两类现象主要见于如下场合和目的：如举行入社、成丁礼时；作一族体或集团的图腾标志表示族体差异，表现群族敌我时；显示社会或阶级分层即等级、地位、身份时；舞蹈、庆典类活动时；作战、血亲复仇前后昭彰坚毅与勇武时；祛邪禳灾时；丧葬、举哀仪礼时；展示雄健与柔美时等。

新疆考古发现的绘身和文身，基本见诸墓葬古尸，判断为审美时尚或丧葬仪俗，无疑是最直接、稳妥的。因此黄文弼先生推测罗布淖尔古墓所见绘面为"画眉"，是有一定说服力的；但是"额及两眉间绘红绿色横纹三道"，与晋唐时期的化妆术——花钿，似有些接近。古代文献里有"额上有横纹三道，文直者贵，文小者残"的记载，所以罗布淖尔古墓所见绘身现象可能还含有其他方面内涵。扎滚鲁克两干尸所见者绘面，男性干尸面部纹样大致为放射涡纹，呈土黄色，图案绘于左右整个眼区、颞区及颧骨部，覆盖眼目，颜面右半部涡形末端向上内卷，左半部涡形末端向下内卷，额部至鼻准端，有竖条纹；口部有覆盖泥块的痕迹，还见有指甲涂红的现象。女性干尸纹样大体呈涡状曲线纹，类卷云纹，土黄色，施绘于颞区颧部、鼻翼两侧和闭合的眼目上；口部也有涂泥现象。综合各种迹象，这两具干尸的绘面明显是死后族人所行丧葬仪礼的一项内容。以此对照，1989 年扎滚鲁克墓葬和尉犁县营盘墓地存在的绘面、染指甲现象，应与丧葬密切相关（图四）。绘面、染指表达着古代先民对死者的抚慰，对永生的信仰和死者的崇拜。其中的差异，很可能与性别、年龄或身份等级有关联。

图四　1989 年扎滚鲁克墓地出土女性干尸手臂刺青

在世界民族史志、民族学材料中，有不少在丧葬仪礼中进行绘身的记载。如美国西部的喀罗人（Crows）"男子在作战时涂绘他们的脸，而且有时候用豪猪的刺和炭粉在胸部文身，有时还加上指部和背部，此种习惯亦有扩展至妇女者"。当他死后，他父亲氏族里的妇女在他脸上涂着红色条纹。英属哥伦比亚的海达人（Haidas），"在举行典礼时还要将脸涂成蓝、黑、红色。男子用炭在小脚、前腕、胸部文身，有时还加上指部和背部，此种习惯亦有扩展至妇女者"。美国亚利桑那州霍比人（Hopi）"用褚石涂脸，在参加典礼时则用植物染料在身上绘彩"，"人死后，父亲方面的亲属打扮着尸便立即安埋，他们洗涤并梳理死者的头发，将面颊和下颚涂黑，在脸上盖面具……"在我国新石器时代仰韶文化的一些墓葬中，曾多次发现过人骨上附着颜料的现象，有学者称之为"色葬"，认为"应是原始先民绘身遗迹的反映"。在南西伯利亚早期铁器时代的塔施提克文化威巴特墓地资料中，见有葬者"覆面"，施朱彩者，应是绘身的一种衍变形式。

鄯善苏贝希墓地墓葬发现的绘身绘面现象，葬者有可能是善舞者，更可能是一位专擅巫祝、明辨善卜的人。对比民族史志材料，在北方民族中，从事巫祝事务的人物往往有绘面现象，这些人常常在身体上绘圆圈、曲线、嘴、眼目、女阴等奇异纹样，借助多方能力与机巧，行祛病、除邪、禳灾之事，敏于通神灵。精通巫祝的人，在远古族体中人数罕少，苏贝希墓葬罕见的"绘面"人物，应该就是通神的巫师。

新疆山普拉墓地和五堡墓地发现的文身的例子是比较零星的材料，可能是群族标识，或者是勇者黥记，或者是尊卑、身份的印记。山普拉墓地位于丝路南道中部，根据汉文史籍，在丝绸之路南道的一些绿洲城邦（如疏勒）在唐代就曾经流行过文身。《新唐书·西域传》记："疏勒，……生子亦夹头取褊，其人文身碧瞳。"《大唐西域记》卷十二记疏勒人"容貌粗鄙，文身绿睛"。文献虽然较晚，但是印证了丝路南道在那个时代是存在文身现象的。《太平寰宇记·黠戛斯》记载："丈夫健者悉黥手以为异……妇人嫁讫，自耳以下至项亦黥。"这一习俗，可以追溯到北方民族或西北民族早期文化发展阶段。目前，在俄罗斯阿尔泰山区三次发现过文身实物资料，其中，在1948年著名学者S. I. Rudenko发掘的巴泽雷克墓地2号墓中，一具60岁男性身体胸、背、双手、双脚上发现了文身，主题为各种各样的鱼纹、格里芬、马等图案，墓地年代约为公元前1000年；1993年俄罗斯学者Polosmak在相近地区发现了保存良好的文身女性的墓葬。文身均被认为是显示葬者生前的勇健威武。

简单对比的话，1995 年山普拉墓葬和五堡墓地所见的文手可以推测为勇者黥纹吧。

新疆考古发现的绘身现象的产生极为复杂，从文化因素发生学的视点分析，可能与生态环境有着密切的关系。发现绘身的墓葬所处的环境均为干旱荒漠绿洲景观，夏季炎暑赫曦，多风沙，冬季严寒干冷，生活条件艰苦，环境恶劣，对于古代先民来说都是难题和挑战。为了生存，必须适应严酷的生态环境；在蔽体之外，还要在保护肌体上做诸多选择与尝试。在我国古代文献中，见有高原地区或山区古国以彩色涂面的记载。如《北史·西域传》记："女国，在葱岭南。……男女皆以彩色涂面，而一日中或数度改变之。"《新唐书·西域传》载："东女，……女贵者咸有侍男、披发，以青涂面。"有关文献也记有唐代吐蕃"赭面"习俗，妇女用赭色合成膏剂涂面，防日晒风寒并以此为美。这些记载暗示，新疆地区诸地点绘身现象的产生，应当与应付恶劣的生态环境、护肤健体直接相关。

考古发现也揭示了一个有趣的、相关联的文化现象，存在绘身现象的各地点，均存在着较发达的彩陶业。从生产、生活等社会活动整体性分析，绘身与彩陶的制作，彩绘装饰方式和方法，表现主题、旨趣及其形式和内容的产生，有着千丝万缕的关联；绘身和彩陶制作技艺，是现实社会中的原始崇拜、宗教感情等观念形态的某种艺术表现，借助这些来表达或体现丰富多彩的情感世界和物质生活。在一些民族中，人们相信氏族纽带的高度凝聚力，对待丧亡者往往绘上本族体或民族的族徽或图腾标志；在另外一些民族中，活着的人为表达对死者的抚慰、亡魂的恐惧，在举哀过程中，就是通过绘身为主要媒介形式实现的。有些则是通过彩陶的媒介功能实现的。

新疆发现的绘身和文身，包含了古代先民许多原始思维的智慧光芒，折射着精神文化的火花；充分地反映出了新疆古代历史文化的一些重要特征——族群的多样性、文化形态的特殊性、文化因素的多元性，值得利用科学的理论和方法，展开系统研究。

开垦与收获

——漫谈新疆古代的犁与镰

赵德文

在一些表现我国改革开放之前农业生产劳动场景的影像记录中，我们经常能看到铁犁耕地和农民挥舞镰刀收割庄稼的场景。这种延续了数千年之久的农业生产方式，直到近几十年才逐渐被机械化生产取代。与农业生产息息相关的犁和镰是何时产生的？犁和镰的演变过程又会折射出新疆农业发展怎样的身影？我们就从考古文物的角度来漫谈一番吧。

一

古史传说中"神农尝百草"的故事给我们讲述了古人理解的中国农业的起源。通过考古学和民族学的研究，我们逐渐清晰地认识到：大约1万年前，农业在采集经济的基础上产生了。大约8000年前，先民们发明了用来砍伐的石斧，用来修整土地的耒耜，用于收割的石刀、石镰，用于脱壳加工的石磨盘、石磨棒等农业生产工具，原始农业开始脱离野生状态进入到一个新阶段。从距今6000多年开始，农业由原始的抛荒制进步到熟荒耕作制，土地的利用率大大提高了。从5000多年前到4000多年前这段时间里，是我国原始农业的发达时期。这一时期，农具的种类进一步增加，制作更加精良实用，石锄、石镢普遍使用，晚期还出现了石犁，标志着生产力有显著的提高。粟、黍、稻、麦、豆、麻已成为主要粮食作物，后代称为"六畜"的马、牛、羊、猪、狗、鸡等均已饲养。水井的开凿使人们可以向距离河流和泉水较远的地区扩展。发达的原始农业不但可以养活较多人口，开始有了剩余产品，为社会积累了财富，而且为制陶等手工业从农业中分离出来创造了条件，也为人类进入文明社会奠定了物质基础。这一时期，我国的原始农业已形成三大经济类型，即以黄河流域为主的北方粟作农业，以黄淮地区为中心的粟、稻混作农业，以长江流域为代表的稻作农业。我国传统农业的大体格局基本上已经奠定了。

二

从上面我们对中国原始农业发展脉络的简单梳理可以看出，农业生产工具的发明和改进是农业生产进步的重要标志。犁与镰，一个主耕作，一个主收割，在农业生产中显得尤为重要。下面，我们就通过新疆地区田野调查和考古发掘出土的古代犁与镰来了解一下新疆农业发展的历程。

镰刀作为一种收割农具，它的使用可以追溯到7000年前的新石器时代早期。当时的镰刀有用石头做的石镰，也有用蚌壳做的蚌镰。新疆地区采集到的石镰基本上属于新石器时代中晚期，采集地点遍布新疆南北（图一）。虽然数量较多，但做工粗糙，外形也不规整。以出土石镰较为集中的喀什和阿克苏地区为例，与我国境内其他地区出土的石镰相比，在磨制技术上存在明显的差距。

商周时期，中原地区已经出现了青铜镰刀。1976年和1990年，伊犁地区的巩留县和塔城市分别出土了一把铜镰刀，说明在距今3000年左右，新疆地区的居民也开始使用铜镰刀了（图二）。

大约从战国时期开始，铁镰逐渐取代铜镰。西汉以后，铜镰基本消失。作为收割禾秸的铁镰，自汉代以后基本定型，沿用至今变化不大。民丰县尼雅遗址和洛浦县山普拉遗址出土的汉代木柄铁镰刀（图三），和今天新疆农村普遍使用的铁镰刀基本相同。

三

从耙耕转变为犁耕并使用畜力，是古代农业生产技术曾经经历过的重大进步。耙耕，使用人力，一下又一下翻土，是一种断续性

图一　1972年疏附县乌帕尔乡采集的青铜时代石镰

图二　1976年巩留县征集的青铜时代铜镰

图三　1959年民丰县尼雅遗址出土东汉时期木柄铁镰刀

劳动操作;犁耕,使用了畜力,断续性劳作变成了连续不断的操作。后者不仅大大提高了劳动工效,而且使深耕成为可能,地力得到更好的保养,从而大大提高了农业生产水平。"十个锄头,顶不上一个脚犁;十个脚犁当得一架牛犁。"四川甘洛县藏族群众中流传的这则谚语,形象而又深刻地说明了犁耕在农业生产中的重大作用。

新疆地区什么时候开始掌握犁耕技术,对新疆农业发展史研究来说是一个重要命题。两汉之前,新疆地区的考古资料中未见任何犁类实物,无论是木犁、石犁或金属犁。反之,在一些遗址或墓葬中,却发现了木质掘土器、木耜等。这就有力地说明,汉代以前,新疆地区确实尚未用犁。

既然都未见到犁类工具,新疆地区早期农业生产中的翻土工具是什么呢?从现有资料看,主要是木耜及木质三角形掘土器,它们既可以用作翻土,也可以用于点播,只是效率低下而已。这类掘土工具在云南独龙族、四川甘洛县藏族群众中均被长期使用,直到新中国成立后的一段时间,仍然存在。与这类"活化石"性质的工具做比较,我们会发现:最初使用掘土棒,进而脚犁,而后为犁,似乎为犁类农具发展曾经历的过程。

从全国范围来看,春秋末期到战国后期,铁犁主要在中原地区使用,并没有推广开来。汉王朝是中国历史上空前强大的大一统国家,随着经济的发展、人口的迁移和屯田政策的推行,犁耕技术也开始向边远地区传播。从考古资料分析,新疆最早的犁耕技术就开始于西汉时期。最好的例证就是,在伊犁昭苏县夏台古墓中,出土过一件铁犁铧(图四),与甘肃敦煌出土的铜犁铧一模一样。史书记载,汉王朝曾派常惠将军率"三校"士兵在伊犁河流域的乌孙王国境内屯田,这件铁犁就是西汉屯田活动的遗物。

1964年,考古工作者在吐鲁番阿斯塔那墓葬中,出土了一组(6张)表现墓主人田园及庖厨等生活场景的晋朝纸画。从画面中,我们可以看到整齐的田亩和一些农具。其中一件农具被解读为一架犁铧的侧视图。这个形象正好全面地展示了犁辕、犁梢、犁架和系绳等构件,非常难得(图五)。

在罗布泊地区楼兰古城出土的晋代木简中,有一件木简提到了犁耕问题:命令大侯(一种官职)率属下的全部犁、牛到长史(官

图四　1976年昭苏县夏台古墓出土汉代铁犁铧

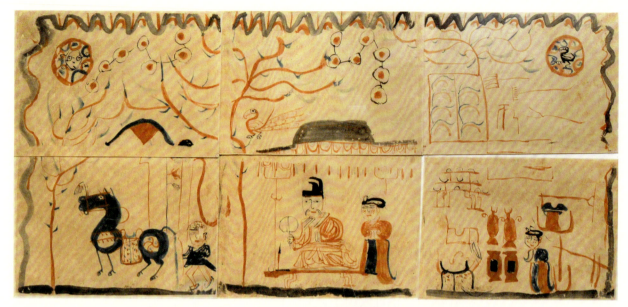

图五　1964年吐鲁番阿斯塔那墓地13号墓出土东晋时期墓主人生活图

职）营下接受培训。从这件木简的记载中我们了解到，魏晋时期楼兰地区的屯田是以牛为动力，而且西域长史府至少在屯田部队中曾经有组织地大力推广一种新的驱牛犁耕技术。

拜城县克孜尔千佛洞第175号窟中的一幅"二牛抬杠"犁耕壁画，为我们生动描述了两晋时期新疆地区的犁耕场景（图六）。从画面上我们可以清晰地看出：二牛合驾一犁，犁铧宽大，呈三角形，一人在后面扶犁驱牛前行。这种二牛抬杠式犁法和三角形犁铧，与同一时期嘉峪关壁画墓中所见牛耕图近似，而且在陕西、江苏、山西、甘肃等地的汉魏古墓画像石和壁画中也都有相同反映。

除此之外，考古工作者还在罗布泊楼兰遗址发现了犁耕的痕迹；在塔里木盆地南缘出土的佉卢文资料中也有当地人用犁耕地的记载；20世纪70年代，木垒哈萨克自治县曾出土铁犁2件，经初步研究，属于汉代屯田遗物；焉耆回族自治县出土唐代铁铧一具；吉木萨尔县境内还采集到一件隋唐时期的石犁头（图七）。

图六　拜城县克孜尔千佛洞第175号窟藏犁耕图

图七　吉木萨尔县采集隋唐时期石犁

图八 "军垦第一犁"

四

通过上面的文字我们知道，犁耕技术早在西汉时就从我国中原地区向西传入新疆地区，魏晋时期得到推广，隋唐时期更加普及，并一直沿用至新中国成立后的一段时间而未发生大的变化。左面这张1950年春拍摄于喀什地区疏勒县的照片——"军垦第一犁"就极为生动地反映了这种耕作场景（图八）。

20世纪50年代初，中国人民解放军十多万驻疆官兵遵照党中央、中央军委的命令，集体转业，组建起新疆生产建设兵团。他们"铸剑为犁"，征尘未洗，就扛起镢头，开赴荒原，向戈壁要地要粮，勇敢地担负起发展生产，稳定边疆、繁荣边疆的双重使命。由于当时缺乏农具和畜力，照片中的战士们拉着向维吾尔族农民借的木犁进行耕作。战士们发扬南泥湾精神，借住在农舍或羊圈，吃着馍馍蘸盐水，先是打柳条、编筐子、拾粪积肥，接着是用镢头开荒、人拉犁种地，展开了一场艰苦的生产战斗。三个月有菜吃了，半年有瓜吃了，秋收后有粮吃了。劳动获得丰收，也开启了新疆社会主义建设的新篇章。

改革开放四十多年后的今天，中国农业发展水平早已今非昔比。除了在一些不宜开展机械化作业的偏远山区，我们几乎看不到犁耕了。在现代大型机械面前，犁已经从田间地头走进了博物馆。由于镰刀轻便、实用，在一些农业生产中仍然发挥着作用。

几千年来，犁与镰承担了开垦和收获的责任，凝聚了先民们的智慧和汗水，也见证了人类农业文明的发展历程。犁与镰的传播也是先进生产技术的传播，他们是文明的使者，是历史的一面镜子，折射出新疆与祖国内地之间密切的联系，也激励人们只要勇于开拓，辛勤耕耘，就一定能获得丰收，收获幸福。

天上人间

——瑶池东畔的神秘墓地

闫雪梅

瑶池阿母绮窗开，黄竹歌声动地哀。

八骏日行三万里，穆王何事不重来？

周穆王与西王母瑶池相会的美丽神话，因晚唐李商隐《瑶池》一诗更添浓丽的色彩。瑶池，即著名的天山天池，位于博格达山以北的阜康市境内（图一）。瑶池阿母倚窗东望，日日期盼周穆王的到来，而在天池东畔、博格达峰北麓，淹埋着一处不为人知的墓地，让我们触摸到这里更为久远的古代文明。

墓地位于阜康市东南部的白杨河流域，地处雄伟挺拔的博格达峰脚

图一　美丽的天池

下，西南距天池 20 余千米（图二）。白杨河是阜康市的第一大河流，全长约 60 千米，在河流的中游地区，牧民沿河而居，形成小小的村落——白杨河村。2018 年，为配合白杨河流域基本建设，新疆文物考古研究所组织考古队，对该区域的古墓群实施了考古发掘。

一 沉睡千年 意外面世

在白杨河村的西南面，狭长的黄土台地上，零零散散地分布有几座石堆墓。这样的石堆墓在天山山麓地带广泛分布，考古队员们对此司空见惯，解剖封堆、寻找墓口、清理墓室……每天按部就班，发掘推进顺利。有一天，在清理台地东北部的一座石堆墓时，在墓葬封堆边缘之下，意外发现了 3 座小石棺，无盖无底，棺内空空，着实令人费解。

带着疑惑，我们对这片台地展开了更大面积的发掘。2018 年 5 月，我们从台地南部开始，揭除一层厚厚的表土后，露出了一座稍大的石棺。随后，相继露出了第 2 座、第 3 座、第 4 座、第 5 座……石棺大小不一，排列有序，令人惊奇的是，在台地表面竟然看不出一点儿迹象！这些石棺，仿佛盖着厚厚的棉被，正在香甜的睡梦之中，赫然被我们揭开了被角（图三、四）。

图二 博格达峰脚下的白杨河

图三　淹埋在地表下的石棺

图四　考古发掘现场

图五　蓝天·雪山·石棺墓葬

　　秘密就在表土之下！随着厚厚的"黄土棉被"被揭开，一座座"熟睡的"石棺"睁开"了惺忪的睡眼，相继面世，有大石棺、中等石棺，还有"迷你"小石棺。石棺的形状，有长方形，有方形，有的状如梯形，其间还分布有一些小石堆。墓地的面积约 5000 平方米，石棺及石堆丛丛列列，壮如矩阵，颇为壮观（图五）。

二　神秘故园　独特葬俗

　　石棺有的盖着石板，有的上面放着几块石头（图六、七），石棺内究竟埋有什么？那些小石堆又是什么？带着好奇和疑问，我们揭开石棺盖板，取出石块，原来石棺都很浅，深不到 30 厘米，棺内大多空无一物，有的只见少量的人骨，有的仅见下肢骨，仅有个别石棺内人骨完整。从残存的人骨判断，石棺内的主人，头向东部，双腿侧屈，侧卧于石棺之中。这批墓葬，除了个别为左侧身外，绝大多数为右侧身屈肢葬。

石棺的大小，因人而异，那些小石棺，原来是葬幼儿的，有的幼儿还戴着铜耳环，如熟睡中一般。那些稍大的石棺，一般葬一个成人，而方形大石棺，多葬有两三个人。墓室中的人骨，身首俱全的很少，有些只见下肢骨，有的唯独不见头骨，这种现象，是因被盗扰还是一种特殊的葬俗？

石棺有的棺板被移位，有的盖板被破坏，显然，这些墓葬早已被扰动过。随葬的器物少而简单，最多见的是乳白色的滑石珠（图八），还有铜耳环（图九）、铜扣、铜珠、铜泡、铜管等，竟然还有两把小铜刀（图一〇）！偶尔还有绿松石珠、海贝，还出土一些陶罐，有的陶罐上有网

图六 石棺盖板

图七 石棺初露

图八 滑石珠

图九 铜耳环

图一〇 小铜刀

图一一　小陶罐　　　　　　　　图一二　彩陶壶　　　　　　　　图一三　彩陶罐

格纹、三角纹等纹饰（图一一～一三）。从出土遗物看，当时的生产力很不发达，能随葬小件铜器就已经相当奢侈了。陶罐大多放置在墓主人头部一侧、棺外的地表上，罐的底部有一个孔，冥冥之中有什么深意？

与石棺交错分布的小石堆，又是什么呢？我们一一清理，原来，石堆下面也是墓葬，有的是土坑，有的也是石棺，且葬俗一致。至此，我们恍然大悟，原来石棺上面摆放的石头，以及那些堆起的小石堆，都是每座墓葬的标志。白杨河先民用石板围砌墓室，用卵石作为墓葬标记，在流水淙淙的河畔为逝者营建了一个共有的家园。

三　天上人间　待解之谜

这处墓地，我们发掘了约400座墓葬，其中石棺墓近300座，是新疆目前发现的规模最大、保存最好的石棺墓群。石棺墓在欧亚草原多有零星发现，因其年代早、埋藏浅，石棺大多被破坏，完整的墓葬极少。这批石棺墓葬，无疑为欧亚草原石棺墓文化研究提供了极为重要的考古资料。

根据碳十四测年，墓葬的年代距今约3200~2900年，延续约300年之久。整个墓地，呈现了3000多年前博格达山北麓白杨河流域青铜时代晚期的文化面貌及其发展演变。而神话中周穆王不远千里来瑶池相会，时当公元前11世纪前后，正值该墓地的晚期。

天上人间的美丽神话，引发人们无限遐想：神话中周穆王当年果真驻足天山脚下，与石棺墓的主人可曾谋面？石棺虽小，背后是否蕴藏着深邃的历史玄机？史海茫茫，考古工作者跨越时空，钩沉一线，探索无尽。

探秘奎玉克协海尔古城

党志豪

　　新疆巴音郭楞蒙古自治州轮台县草湖乡的东南部，是一片广袤的盐碱荒漠，放眼望去，到处是高高低低的红柳包，仅有一些水道里生长着生命力顽强的芦苇与胡杨。这里人迹罕至，萧瑟荒凉，最为出名的却是密密麻麻、嘴长身短、刺尖如枪的蚊子。

　　即便环境如此恶劣，早在100年前，便有一位碧眼高鼻的外国人造访。十余年后，又有一位骑马的年轻人来到此处。他们是谁？来这蛮荒之地做什么？

　　碧眼高鼻的外国人便是大名鼎鼎又臭名昭著的"敦煌大盗"——奥雷尔·斯坦因的助手阿弗拉兹·古尔，而十余年后骑马的青年人则是我国著名的考古学家——黄文弼先生。他们来这里都是为了寻找、调查被当地人称为"柯尤柯沁"的一处已废弃的古代城址。

　　"柯尤柯沁"，是蒙古语的音译，"柯尤柯"意为"灰烬"，"沁"是"城"的意思，后又转译为"奎玉克协海尔"，同为"灰烬之城"的意思。这是一个矗立在无垠荒漠里的椭圆形大土包（图一），南北约120米、

图一　奎玉克协海尔古城

东西约 90 米、高 6.5 米，四周围着一圈低矮的土埂，南北 310 米、东西 260 米，周长约 900 米。土埂的南部有一宽约 22 米的缺口。土包的表面散布着大量晒得发白的动物残骨和烧成红色、黑色的破碎陶片，偶尔还能捡拾到一两枚圆形方孔的铜钱。除了破败、荒芜之外，实在是没什么能引起人注意的地方。没有人知道这个土包是什么时候出现的，也没有人知道是做什么用的。仅从地表散布的动物骨骼和残碎的陶片判断出可能是一座汉代建造的古城。

后来，关于古城的猜测便越来越多，有说是李广利伐大宛时所过仑头城的，也有说是汉西域都护府所在乌垒城的，众说纷纭，莫衷一是。

实践是检验真理的唯一标准。2018 年起，新疆文物考古研究所与北京大学考古文博学院的考古工作者们对奎玉克协海尔古城进行了考古发掘，用科学的方法向人们揭示了奎玉克协海尔古城的来龙去脉。

公元前 770 年，中国已进入诸侯争霸的春秋时期，在塔里木盆地北缘的一片绿洲之上，生活着一个部族，他们已不太记得自己的先辈从何处而来，只依稀记得族群可能是从北面的"白山"迁徙至这适宜人居的平原地区，这里水草肥美，他们在蓄养牛、羊、骆驼的同时，还能够开垦出一片土地，种植一些作物，不用再赶着牛羊四处奔波。他们在这安定了下来，为了抵御野兽的侵扰，他们在驻地的周围挖沙堆墙，然后取湿润的河泥覆盖在沙墙之上，筑成了低矮的墙体，墙体外因为取土，形成一圈环壕。虽然防御力有限，但终究是自己的家了。这种环壕加矮墙的简单形态，就是今天考古学家们发现的，被称为聚落的基本形态，这时的人们生产工具简单，多是石器，生活工具也不多，多是一些烧制的陶罐，有一部分还在器物表面绘画着红色的纹样。

随着时间的流逝，部落的牲畜越来越多，种植的农作物收成也都不错，人口也随之增加，已经从一个小的部落慢慢变得强大，但随着与外界的接触，所遭受的威胁也越来越多，包括猛兽、洪水、外族的侵扰等。公元前 550 年的一天，部落首领决定起建城墙，同时在城中心建筑祭台（图二）。此时，部落的人们还不会打制土坯，也不会夯筑技术，但四周湿润的环境为城墙的建筑提供了大量的原材料，人们在原来低矮的城墙外下挖、切取成块的泥坯垒砌在原有的矮墙之上，一天天、一年年的劳作，将原来低矮的墙体垒砌成了高达六七米、宽有 15 米的高大城墙，因大量取土，墙外形成了宽 12.5、深 1.5 米的城壕。同时，城中心的祭台也初具规模，这可全是族人们用小泥块一点一点垒起来的，虽然墙体垒得不很规则，但外墙却是相当的整齐，墙体高达 5 米以上，中间的圆

图二　祭台建筑

屋内靠墙有一周火塘。城址完工时，人们点燃了祭台周围的柴堆，火苗烘烤着墙体，墙体很快变红、变黑、变硬。屋内的火塘也被点燃，族人们围着祭台跪拜、欢舞。

有了城墙的防御，部族日益壮大，城墙已足够坚固，只需平时进行简单的维修。城中的建筑还多是木柱搭建的棚子，人们开始以祭台为中心，不断地用湿润的泥坯垒砌房屋、瞭望台、粮仓等建筑。日子越来越好，和外界的交流也越来越多，生产生活用具也丰富了不少（图三~五），有自己制造的带流铜罐（图六），有交换来的来自海边的贝壳，还有借鉴了北边游牧民装饰风格的骨器等，族人们的冶铸技术也突飞猛进，采用模制技艺制作了具有部族标志的小单耳带流罐，并开始制作、使用铁器。

但历史的发展总是不以人的意愿为转移的，随着人口越来越多，周围的环境不断恶化，公元前150年以后，城市开始逐渐走向衰落，但庆幸的是，来自中原的大汉王朝带来了更为先进、发达的生产工具与生产方式，并逐渐将周边的部族都统一在了一起，族人们面临着再一次的选择，最终，族人们选择跟随大汉军队来到距此不远、环境更好的一片绿洲之上，并共同筑城，重新开始生活，成为汉王朝版图的一个组成

图三　骨扣　　　　　　　　　　图四　陶范

图五　石镰　　　　　　　　　　图六　铜单耳带流罐

部分。

　　奎玉克协海尔古城的考古发掘，首次以科学的手段明确了新疆春秋战国至汉代的城址，复原了当时塔里木盆地北缘邦国的文明化进程，证实自古在新疆大地上繁衍生息的一代代先民、筚路蓝缕、杂居错处、兼容并蓄、相互亲近、创新升华，最终形成了多元一体的中华民族与中华文化。真实的历史是最有魅力的，以史为鉴知兴替，以史正人明得失，以史化风浊清扬，传承中华优秀传统文化，铸牢中华民族共同体意识，才能使我们的家乡、我们的祖国更加美好，更加富强！

第二章 令颁西域

夏特河畔祭芳魂

——寻找细君公主墓

艾 涛

两千多年前，细君公主西行万里，肩负和亲的重要使命来到当时西域最为强大的乌孙，远嫁乌孙王猎骄靡，为民族的融合、疆域的形成、丝路的发展以及西域都护府的建立作出了重大历史贡献。

她是中国史书留名的第一位和亲公主，也是才艺双绝的诗人，史书记载琵琶是她西行途中首创，她的一首《黄鹄歌》"吾家嫁我兮天一方，远托异国兮乌孙王。穹庐为室兮旃为墙，以肉为食兮酪为浆。居常土思兮心内伤，愿为黄鹄兮归故乡"，表达了远嫁异乡、思念故土的孤独和忧伤，被认为是中国诗歌史上反映新疆风情的第一名篇，也是我国边塞诗的源头，在我国诗歌史上占有重要的地位。

这首诗感动了雄才大略的汉武帝，每年都专门派使者不远万里去看望她，更打动了千千万万中国人的心。

那么，后来细君公主有没有回到自己朝思暮想的家乡呢？答案是没有。据史书记载，她在乌孙生了一个女儿少夫后就去世了，去世的时候还很年轻，永远留在了乌孙的土地上。

历史没有遗忘她，尤其是在她生活过的新疆伊犁。在这里，细君公主的故事到处可见可闻，伊宁市建立了汉家公主纪念馆，昭苏县人民在夏特山口建有细君公主塑像，还在一座高大的土墩墓前立起一块写着"细君公主之墓"的石碑，却没有提出这里是细君公主墓的依据，从而引起了一些质疑（图一）。

显然，找到细君公主墓是一件重要而又迫切的事情，不仅仅是让怀念她的中国人民有一个祭拜之处，也是对细君公主在天之灵的一种告慰。然而，细君公主墓究竟在哪里呢？

寻找细君公主墓，首先要找到当时细君公主生活的乌孙王城——赤谷城。专家根据史书记载考证赤谷城就在伊犁的昭苏盆地，这里环境完全符合史书中的记载，而且保存有大大小小的许多土墩墓，尤以夏特草

图一　一座普通中型土墩墓的圆丘形封土堆

原墓葬数量最多，规模最大，这里应该就是赤谷城所在位置，说细君公主墓在夏特是有道理的。

此外，根据考古工作者对此类墓葬考古发掘的结果来看，这些土墩墓多数是乌孙时期墓葬，细君公主墓应该是其中的一座。然而，伊犁广阔的草原上分布有上万座土墩墓，仅夏特就有大小数百座，其中哪一座是细君公主的埋骨之处呢？

由于这些墓葬的地下情况目前还无法搞清楚，寻找工作只能从地表封土堆的大小和形状入手。

首先是关于墓葬的封土堆大小。夏特的一些土墩墓封土堆非常高大，看起来像是一座小山，修建需要花费大量的人力物力，封土堆的大小很显然是墓主财富和地位高低的反映。细君公主作为乌孙王的右夫人，地位尊贵，当然，和亲公主的地位更取决于祖国是否强大，此时是国力强盛的汉武帝时期，细君公主去世时贰师将军李广利远征大宛取得胜利，威震西域，当时汉和乌孙的关系非常密切，细君公主去世后很快又有解忧公主和亲来到乌孙，结合这样的历史背景，她的葬礼应该规格很高，反映到墓葬上应该有高大的封土堆。

其次是关于墓葬封土堆的形状。西汉王朝对王室贵族墓葬的形制有严格的规定，除汉文帝霸陵是依山为陵之外，其他帝王陵墓封土堆形状基本上都是覆斗形（这里指封土堆像一个被截去顶部的方锥体，像一个倒放的量斗，考古学上称为覆斗形），其平面为方形，规模最大的当为汉武帝的茂陵。皇后、嫔妃、公主墓也多有覆斗形封土堆，如窦皇后墓（图二）、李夫人墓、鄂邑长公主墓等，许多藩王也采用同样的陵墓，只是

图二　西汉窦皇后墓覆斗形
封土堆的卫星照片

等级较低，规模更小，如正式考古发掘过的北京老山汉墓、江苏盱眙大云山汉墓，值得一提的是大云山汉墓的墓主江都王刘非就是细君公主的祖父。

史书记载细君公主在乌孙有自己的官员侍从团队，自建宫室居住，并不住乌孙传统的毡房帐篷，表明她在许多方面仍然保持了西汉的制度和传统，她去世后应该采用西汉的陵墓制度，同时因地制宜兼顾乌孙的葬俗。因此，和现存的其他汉代陵墓一样，细君公主的墓葬应该也有覆斗形封土堆。

综上我们可以知道细君公主的墓葬应该有高大的覆斗形封土堆，而今天伊犁地区的土墩墓数量虽多，大小不一，但封土堆的形状基本上都是圆丘形，平面为圆形，其他形状的非常罕见，但仔细寻找，我们可以在今天夏特乡西北约2千米，夏特河西岸的台地上发现一座有覆斗形封土堆的墓葬，此地有南北方向排列的6座大型墓葬，封土堆直径在50米左右，顶部有明显的塌陷坑，有覆斗形封土堆的墓葬就是其中从北向南的第三座，此处墓地在文物部门的登记名称为苏拉沟口墓群（图三），有覆斗形封土堆的墓葬在其中编号为M5。

此地背靠天山，北为宽阔的草原，位于夏特河左岸符合乌孙以左为尊的传统，位置优越，封土堆高大，是一处高等级墓地，结合符合西汉陵墓制度的覆斗形封土堆，可以认为苏拉沟口墓群M5就是细君公主墓，

图三　苏拉沟口墓群中大型
　　　土墩墓的卫星照片

其南侧紧邻 M4，M4 封土堆高大且周围有巨大的圆形壕沟，在此地的墓葬中最为显著，结合细君公主去世时间在乌孙王猎骄靡去世后不久，可初步推测 M4 墓主就是传奇的西域狼王猎骄靡。

　　为了自己的使命，细君公主终身不曾归汉，她的诗和故事将永远在伊犁草原上流传，在追求诗和远方的今天，我们也应该到这里来看看这位为国家而远嫁万里之外的传奇公主吧！

汉代"疏勒城"寻踪

田小红

　　网络上曾有一部热播电影，片名叫《大汉十三将之血战疏勒城》，讲述的是东汉初年漠北匈奴南侵，戊校尉耿恭率领数百将士坚守疏勒城，在外无援军内无粮草的绝境中"食尽穷困，乃煮铠弩，食其筋革"，"吏士渴乏，笮马粪汁而饮之"。忍受饥饿、干渴、疼痛和疾病的折磨，更坦然面对死亡独守孤城，宁死不降，苦苦支撑10个月后仅存26人。最后在一个大雪没膝的夜晚，终于盼到了汉军的救援，撤离途中在匈奴的追击下且战且退，生入玉门关者仅十三人。这种坚韧勇敢、视死如归的精神正是汉军将士们的气节和脊梁。范晔著《后汉书》时也将耿恭与苏武并列，论曰："余初读苏武传，感其茹毛穷海，不为大汉羞。后览耿恭疏勒之事，喟然不觉涕之无从。嗟哉，义重于生，以至是乎！"这段感人至深的文字至今读起来都让人感动不已。"疏勒城保卫战"不仅创造了中国军事史上以少胜多的军事奇迹，更是谱写了一曲义重于生的英雄赞歌。

　　时过境迁，沧海桑田，历史的车轮已沉重地碾压千年，当年耿恭用鲜血和生命保卫的"疏勒城"今在何处，成为后人急于探知的未解之谜。为了解开这一谜团，首先让我们把时针拨回到遥远的汉代，回顾一下当时的历史背景。两汉时期朝廷为了有效管辖西域，在西域戍军屯田、建亭障烽燧等，构建严密的军事防御体系，其中在天山北麓设置军事重镇屏障匈奴人南下的铁骑也正是战略考量之一。东汉明帝时，汉军大败匈奴，并在伊吾屯田，第二年复置西域都护和戊、己校尉，陈睦官拜西域都护屯驻轮台，耿恭任戊校尉屯驻金满城（今吉木萨尔县境内），关宠任己校尉屯驻柳中城（今在吐鲁番鄯善县鲁克沁镇），三城互成犄角之势，并与伊吾遥相呼应，同时另一处军事要塞"疏勒城"还可与柳中城直接通联，战术上可进可退。公元75年匈奴反叛，耿恭被迫从金满城退至"疏勒城"，那么"疏勒城"究竟在哪里？2014~2019年经过考古工作者们连续五次的考古发掘和不懈努力，"疏勒城"旧址终于被确定，它就在

图一 石城子遗址（南—北）

新疆奇台县东南，今人命名为石城子遗址（图一）。石城子遗址东边为城址区，西边为窑址和墓葬区，相互间距约200米。城址依山形水势修建在崖体上，内、外城结构，外城北、西面筑城墙，东、南以深涧为屏障，北城墙上有角楼、马面等附属设施，城外有护城壕，全城最高点在外城东北角，居高临下，周遭动静一览无余（图二、三）。地形险峻，易守难攻，军事防御的色彩十分浓厚。耿恭自金满城撤退时，西域都护陈睦已经战殁，唯有屯驻柳中城的关宠是耿恭唯一的援军，且疏勒城与柳中城之间有乌骨道、萨捍道两条道路可以通联，在这种情况下耿恭向东撤退至疏勒城后再南下与关宠会合是最理想的选择，在耿恭东撤途中，"恭以疏勒城傍有涧水可固，五月，乃引兵据之"。也就是说在疏勒城旁有涧水可固的天险，石城子遗址涧底自南向北绕城东而过的麻沟河可与之印证，石城子遗址的地望与疏勒城完全相符。

发掘出土的遗物主要有建筑材料、生产生活类用具以及兵器和五铢钱币（图四~六），建筑材料、陶器以及钱币均具有典型的汉代工艺风格，尤以瓦当上的云纹图案表现出强烈的汉代审美色彩，清晰指证了遗址的年代为两汉时期。兵器类遗物凸显出石城子遗址的军事特性，也暗

图二　城门俯瞰

图三　内城西北部房
址（南—北）

图四　五铢钱币

图五　建筑材料

图六　骨镞

示了当时战争的频繁和残酷。"僵卧孤村不自哀，尚思为国戍轮台。夜阑卧听风吹雨，铁马冰河入梦来。"这首诗也正是戍守疏勒城将士们的最好写照，生前金戈铁马，浴血疆场，死后马革裹尸，青山埋骨，石城子遗址西边的墓地正是这些边关男儿的瘗埋之所。

千百年过去了，莺飞草长，花谢花开，历史上曾经鲜活的生命都已逐渐远去，只留下久远模糊的背影。驻足在石城子遗址，仿佛还能听闻战场上的马嘶声、喊杀声以及催人心魄的擂鼓声，仿佛看见那高高的城头上还飘扬的汉军大旗，仿佛看见衣衫褴褛的汉军将士们虽疲惫不堪，但仍顽强抵抗，用生命和鲜血捍卫着脚下的这片土地。"耿恭以单兵固守孤城，当匈奴之冲，对数万之众，连月逾年，心力困尽。凿山为井，煮弩为粮，出于万死无一生之望。前后杀伤丑虏数千百计，卒全忠勇，不为大汉耻。恭之节义，古今未有"，这几句话至今读起来都让人热血沸腾、荡气回肠。抚今追昔，当我们亲历石城子遗址考古发掘，再现汉代"疏勒城"往日的辉煌时，不仅看到了边关将士们的风骨英姿和宁死不屈，更是以科学严谨的态度和毋庸置疑的事实深刻阐释了两汉时期设立西域都护之后汉朝对西域实施的有效治理和管辖，展示出汉朝经略西域军政事务的光辉历史，实证了新疆地区自汉代开始就是中国领土不可分割的一部分。"疏勒城"这个名字永远定格在了文献记载中，也永远定格在了历史记忆的长河中，留下了浓墨重彩的华美篇章。

西域第一石刻——刘平国治关亭诵石刻

闫雪梅

　　天山，古代又称白山或雪山。唐代，又名时罗漫山。雄伟壮观的天山，自古留下了许多动人的传说和故事。早在先秦时期，就有西王母和周穆王在瑶池相会的美丽传说。今天，我给大家讲述的是，铭记在天山上的碑文——"西域第一石刻"刘平国治关亭诵石刻。

　　这篇石刻是刻在西域龟兹北境山崖上的一篇短文，其地在今新疆拜城县东赛里木以北的天山支脉哈尔克他乌山博孜克日克沟口（图一），这里是一个南北向的峡谷，东西两面有高崖，山口在峡谷的南端。由山口往北，进入冰雪皑皑的天山，翻越高峰，可到达北疆。由山口往南，便进入木札提河河谷，这就是历史上的"乌孙古道"。这篇诵文就刻在

图一　博孜克日克沟口
（采自网络）

山口西面的山崖上。

石刻为东汉桓帝年间所刻，距今已有 1800 多年。由于地处偏远，人迹罕至，湮没在荒烟蔓草之中，早已被人们遗忘，直到清朝光绪年间才偶然被发现，重新问世。

一 石刻的发现及背景

19 世纪中叶，鸦片战争爆发，清政府内忧外患，危机四伏。1865 年，在西北边疆地区，浩罕国军官阿古柏在英、俄两国的支持下，进犯南疆，先后侵占了喀什噶尔、英吉沙、叶尔羌、和阗、阿克苏、乌什、库车等地。1867 年，阿古柏悍然成立"哲德沙尔"汗国，进而又占领了吐鲁番、迪化（乌鲁木齐）等地，西北边疆的形势十分危急。

清政府经过激烈的"海防和塞防"之争后，1875 年，陕甘总督左宗棠被任命为钦差大臣，准备收复被阿古柏势力侵略和占领的新疆土地。1876 年，左宗棠进驻肃州指挥作战。在刘锦棠的率领下，清军大败阿古柏侵略军，取得节节胜利。石刻的发现就在这个时期。

关于石刻发现的年代，有"咸丰、同治年间"之说，有光绪二年、三年、四年、五年夏、六年等说法，究竟哪一说为信呢？

光绪末年新疆布政使王树枏在他的《新疆访古录》卷一中记述：

> 光绪三年，刘襄勤公锦棠督师西下，部将提督徐万福统建威军先驱至拜城境，营夫樵采至山见此石刻。万福梯绝壁，剔苔藓，拓数百纸。

王树枏"光绪三年徐万福发现"之说影响甚广，然而却与事实不符。徐万福在平定阿古柏的战役中并非先驱部队的统帅，而是后备部队的将领；他当时驻在哈密、吉木萨尔一带，并未到达拜城，可以说，该石刻的发现与徐万福毫无关系。而我国著名的考古学家黄文弼先生所著的《塔里木盆地考古记》沿袭王树枏之说，也认为是徐万福所发现，近来研究新疆历史和文物者又多以《塔里木盆地考古记》为据，从而造成这一错误的记载颇有影响。

真正发现这处石刻的人是施补华。施补华字均甫，浙江乌程人，同治九年（1870 年）举人。当左宗棠西征驻在兰州时，施补华曾做过左宗棠的幕僚，后因故被弹劾离去，于是出嘉峪关西游，到达阿克苏。适逢左宗棠的部将张曜（字朗斋）征讨阿古柏匪帮，驻在阿克苏城，施补华又入张曜的幕府，颇得信任。石刻就是在这时被发现的。施补华客居新疆数载，曾写过一些新疆掌故的文章。他所著的《泽雅堂文集》刊于光绪十九年（1893 年），其中卷七《刘平国碑跋》，叙述了石刻被发现的经过，并作了简单的考释。跋云：

> 此碑在今阿克苏所属赛里木东北二百里山上。（光绪）五年夏，有军人过此地，见石壁露残字，漫漶不可识，或以告余，疑为汉刻。秋八月，余请于节帅张公，命总兵王得魁、知县张廷楫具毡椎裹粮往拓之，得点画完具者九十余字。

这篇跋文作于光绪八年（1882 年）十月，是最可靠的原始记录。跋中记录，石刻发现于光绪五年（1879 年）夏，最初的发现者是一名军人，施补华得知这一消息后，疑为汉刻。这年八月，张曜命总兵王得魁、知县张廷楫带着椎拓工具和干粮前往拓碑，这是第一次拓碑，拓得较完整的 90 余字。

四年后，即光绪九年（1883 年），施补华又命工匠前往此地，重新拓了几十张碑文，分别赠给他的好友盛昱、王懿荣等。光绪十五年（1889年），即施补华去世的前一年，他来到北京，曾在他赠给王懿荣的拓本上写了一篇题记，题记云：

> 余于光绪五年，得此鸠兹（按：即龟兹）山中，八月，为之跋（按：即前引跋文）。九年，命工拓数十纸，分贻海内朋好伯羲祭酒、廉生太史，皆装为大卷，属题其后。按此刻文字，余于跋尾既略为考证，祭酒后补其未及若干字，审定为《刘平国斫孔记》，释其义于右方矣。唯此刻既显，拓者踵至，咸以军人充其役，手与纸墨夙不相习，椎毡又复未具，往往点画不可辨识，甚者脱去"京兆淳于"数行。而种人居山下者又患其扰累，谋划去之。予为就崖巇作亭，覆盖其宇。召酋长受约束，毋俾损坏。于今六年，损坏与否，实不可知，然料他人之所拓与拓之异日者其不能如此本决矣。对此本，如在疏勒军中万里忆朋好也。

题记中记述，施补华对照碑文，在跋尾对石刻略作了考证，好友祭酒（盛昱）又补出若干未及之字，审定石刻名为《刘平国斫孔记》。石刻问世后，椎拓者接踵而至，都派军人前往椎拓，这些士兵平时多不用纸墨，而椎拓工具又不齐备，拓出的碑文往往模糊不清，有的甚至少了数行。住在山下的居民又常被拓碑者所扰，谋划毁去石刻。施补华在崖穴边修筑了小亭，盖在石刻上。并告知当地的酋长，看管好石刻不得损坏。六年过去了，施氏并不知石刻损坏与否。然而此后不久，内地却盛传这块石刻已被当地居民凿碎。实际情况是否如此呢？ 1928 年，黄文弼先生慕名专程来此地考察，他亲历其地，目睹石刻依然存在，并手拓数纸，

图二　文物保护标志碑（采自网络）

证明石刻并未被凿毁，但黄文弼到达此地时，并没有见到施氏所筑之亭，该亭可能早已坍毁。

新中国成立后，党和政府十分重视文物保护工作。该石刻由于历史悠久，意义重大，于1957年被公布为首批自治区级文物保护单位，2019年被公布为第八批全国重点文物保护单位（图二）。

二　石刻的碑文及释读

石刻于光绪五年被发现，一经问世，广为传播，慕名前来椎拓的人很多。由于椎拓时间不同，拓本优劣各异，从而对碑文的理解也不一致，以碑文的定名而言，就有《刘平国碑》《刘平国开道记》《刘平国作孔记》《刘平国作关城颂》《刘平国治关城诵》《汉乌垒摩崖石刻》《龟兹刻石》《东汉白山摩崖》等多种名称。石刻有多种拓本（图三），因此释文也多有出入。我国著名的史学家马雍先生采辑叶昌炽、罗振玉、王国维、郭沫若、黄文弼等人共11种不同的释文本，对照拓本和照片，考订其文如下：

> 龟兹左将军刘平国以七月廿六日发家
>
> 从秦人孟伯山狄虎贲赵当卑夏姜
>
> 石当卑程阿姜等六人共来作列亭从
>
> □谷关八月一日始斫山石作孔至十日
>
> 止坚固万岁人民喜长寿亿年宜
>
> 子孙永寿四年八月甲戌朔十二日
>
> 乙酉直建纪此东乌累关城皆
>
> 将军所作也□披□

在此刻文近处，又刻：

> □□□□
>
> 淳于伯隗
>
> 作此诵

石刻全文共119字，碑文分南、北两处，南侧为诵文，诵文北约1米为作颂人题名。隶书体，笔势飞动，结构遒劲，颇具书法艺术。根据碑文释义：

> 龟兹左将军刘平国七月廿六日从家出发，率领汉族工匠孟伯山、狄虎贲、赵当卑、夏姜、石当卑、程

图三　石刻拓本（采自网络）

阿姜等六人一起勘测列亭。从□谷关出发，八月一日始斫山石作孔，至十日止。（这些列亭）"坚固万岁人民喜、长寿亿年宜子孙"（坚固亿万年，永久造福子孙），永寿四年八月甲戌朔十二日乙酉作此纪。（补叙）此东乌累关城皆刘平国将军所作也□□□□淳于伯隗作此诵文

诵文中"永寿四年八月"至关重要，据此判定石刻的年代为东汉。永寿为汉桓帝年号，永寿四年（158年）六月改元延熹，因西域遥远，尚未得知此讯，故在这年八月刻石时仍称永寿。这篇石刻是新疆目前所发现的唯一有明确纪年的汉代石刻，也是年代最早的石刻，故称"西域第一石刻"。

石刻记述的史实尤为珍贵。东汉桓帝年间，西域长史下属的龟兹左将军刘平国，率领当地民众在乌累关以西勘测一系列亭燧，位于博孜克日克沟口的这座亭是最后的一座亭，任务完成后，名人淳于伯专作诵文，并刻石以纪功，足见勘测列亭一事在当时影响重大。现在该地山岩上仍可见到对称的凿孔三对，正是筑亭的遗迹（图四）。这件发生在西域的大事并不见于史料记载，这篇诵文的发现，不仅弥补了史传的不足，也充分证明，直到东汉晚期，汉朝政府仍对西域实施着有效的管辖。

这篇诵文拓本问世以后，一些金石学家和学者纷纷加以研究，清末至民国初年研究达到高峰。对释文考订的有施补华、盛昱、潘祖荫、叶昌炽、吴昌硕、刘继增、王仁俊、田北湖、王树枏、罗振玉、王国维、储皖峰、郭沫若、黄文弼等。其中叶昌炽、罗振玉、王国维、郭沫若等

图四　岩壁残留的遗迹
（文物普查照片）

均有论述。关于这篇石刻的意义，清代以来多有阐述。如汪鋆："此刻从无人见诸金石书，皆未著录。口外汉刻，昔以敦煌太守裴岑纪功碑，及伊吾司马两石为著称。此刻路更避远，字亦纯古，数千年奇迹。"

施补华："裴岑、侯获、刘平国，均于史传无考，而三碑略见事迹。刻之荒崖邃谷，雨淋日炙，更千余年而光气不可磨灭者，庶几年尽拓以归，以补班、范两史之缺乎！"

今天，在博孜克日克沟口，矗立着一尊刘平国牵马雕像（图五），这位1800多年前纵横在西域大地、勘测列亭、保卫边疆的龟兹左将军，将永远被人们瞻仰和铭记！

最后，我们以施补华这位刘平国碑的发现者、传播者和最初的研究者，于光绪十年（1884年）所作《过赛里木》一诗作结尾，深深感怀"龟兹乌垒长怀古，策马亭亭汉月圆"，汉代开拓边疆一统西域的历史功绩！

过赛里木

西域之国三十六，姑墨当今赛里木。

刘平国碑我所搜，编入赵家金石录。

永寿三年作四年，改元恩诏阻遥传。

龟兹乌垒长怀古，策马亭亭汉月圆。

——施补华《泽雅堂诗二集》卷十三

图五 刘平国雕像（拜城县文物局吐逊江提供）

"五星出东方利中国"织锦

于志勇

在世界文明史上，丝绸制作技术的发明，是令中国人引以为豪的伟大成就，以丝绸为纽带，汉唐时期丝绸之路开通后西域经济文化的繁荣及一系列重大历史进程，备受世人乐道和关注。至今，人们仍期盼去秘境西域，探索和发现丝绸之路文明，发现丝路之绢绸，一睹大漠考古遗珍的瑰丽和华美，亲历体验西域考古发现的快乐。

1995 年，中日尼雅遗址学术考察队在对新疆民丰县尼雅遗址一处重要墓地进行考古发掘的过程之中，发现了一件"五星出东方利中国"文字织锦作为面料的制品，以其绚烂的色彩、激扬的文字、诡秘神奇的纹样和祥瑞的意蕴风格，长久地吸引着大众探谜的激情和对文化史背景的求知欲望。这件精美的织锦，被誉为 20 世纪中国考古学最伟大的发现之一。

"五星出东方利中国"文字织锦（以下简称"五星"锦）出土时，和作为随葬品的弓箭、箭箙、短剑鞘等物品放在一起，在许多已经变得褐黄的且有些几乎腐烂的有机质文物中间，织锦鲜艳的色彩和吉祥语文字，令考古队员们异常惊喜和兴奋。将包括出土"五星"织锦文物的木棺和其他随葬品整体搬运回乌鲁木齐进行科学整理之后，专家们在认真分析和研究这批珍贵文物背后的重大历史文化价值的同时，对"五星"文字织锦文物本身也展开了细致的研究。社会各界尤其是公众对这件珍奇文物本身也充满了好奇和惊诧。

这件织锦制品是干什么用的？织锦是如何制作的？织锦上的文字，是写上去的还是绣上去的？文句的意思是什么？上面的珍禽瑞兽是什么象征元素，有何称谓？把文字置入彩锦上的用意是什么？是什么部门织造的？是何时织造的？有什么科学史价值？时至今日，人们对这件文物依然兴趣盎然。

"五星"文字织锦制品呈圆角长方形，长 18.5、宽 12.5 厘米，用"五星出东方利中国"织锦为面料，边上用白绢镶边，两个长边上各后缝缀

"五星出东方利中国"锦
护膊

有 3 条长约 21、宽 1.5 厘米的白色绢带（其中三条残断）。考虑这件文物出土时和弓箭、箭箙等放在一起，发掘者最初认定它可能是和成套的武器一起使用的。经过受邀参加出土纺织品保护和修复的国家文物局专家王亚蓉教授提示，"五星"文字织锦制品应该是拉弓射箭时使用的护臂。

护臂，主要是指引弓射箭时保护臂部的护具。在我国古代名物词里，称用锦帛毡布制成的护臂为"射褠"，以皮做成的为"射韝"，以革做成的为"射韝"或"捍"，有些文献里还称为"拾"或称为"遂"等。因在古代射礼、攻伐、丧葬等不同的场合，又由不同等级、尊卑身份的人使用，所以它的用料、形制、尺度、工巧精细程度等均有所区别。这件护臂使用"五星出东方利中国"高档织锦制作，无疑是一件至为特别的物品。

"五星"文字织锦，经过纺织考古专家分析和鉴定，是由五组经线和一组纬线织成的五重平纹经锦，经密 220 根 / 厘米，纬密 48 根 / 厘米。平纹五重经的组织在汉锦中较复杂，也极为罕见，它在织造工艺及技术上都较一般重经织物要高。织物的右侧幅边尚存，按照汉晋时期的织锦幅宽"二尺二寸"即约合 50~51 厘米来计算，制作护臂的锦料只是整幅"五星"织锦的半幅左右。"五星"织锦的纹样题材异常别致，有凤凰、鸾鸟、麒麟、白虎等瑞兽和祥云瑞草，并将"五星出东方利中国"的文字巧妙列置其中，表达祈佑祥瑞的寓意。吉祥语文字和祥云、祥瑞花草、瑞兽、瑞禽组成一个上下宽约 7.2 厘米的图案组合，沿经线方向重复循环。这种风格和题材的图案，在出土的汉锦中是首次出现。

织锦上的文字是织造出来的，而不是针绣、彩绘制作的，是汉王朝时期成熟、精湛的丝绸制作技艺的绝佳反映。巧夺天工的织工在多彩经纬丝线的神奇交织过程中，不仅能织造出意境精美、纹样瑰丽的图案花纹，更能在织锦华章纹饰间织出吉祥语文字。织锦的创造，凝结了古代织工的艺术创造、智慧才情和辛勤劳动，所以，《释名》里在解释锦的华贵时说，"锦，金也，作之用功重，其价如金，故其制字帛与金也"；《汉书·食货志》里在记述织女的辛勤时，称"女工一月得四十五日"，经学家们在给这一令人疑惑的文字注解时，仿佛充满着同情和怜惜："一月之中又得夜半，为十五日，凡四十五日。"

织锦上织出的"五星出东方利中国"吉祥语文字，是我国古代星占用辞，是我国古代先民在观天象、审辨吉凶祸福的过程中，根据先秦—秦汉时期产生、形成并趋体系化的阴阳五行学说、"天人合一"或谓"天人感应"思想及《易·系辞上》"天垂象，见吉凶"思想，通过对五大行星的星占学考察，逐渐总结、归纳出来的占辞术语。最早记录当见于战国时期大星占家石申的有关记述，石氏的著述现已亡佚，《开元占经》中有部分引述；现存最早的记载见于《史记·天官书》，记云："五星分天之中，积于东方，中国利；积于西方，外国用兵者利。"《汉书·天文志》记载的与上近同，云："五星分天之中，积于东方，中国大利；积于西方，夷狄用兵者利。"《晋书·天文志》《隋书·天文志》等正史中也见相同的内容。

在我国古代人的思想观念中，"天"是一个有意志、有情感、无法彻底认识，只能顺应其"道"与之和睦共处的庞大神秘活物，"天命""天意"的基本原则是赏善罚恶、道德至上，"天命"可知且能够转移，它归于"有德"者；赏罚之柄虽在天，但人却能改恶从善，以感动天，亟修善政，化凶为吉，所谓"天惟时求民主"。而且，"天"是人格化的，它会垂天象，兆示人间祥瑞、凶异。"凡帝王者之将兴也，天必先见祥乎下民。"而当国家昏乱时，自然间就会出现怪异现象，若"其主不知惊惶亟革，上帝降祸，凶灾必亟"。《春秋繁露·必仁且智》云："凡灾异之本，尽生于国家之失。国家之失乃始萌芽，而天出灾害以谴告之，谴告之而不知变，乃见怪异以惊骇之。惊骇之尚不知畏恐，其殃咎乃至。以此见天意之仁而不欲陷人也。"《白虎通·灾变》亦云："天所以有灾变何？所以谴告人君，觉悟其行，欲令悔过修德深思虑也。"如果为政者能使百姓和乐，政事宣昭，德泽四海，泽臻草木，五谷丰登，天就会降以福佑、祥瑞，"天下太平，符瑞所以来至者，以为王者承天统理，调和阴阳，阴阳和，万物序，休气充塞，故符瑞并臻，皆应德而至"。"天人感应"思想，"天垂象，见吉凶"的观念及阴阳五行学说中的神秘主义成分，在先秦—秦汉不同历史阶段，对当时的哲学思想、宗教迷信的发展，有直接的重大影响，并渗透到文化各领域乃至社会实际政治生活之中，构成了我国古代星占术的思想基础。

五星指水、火、木、金、土五大行星；"东方"是我国古代星占术中特定的天穹位置，"中国"指黄河中下游的京畿地区及中原，是一个地理概念。"五星出东方"指五颗行星在一时期内同时出现于东方天空即"五星连珠"或"五星聚会"现象；"五星出东方利中国"，即出现五星共见东方之天象，则于中国军国大事有利。由于五大行星周期性围绕太阳公转时间不同，从地球上观察它们会合、会聚天象出现的概率小，所以它们各自的性质、亮度、形状、大小、颜色等变化，以及经过或停留在廿八星宿或其他星官处的位置和聚合，就被占星家们赋予了特殊的星占学意义；而五星聚合一处天象出现的概率甚少，就自然地具有了非常重要的星占学意义。《汉书·天文志》里有这样的文字："三星若合，是谓惊立绝行，其国外内有兵与丧，民人乏饥，改立王公。四星若合，是谓大荡，其国兵丧并起，君子忧，小人流。五星若合，是谓易行，有德受庆，改立王者，掩有四方，子孙蕃昌，亡德受罚，离其国家，灭其宗庙，百姓离去，被满四方。"

在我国古代星占学体系中，五大行星的星占学最为重要，"察变之动，莫著于五星"，是最基本的且最富科学成分的组成部分。由于古代星占学体系最基本格局至迟形成于战国时期，"争于攻取，兵革更起，城邑数屠，因以饥馑疾疫焦苦，臣主共忧患，其察禨祥、候星气尤急"，加之术数家又创"五星失行，州国受殃"等说游说君主，人们充分重视、关心五大行星天象所兆示的天意的结果；另外一个重要的原因在于，五大行星周期性公转于恒星背景之中，人们能够观察其运行规律，并用数学方法准确地描述和推算它们的运行情况。也鉴于此，将五星视为五行之精，天之五佐，佐天行德；现实关怀的是战争胜负、王位安危、年成丰歉、水旱灾害等政治、军国大事。因此，《史记·天官书》"五星分天之中，积于东方，中国利；积于西方，外国用兵者利"和《汉书·天文志》"五星分天之中，积于东方，中国大利；积于西方，夷狄用兵者利"等占辞也就有了正统的袭用和传承。

汉晋时期祥瑞被强烈关注，符瑞元素经常影响到各类皇室艺术的设计；在"五行说"的深刻影响下，五星、吉祥云纹、甘露、木芝、木连理、龙、麒麟、凤凰、鸾、比翼鸟、乌、雀、燕、鸠、雉、马、白鹿、狐、兔、虞、白狼、比肩兽、龟、鱼等都是祥瑞之兆示。袁宏《后汉纪》记载："自元和已来，凤凰、麒麟、白虎、黄龙、鸾鸟、嘉禾、朱草、三足乌、木连理为异者数百，不可胜纪。咸曰：'福祥以为瑞应。'"《东观汉记》则更明确地记述："章帝元和二年，祥瑞屡见，凤凰三十九、麒麟五十一、白虎二十九、黄龙四、青龙、黄鹄、鸾鸟、神马、神雀、九尾狐、三足乌、赤鸟、白兔、白鹿、白燕、白鹊、甘露、嘉瓜、秬秠、明珠、芝英、华平、朱草、木连理，日月不绝，载于史官，不可胜纪。"对照历史文献，我们能够对"五星出东方利中国"织锦上的祥瑞元素符号做出很好的解释，织锦上织出的祥瑞图案，自右至左依次可以称为凤凰、鸾鸟、麒麟、白虎；围绕这些"大瑞"纹样的则是景云、嘉禾等。

见诸正史的官方的祥瑞记录，反映了当时祈求祥瑞太平社会文化、风俗背景和观念的取向，历代也通过各种形式和手段，以图天下太平、风调雨顺、国泰民安。祈瑞和营造祥瑞氛围自然就成为有机联系的祥瑞思想体系的一部分，符瑞元素也就被艺术化地创造出来，并且还被赋予了道德的属性。《艺文类聚》卷98引《白虎通》，完整而精确地描述了"德化瑞应"的理想境界：

> 天下太平，符瑞所以来至者，以为王者承天顺理，调和阴阳，阴阳和，万物序，休气充塞，故符瑞并臻，皆应德而至。德及天，即斗极明，日月光，甘露降；德至地，即嘉禾生，蓂荚起；德至鸟兽，即凤凰翔，鸾鸟舞，麒麟臻，狐九尾，雉白首，白鹿见；德至山陵，即景云出，芝实茂，陵出黑丹，山出器车，泽出神马；德至渊泉，即黄龙见，醴泉涌，河出龙图，洛出龟书，江出大贝，海出名珠；德至八方，即祥风至，钟律调，四夷化，越裳来，孝道至。

圣瑞明兆，将祈愿天下太平、瑞应德化和有道的思想观念艺术化、形象化，将大吉、大利思想和理念社会化、世俗化，无疑是在历代瑞应归纳的前提下得出的；将这些屡应的符瑞符号，作为表现德化、有道的圣瑞元素，运用在特殊的物品上，同时也反映着等级制度、礼制规约。"五星"织锦上的文字、星纹和祥云气纹以及凤凰、鸾鸟、麒麟、白虎等祥瑞动物纹样的和谐聚会，可能为我们如何理解上述文字的内涵，提供了重要的佐证。

我国古代，关注天象的历史和中国文明本身的历史一样悠久，由于中国古代星占和天文历法是由皇家史官专门掌管，而且中央王朝对历法和天象拥有着绝对的解释权，所以能够使用这些星占用辞作为织锦吉祥语，只能是皇家织造官府——织室。汉晋时期文字织锦织造用工更费，设计、生产和享用，受政府服官、织室等部门严格管制，存在较为严谨的工序和要求，因此吉祥语文字织锦珍奇富贵，品质奢华，多用于政治色彩极强的封赏赐赠，具有极其特殊的属性和价值。丝绸输出和使用上的逾制和民间乱禁，明显是有禁断的。"五星出东方利中国"文字织锦由于其特殊的设计思想和祥瑞内容，加之特殊的祈愿目的，其设计织造，应当是汉晋皇家织室、服官生产制作的，其使用可能也存在极为特殊之处。

与"五星"织锦制品同时还出土了一件"讨南羌"织锦残片，是从与"五星"锦相同的锦料上裁剪下来的一部分，根据对具体史实的研究和图案的综合分析显示，织文可以连续为"五星出东方利中国讨南羌……"。这句织锦文字的产生，无疑是汉王朝为了祝祈讨羌大事在政治上、军事上顺利和成功，而将天象占辞与"讨南羌"之宏愿结合起来，以图祥瑞的实际见证。在其他的织锦上，还见有类似的内容，如"琦玮并出中国大昌四夷服诛南羌乐安定与天无疆"等。与这条吉祥语可能有联系的史事，是《汉书·赵充国传》记载的西汉王朝的一次讨伐西羌的战争，汉宣帝曾将"五星出东方利中国"星占术语教条地用在了督促、鼓励对羌人作战的诏书里，可见皇家对五星占用例的绝对话语权及当时的天文星占对汉王朝军国大事决策所起到的巨大作用。东汉中后期，羌祸十分严重，汉王朝中央将讨羌作为军国大事，持续数十年，希冀吉利天象，以利国家，一定是朝廷和社会百姓期盼已久的。

"五星出东方利中国"之辞缘何产生于织锦之上，《汉书·赵充国传》之史实可作为重要的线索之外，《史记·天官书》所记"汉之兴，五星聚于东井"也值得重视。众所周知，此条史料记述的是汉高祖入秦之事，根据台湾清华大学教授黄一农先生用现代方法推算，在刘邦入秦的次年五月，确实发生过一次与"五星聚于东井"非常符合的天象。如果这一推算不误，那么可以想见，这一现象受到了汉王朝和儒生们的高度重视：将"汉之兴"附会于"五星聚会"天象的出现；"汉之兴，五星聚东井"也就成为具有浓厚迷信色彩的汉朝人和汉代社会的重要思想观念。织文的艺术综合和创造，无疑是在汉王朝独尊儒术背景下，强调王权天授，强调政权合乎法统、正统的意识形态高调宣扬和文化运作，也可以看作这一天象对汉晋社会政治经济文化尤其是对国家兴亡所具深远而特殊星占学作用和意义的社会历史反映。从这个意义上引申来说，将其视为祈祝吉祥祺瑞的用语，将其视为谶纬思想影响下的一句激励的祈语，也是可以的，因为"五星出东方利中国"一词本身，就表达着一种良好的企盼和愿望。

几千年来，我国古代对"五星聚合"天象的观测，投入了特殊的感情，期待这一天象奇观的出现，期冀大吉、大利之兆示；古代封建帝王也借此自诩得"天命"而称"天子"，使王朝合法化。综观我国古代天文星占的历史，迷信和科学始终相互依存、影响。

经过现代天文学的计算和研究，"汉之兴，五星聚东井"尽管是汉代儒生们附会的结果，但是实际天象的出现，证明古代星占记录多是准确可靠的。目前，国内外天文考古界运用科学方法对关于五星聚会及史事占验的研究，已取得了一系列惊人成果，例如对武王克商年代的研究、对五星聚会周期为516.33年的计算等；科学史家还精确地推算出，在2040年9月9日，将会出现罕见的五星聚会天文奇观。

美国著名天文考古学家班大为（David W. Pankenier）在他研究中国古代五星聚的重要论文里，曾激情地说过，伴随2040年9月五星聚会奇观同时到来的，很可能是中国再次成为超级大国。

我们期待着这一天的到来；同时，同样也期待未来我们对于"五星出东方利中国"的历史文化的认知和了解，能够更深刻、更全面。

楼兰考古

——再现楼兰边城的人与事

李文瑛

如今，被誉为"地球之耳"的罗布泊，干涸缺水，植被稀少，是文人墨客们笔下创作的原型，演绎出诸多经典的故事，为罗布泊笼罩上神秘的色彩。无法想象，两千多年前，此地"广袤三百里，其水亭居，冬夏不增减"，烟波浩渺，水草丰茂，孕育滋养出一个人口众多、颇具规模的古代城邦。张骞出使西域，带来了关于它的记载："楼兰，师邑有城郭，临盐泽。"

一　楼兰往昔

公元前 2 世纪，西汉王朝为了反击匈奴，打通丝绸之路，经略西域，官方首次开辟了从玉门关西出，至西域门户楼兰，再沿孔雀河绿色走廊一直通达西域腹地的交通主干线。楼兰，由过去荒漠深处封闭的绿洲城邦，迅速成为联系中原与西域的交通枢纽，"楼兰……当空（孔）道"，扼丝路要冲，继而成为政治、军事、经济重镇。数百年岁月中，楼兰故城，由昔日城邦的都城，拓展为两汉王朝屯兵戍守的重镇、魏晋前凉时期西域长史的治所（由敦煌郡直接管辖），罗布绿洲，成为几代中原王朝在西域举足轻重的屯戍中心。

考古、调查发掘显示，1600 多年前罗布绿洲上的楼兰城是一座汉式方形城池，面积达 11 万平方米，一条水道穿城而过，水道两旁浓荫密布，城内街巷纵横，衙署民居、佛寺塔院、店铺客馆，密密匝匝，松散布局（图一）。

城内，偏南处是一座 2000 平方米的四合院，厅堂轩敞，壁柱高大，梁栋朱漆，这里是中央政府派驻楼兰的最高军政长官——西域长史的衙署（图二）。四合院内左右两侧为厢房，采用了塔里木盆地传统的框架抬梁、木骨泥墙式结构（图三），北面三间类似"档案室"，以土坯垒砌，墙体厚实。衙署的建筑构件颇为讲究，既有中原汉式斗拱、穿壁纹窗格

图一 楼兰古城遗址全景

图二 官署区全景

图三　官署西厢房木框架

图四　官署西厢房发现木车轮和建筑构件

图五　楼兰古城采集木雕

图六　楼兰出土木雕建筑部件

木，还有西方犍陀罗涡卷式柱头，中西合璧，制作精细，彰显出不同于普通民居的规制和气势（图四~九）。衙署之西、北，分布着一些木骨泥墙结构的大宅院，多是中上层官吏或富豪之家的居所，宅院一般都有前厅、主室、侧厢及后院，有的院后还有花圃或果园。城北，有一座颇具规模的大佛寺，是高僧弘法、信徒礼佛的场所，寺内一座犍陀罗式佛塔凌空而立，高达十几米，几千米之外都能看到（图一〇）。

　　城外，塔里木盆地众河汇集于此，塔里木河、孔雀河等大小河流，从西向东泻入罗布泊，水道密布，河洲交织。大大小小的屯戍区，绿洲片片，林木葱郁，田亩相望，牛羊成群。沿孔雀河岸，是中央政府设置的交通网络，线路东西铺展，"塞驿远如点，边烽互相望"，一派祥和壮丽之景。

图七　楼兰古城出土葡
　　　萄纹木雕门楣

图八　古城内民居

图九　城内发现圆形木柱础

二　可靠的"档案"资料

　　这个曾经的边陲重镇，在荒漠中消逝了近两千年，丰富的考古材料为再现当年的繁盛状况提供了可靠的证据文本。在楼兰城衙署坚固的"档案室"和院外的垃圾堆里，考古工作者找到了魏晋前凉西域长史衙署经办的部分文件，这些断简残编的年代跨度前后近百年，内容涉及屯田积谷、修梯溉田、谷物绢练的买卖、违法将卒的处置、追捕盗贼、稽查行旅、军资器材、粮食的计数，

图一○　古城内的佛塔

以及通过邮驿网络传递的公私信函等，其中有不少是楼兰与敦煌间往来的公函（图一一～一三）。

"档案室"整理出的公函中，有西域长史向敦煌太守汇报的工作记录，有敦煌太守徐府君到楼兰视察的记载，还有敦煌郡都邮王彦时长住楼兰城的信息，均为回溯当年历史的珍贵文本。例如，233 年（曹魏青龙元年），敦煌太守仓慈去世，噩耗传来，西域诸胡纷纷赶到楼兰西域长史府和高昌戊己校尉府，举行哀悼追思活动，人们缅怀仓慈，"悲戚如丧亲戚"，"或有以刀画面，以血明诚，又为立祠，遥共祭之"。

最著名的文献之一，当属"李柏文书"，此为前凉唯一有史书可证的重要人物的文书遗迹（图一四）。325 年五月七日，前凉西域长史李柏焦急地写下了给焉耆王龙熙的一封信。从字面看，此信似在表达"慰劳"之意，实际却是以潜台词形式，传递着前凉王张骏授命李柏以楼兰为基地，击擒勾结前赵的高昌戊己校尉赵贞这一机密级的政治、军事使命。两年后，前凉在吐鲁番盆地设立高昌郡，内地郡县制首次在西域实施，正是在平定赵贞的基础上才得以实现的。不过，李柏这份关涉当时西域东部重大历史事件的信稿，只是其反复斟酌几易其稿没有送出的草稿，

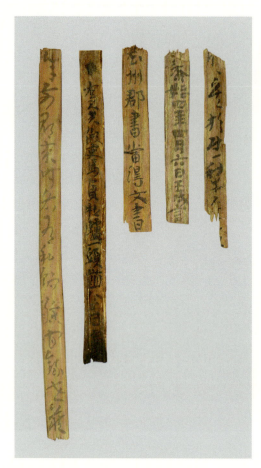

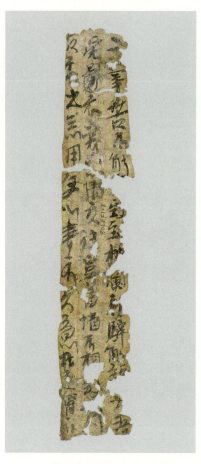

图一一　楼兰古城出土汉文木简（一）

图一三　楼兰古城出土汉文纸质文书

图一二　楼兰古城出土汉文木简（二）

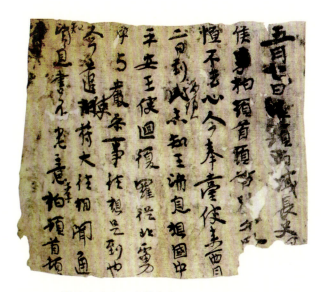

图一四　楼兰古城出土李柏文书

图一五　楼兰古城出土铜弩机

最终遗留在了衙署的"档案室"里。

楼兰出土的文献资料，可见当年西域长史府的日常生活。"一把手"西域长史"实如郡守"，总领戍守和屯垦，下设分管军民政务和社会生产职能部门，大大小小的官吏、属员及各类服务人员，不下七八十人，这当中除了来自内地的汉族官吏外，还有一定数量的当地楼兰人，在当年的"档案"中能查到他们一些人的名字，如"劳益""劳仁子""阿邵戈阿"等。

每日，各级官员在此忙忙碌碌，处理日常事务。战事不多的和平时期，生产、水利管理、商业等事务繁多，如若遇到河堤决口等突发事件，就要及时有效地部署抢修。为提高生产力，分管垦区生产的"主簿"亲自主持中原犁耕技术的学习推广；大型水利工程实施后，粮食增产，余粮满仓，繁重的仓储事务让"仓曹""监仓""监藏""监量"们忙碌起来；官府的手工业部门不可或缺，主要加工各种生产工具和兵器等（图一五），有"织府使卒"专营纺织业，私营手工业作为补充，主要制作服装、毛布、皮革、木器及日用杂物。

残破的文献资料掩埋在废弃的楼兰城内，细读这些文书中的点滴记录，还原出这残垣断壁背后如烟的往事，眼前仿佛浮现出官员士卒们日常的工作状态，一幕悠闲，一幕繁忙。

三　生动的边城生活

出土文献所见，楼兰城内商业规模较大，设有专门的商品交易场所"市"，市场监管是"市贾使"的职责，市场上用来交换的商品有丝绸布匹、衣物、日用品、牲畜、粮食、蔬菜等。长史对医疗保健也很重视，设有"医曹"管理医院，针对罗布泊地区寒热、腹中不调的常见病、多发病，依医方对症下药，用桔梗、茱萸等草药制成汤药、丸药、散制剂，医院药材主要由内地运来，储备充足。

在管辖方面，由于楼兰城内外及周围屯戍区的居民，以屯田吏卒和散居的民户为主，屯戍队伍中主要是来自内地的汉军官兵，也能见到少数本地楼兰人和中亚贵霜大月氏人的身影，他们平时耕作，战时出征；散居的民户人数不少，主要是当地楼兰人和汉人等，他们从事商业、手工业、农牧业或做杂役。为了管辖区内所有居民（约万人），长史机构实行中原的户籍制管理，人人都是社会体制中的一份子。屯戍的汉军吏卒，多时上千人，他们将内地先进的耕作、灌溉、栽桑、养蚕等技术，以及铁质犁铧、射程更远的兵器弩机、更便捷的书写工具——纸张万里迢迢带到西域，同时也把内地的礼仪制度、风尚习俗、民间信仰带到边陲。

楼兰城中那些大宅院的主人，既有汉人上层官吏，也有"劳益"等当地官吏，他们既是官府中同僚，又是交好的邻居。汉吏家中的藏书很多，如《论语》《左传》《急就篇》《战国策》等，还有算术、占卜、阴阳书等。主人平日里习读不辍，也不忘对孩童和戍卒们进行文化教育、对家人进行训诫。每年终，他们如同在中原时一般，过腊节举行社祭活动。当地楼兰人没有自己的文字，在汉通西域之初，汉文就成为楼兰的官方文字，在官府中就职的当地官员，大都学会并使用汉语，以方便履行正常公务、交流联络感情。

除了汉文，流行于中亚地区的文字——佉卢文，这时也进入了楼兰社会，使用者主要是贵霜大月氏人等外来人群体，主要用于商业、佛教等领域。例如，居住在楼兰城大宅院里一个名叫"畔毗"的楼兰人，天资聪慧，既谙熟汉语，也通晓佉卢文。此外，来到楼兰的大月氏人，还带来了所信奉的小乘佛教。

根据可靠的文献记载，地处丝路交通要冲的楼兰城，是一个开放的城镇，发挥着丝路贸易中转站的作用。东西往来的人汇集于此，不仅有来自内地的汉人，还有贵霜、安息（伊朗）、大宛、康居等国的远方来客，他们身份不同，或为使者，或为士卒，或为商贾，或为僧侣，更有大量移民。经过漫长的沙漠苦旅，人们在这里歇息休整，办理公务，交易商品，诵经弘法，补充给养，然后踏上更遥远的行程。

众多的行旅者推动了楼兰城的繁盛，集市上可以购买到中原的丝绢锦帛（图一六、一七），中亚西亚的毡毯花罽（图一八～二一），南亚的印花棉布、珊瑚，罗马的玻璃，于阗的玉石，还有楼兰本地的青㲲衣物、牛羊牲畜、谷物果蔬等。人们以货易货，多以粮食和丝绸作价，随行就市，按质论价，五花八门的珍奇物品和熙熙攘攘的各地来客，使楼兰城呈现出一片热闹繁华的景象。

这一时期，罗布绿洲本地楼兰人的生活悄然发生着变化。在身份地

图一六　楼兰城郊墓葬出土汉式丝绸——"望四海贵富寿为国庆"织锦

图一八　楼兰城郊墓葬出土人物纹缂毛织物

图一七　楼兰城郊墓葬出土汉式丝绸——"长乐明光"织锦

图一九　楼兰城郊墓葬出土缂毛织物

图二〇　楼兰 LE 城郊墓葬出土狮纹毯

位稍高的楼兰人中，华丽合体的汉式"深衣"式交领丝绸袍衫，替代了肥大的传统毛布贯头衣；普通的布衫，也仿汉服，以彩锦为缘、彩绸镶边。除了竞相追求的丝绸衣物，中原轻薄美观的漆器（图二二、二三）、光可鉴人的铜镜、西方五光十色的琉璃珠等，也都成为普通楼兰人喜好的用具和饰品。大宅院土屋的泥壁上，悬挂上异域风格的狮纹壁挂毯图土炕边，有了可以高坐的古波斯雕花木椅，日常餐饮食具中增加了中原的筷子，蒸煮用上了陶甑。

四 兼容并蓄的丧俗文化

家族墓地的营建，反映出楼兰人丧俗文化的重要信息。楼兰城东北部 LE 城一带屯戍区的居民，对家族墓地的营建有了新的追求，他们在城外高高的雅丹台地上，像挖窑洞一样，一点点掏挖坚硬如石的沉积泥

图二一 楼兰城郊墓葬出土汉式鱼蛙纹锦衣缘

图二二 楼兰城郊墓葬出土汉式漆盖

图二三 楼兰城郊墓葬出土汉式漆杯

块，模仿河西敦煌贵族墓葬的形制，为自己的家族构筑来世的居所（图二四、二五）。

众多墓葬当中，有一座前后双室、满绘壁画的"豪华"洞室墓，显示出极高的规格，墓主可能是社会地位较高的汉封当地官吏，抑或身份显赫的楼兰豪族。他崇奉汉文化礼制，使用楼兰地区屡有发现的汉式彩

图二四　楼兰地区 LE 古城

图二五　楼兰城东北雅丹高台

绘穿璧、流云和金乌（日）、蟾蜍（月）的箱式木棺（图二六），着汉式交领丝绸袍衫（图二七），信仰贵霜大月氏人带来的小乘佛教。

就其墓室的壁画，可以推测出绘制者应该是一位大月氏画师，其画技高超，运笔娴熟，有着自己的构思和画风，技法上讲究平涂和线描结合，红、青、赭、白敷彩，厚重艳丽，对比强烈。在前室东壁，绘横向排列的墓主家族成员三男三女饮酒的场面，男子的圆领套头服、托钵持杯的姿势都是典型的贵霜风格，女子的半袖衫、褶裙，则具有楼兰服饰的特点（图二八、二九）。前室墓门东侧，画有一组佛与供养人，在后室四壁及顶部满绘法轮，象征佛法，前室正中中心柱上也画上法轮，象

图二六　楼兰 LE 城郊墓葬出土彩棺

图二八　壁画墓前室东壁壁画

图二七　壁画墓出土残交领绢袍

图二九　壁画墓出土半袖绮衣

征佛塔，这些画面组合在一起，为墓主家族精心营造出理想的佛国空间。或许是受到了河西墓室壁画稿本的启发，画师还在前室西壁画上了斗驼图，画面上一白一红两驼相搏，相互撕咬，旁边两人手持长棍试图挑开驼嘴，在墓门一侧画上一头独角兽充当镇墓兽；北壁画上主人心爱的坐骑——两匹奔马，表现出日常可见的生产生活场景。绘制完成这些总计50多平方米的壁画后，在前室东壁，画师用佉卢文留下了自己的名字。

多元文化的交流与融合，在此地的丧葬文化中依旧清晰可见，位于交通要道上的楼兰城，敞开包容开放的胸怀，在东西往来中兼容并蓄，留下了弥足珍贵的历史资料。

西北的劲风吹拂了数千年，如今的楼兰"城郭巍然，人烟断绝"，黄沙覆盖了两汉魏晋时期的繁荣景象，曾经烟云笼罩的罗布泊变成了一片干涸的盐泽。红柳还在，楼兰已逝，唯有借助丰富的考古资料，才能带领着我们走近那段充满生机的边城岁月。

营盘考古

——打开"楼兰道"重镇的全景画卷

李文瑛

张骞"凿空"西域之后，汉朝朝野对阳关、玉门关外广袤神秘的西部世界有了清晰的认知。雄才大略的汉武帝为了经营西域，将万里长城的烽火台线向西延伸，"于是自敦煌西至盐泽，往往起亭"，烽燧连布，一直通向孔雀河的终点湖罗布泊。继而，这条亭燧绵延的交通线沿孔雀河绿色走廊一直通达西域腹地，成为当时连接东西方世界的主要纽带。

如今，西域史论著中频频出现的"楼兰道"，就是指这条给西域大地带来活力和影响的通途，而"楼兰道"上声名远播的楼兰城，则为后世经典文学中提供了无尽想象。自 20 世纪 80 年代末开始，罗布泊荒漠深处的考古发掘工作，将"楼兰道"上的另一遗址——营盘遗址展现在世人面前，丰硕的考古成果揭示出了这个遗址作为"楼兰道"上的交通重镇，与楼兰城东西呼应、遥相守望长达三四百年的辉煌历史。

一　话说营盘

营盘遗址位于楼兰故城西 200 千米处的孔雀河北岸，是一个由城址、烽火台、寺院、农渠田畴、公共墓地共同组成的大型聚落遗址（图一）。"营盘"一名，应该与此处残存的这些古代营垒遗迹有关。

整个营盘城基本呈规则的圆形，直径不过 180 米，城垣虽已残破不堪，但最高处可达 7 米余，最宽处 5 米，足见其当年的雄伟气势。城垣用黄

图一　营盘古城全景

土、胡杨枝、红柳、芨芨草等相间筑垒而成，局部还以土坯和树枝修补，建筑工艺和楼兰城有相似之处。

目前认为，圆形的营盘城或受中亚城制的影响，而方形的楼兰城则体现着与中原汉文化的联系。较之于楼兰城，营盘城的规模稍小，可能为当时的军事城堡，城东西两侧与库鲁克塔格山前的十余座烽火台连绵相继，遥相呼应，连成一线；城北抵兴地山口直至库鲁克塔格山中，亦见亭燧、戍堡屹立；向南，顺孔雀河支流小河南行，在著名的小河墓地附近也有一孤烽呼应。显而易见，营盘重镇恰好处于塔里木盆地东部交通线的十字路口，汉晋时期，它既肩负起扼守"楼兰道"西端咽喉的重任，同时又沟通着丝路南道鄯善、且末等与古高昌及天山以北诸王国的联系。

营盘城东北约 1 千米处，在一座陡峭的丘状台地上建有一座寺院，有土坯垒砌的长方形塔院、下方上圆的佛塔以及宽敞的前庭、排列整齐的厢房遗迹等。这种规划设计，透示出中原传统的庭院式建筑的格局。看得出，整个寺院规模、气势都不逊于营盘城池，说明当年佛教信仰在营盘人的社会生活与精神认知中占有举足轻重的地位。

放眼营盘城，周围视野开阔，地势平坦，孔雀河岸边至今还存活着生命力旺盛的胡杨、红柳，在沙漠中呈现出丝丝生机。在城西北 2 千米，高大的红柳沙丘间，发现了大片农田和灌溉遗址，城边还发掘出一件布满锈迹的铁犁铧，结合营盘墓地出土的小麦、粟粒、棉籽、干化的葡萄和桃子等实物，不难想见，当年的营盘重镇除了传递信息、卫护行旅外，还在自然条件相对优越的绿洲上发展起农业经济，为"楼兰道"的畅通提供着有力的物质保障。

二 "事死如事生"的精神世界

营盘人的茔地位于库鲁克塔格山山前的台地上，这里寸草不生，距离城北约 1 千米（图二）。墓葬地表都插有几根胡杨木柱，这不得不令人想起同处孔雀河流域但时代更为久远的小河墓地，那里的木棺前后也插竖着木柱，明确象征男根和女阴，表达出古人对群体强大生殖能力的渴望。然而，这两处遗存时代相隔遥远，文化面貌大不相同，营盘木柱可能仅仅只是墓葬的标识而已。根据对这些标识的统计，整个墓地已露出的墓葬 300 余座，而深埋地下、连标识也一同被湮没的墓葬大概还有不少，几代营盘人在此长眠了数百年。

考古工作者对 120 座墓葬进行了发掘，发现这里的墓穴有截然不同的两种类型，一种是垂直向下挖出的长方形竖穴，另一种是倚靠台地沙

图二 营盘墓地全景

图三 营盘墓地倒扣的槽形木棺

壁向一侧掏挖的长方形偏室。竖穴的墓坑中都放置有胡杨木制作的棺具，而偏室中的死者则以毡毯裹身直接入葬。同一个墓地，呈现出两种不同的墓葬形制，墓主人难道是文化习俗不同的两群人？对此，一种观点认为，偏室墓是秦汉时期生活在河西地区的月氏人习用的葬制。月氏人曾在公元前2世纪初，被匈奴人逼迫陆续西迁，天山南北两麓、塔里木盆地东部都有他们辗转的踪迹，或许就有部分月氏人落脚在孔雀河边。

事死如事生，丧葬习俗是表达古人精神世界的重要方面。营盘人常用胡杨树干凿空中部形成一种结构简单的槽形木棺，使用时多将槽形棺倒扣在尸体上，两头或以兽皮包裹，或用杂草封塞；少部分是将包裹好的尸体盛殓在槽形棺内，上盖木板，木板上覆盖毛毯或麦草（图三）。死者穿戴整齐，尸体用毛毡、毯或素绢包裹，身下铺芦苇草席。这种槽形棺有时两端不凿通，像是独木舟，和近现代塔里木河、孔雀河流域居民渡河、打鱼用的"卡盆"很相似。在北欧、南亚及我国长江上游的古巴蜀地区的考古发现中也可见此类舟形棺式的葬具。结合民族志材料，现代某些原始族群，认为人死后灵魂要涉过一条河才能达到彼岸世界。那么，包括营盘遗址在内各地考古发现的这些舟形棺，或为死者渡往彼岸世界的媒介物，是先民的有意为之。

营盘考古还发现了一种四足的箱式棺，规格显然较高，棺外壁多饰彩绘，常见神话题材，如在前后挡板上绘三足鸟象征日，绘蟾蜍象征月，盖板、侧板上绘串联的玉璧、缭绕的流云，还有的描绘一只伏虎，尖嘴獠牙，两腮膨鼓，双眼突出，身体如兽如蛇，体饰圆点花斑，细尾蜷曲，尖嘴和前足高擎麦穗状花环（图四）。这些源自神话文本中、想象出来的神兽背后，是生者为死者驱邪避祟、营造另一个日月朗照宇宙世界的良苦用心。同样风格的彩绘棺具，在楼兰古城附近汉墓中也屡有发现，其题材在内地汉画像石、画像砖上极为常见，足见丝路开通后，汉文化对西域大地的影响之深。

营盘人多是独自埋葬，个别的两人合葬或三人合葬，没有发现楼兰城郊汉墓那种多人合葬的大墓。两人葬中一男一女的可能是夫妻（图五），三人葬中的死者可能是同一家族的成员。营盘人的寿命都不长，我们对采自营盘的 30 余具人骨进行了统计，显示当时人均死亡年龄为 38.6 岁。有一年轻女子，死于难产，入葬时还带着仅分娩出一半的婴儿。尽管营盘人在墓葬形式上并没有小河人那种对阴阳呼应、生命繁衍祈望的直白表达，但从随殉的物品中我们还是找到了具有类似理念的信息。例如，在部分死者身上发现一种布帛缝制的鱼形小物件，称为帛鱼，因为鱼具有很强的繁殖能力，在中国的上古时期就被作为女性生殖力的象征物，佩戴鱼形饰物自然用以表达对子孙瓜瓞绵绵、长久不绝的祝福。一直到现在，在中国北方农村新婚的洞房里，常常贴上一张年画，上面画一条大鲤鱼，鱼背上骑着一个光身子的胖娃娃，这种祈求家族子孙兴旺的寓意自然可以追溯到数千年前的远古时代。

无论男女，营盘人入葬时都用丝绵或棉布、毛布缠裹头部（图六），最外层额部的位置，通常再绷一条大红色绸带，上或缀压花的金银饰件或垂吊珠串之类的小饰品。体质人类学家对营盘的 30 余件人颅标本进行测量研究后发现，近三分之一为环状变形颅，他们据此推测营盘人可能有自小用绷带缠额的习惯，因此引起颅骨畸形生长，由此可见，这种高耸的头形，至少是部分营盘人从生到死的一种崇尚。

营盘还有一些很特别的葬俗，比如，在逝者身上放置成团的人发，而且并不是墓主人自己的头发。目前所知，

图四　营盘墓地彩绘箱式木棺

图五　营盘墓地夫妻合葬墓

在蒙古国诺音乌拉匈奴贵族墓中曾发现有随葬大量人发辫的现象，民族学的部分材料告诉我们，这很可能是与萨满教有关的埋藏习俗。人类学家在对后世萨满教的研究中发现，萨满教的灵魂观念中有对人发崇拜的习俗，认为人的灵魂就寄托在丝丝缕缕的头发当中。在信仰萨满教的满族人先世女真人中，还形成了独特的辫葬习俗，他们将在他乡逝世的族人就地安葬，在入殓前将其辫发剪下装在木匣子或陶罐里，然后用红布包上由族人送回死者生前的氏族。如果战士死于战场，他的头发也由战友送回故乡，由家人装入匣中，寓意魂归故里，族人再按族制举行葬礼。营盘墓地发现的辫发随葬或许也和女真人一样，是与迁葬有关吧。

因为干旱少雨的气候环境，营盘墓地不少死者尸体保存较好，有的干化成了珍贵的古尸标本。专家们从营盘人遗骸的面部形态，干尸黑、黄、淡黄等不同的发色分析，得出人群体质形态特征多样化的基本结论，这与历史文献中记载的汉晋王朝屯田士卒、西域楼兰土著和北方匈奴游牧势力在这一地区并存的史实相符。

图六　营盘墓地用丝绵缠裹头部的女性墓主人

三　鲜活的生活全景

依据墓葬中的随葬品、死者随身的衣装服饰，大致可以勾勒出营盘人生活状态的基本轮廓。死者的头前都摆放着木几或木盘，是公用的餐

图七　营盘墓地出土盛放羊肉的木几

具，上面盛放羊头和大块羊排（图七），有的羊肉上还蒙盖着面饼，还有油炸的面果子。由此看来，营盘人不仅耕田播种、经营农作物，畜牧经济在当时生产中也占有一定的比重。这种农牧兼重的经济生产方式在当时塔里木盆地天山南北绿洲国家中普遍存在，这是为了适应绿洲农业生态脆弱的自然生存条件而客观存在的生计模式，只有农牧并重才能维持人们的日常生活。

随葬的木制餐具还有各种罐、钵、杯等，也有少量陶器，还有来自伊朗高原萨珊王朝的玻璃杯（图八），中原的釉陶碗、漆耳杯。部分木器造型上模仿了西方的金银器、玻璃器，异曲同工，十分别致。因性别不同，男女随葬物也不同，男性常常佩弯弓、长箭，女性则将化妆用的奁盒、铜镜以及纺轮、剪刀等女红用具置放身边。一件奁盒中发现了被女人当作粉扑的佉卢文残纸（图九），经国内专家解读为儿子给父亲写的千金家书。可惜纸片太小，其文意已不完整。

发现的奁盒上大多髹漆，上面的花卉纹样竟与当地毛绣图案如出一辙。一件弦纹的漆杯，采用的也是当地木器的造型（图一〇）。由此引出了令学者们感兴趣的问题，这批漆器产自何处？新疆不产漆树，如自产漆器，漆原料从哪里来？从漆树中割取的液汁能否越过干旱的戈壁沙漠运到边远的西域呢？民族学家宋兆麟先生调查和研究过彝族漆器工艺技术，据他介绍，彝族人把漆密封到竹筒里可以保存一两年，漆料的长途贩运没有问题。为此，可以说研究西域自产漆器，营盘的发现大有意义。

得益于干燥环境的眷顾，营盘的织物、服饰出土时不少鲜艳如新。

图八　营盘墓地出土来自
　　　伊朗高原的玻璃杯

图九　营盘墓地出土漆奁及佉卢文残纸

图一〇　营盘墓地出土地产漆杯

出土织物的种类繁多，丝、毛、棉、麻都有，是汉晋时期纺织考古的一次非常重要的发现。其中丝绸主要是中原的产品，几乎囊括了当时丝绸的所有品种，有绢、纱、绮、绫、锦、刺绣以及绞缬、蜡缬、贴金等印花织物。其中有不少是以往未见的新发现，例如，有一种丝带和锦一样华丽多彩，它常装饰在衣袍领、袖的边缘和衣片间的接缝处，根据吐鲁番出土文书，5世纪高昌官府就织作有这种提花的丝带，称为锦绦。这种锦绦织物虽小，但包含了多种纺织文化的因素，如锦绦的结构和汉锦一样，上面的动物图案是中原式的，而波头纹、连珠纹却是中亚风格。再如，有一种织锦被确认为是西域当地产品，它借鉴了中原传统的织锦结构，并根据西域当地蚕丝的特点，组织上加以变化，图案题材上，从通幅连绵的云气动物到二方连续的人物、树木、楼阙，既体现着汉文化艺术的影响，又带有浓郁的异域情调（图一一）。

图一一　营盘墓地出土西域地产织锦

毛织物是当地传统的服装面料，营盘出土的毛织物品种十分丰富，有当时社会普遍需求的平纹、斜纹的粗毛布，还有提花织造的重纬组织罽、双层组织罽、通经断纬的缂毛、栽绒织法的毯、无纺的毡、斜编带、毛绣等。其中的罽，是指带有花纹的精细毛织物。汉高祖刘邦曾下诏禁止商人穿着"锦、绣、绮、縠、罽"等，将罽与名贵的锦、绣同列，说明罽是档次较高的毛织物，因其精美程度可与丝绸中的织锦媲美，又被誉为"毛锦"。营盘出土的鹰蛇飞人纹罽、人兽树纹罽、通经断纬的立鸟纹罽等，都传递着来自遥远的中亚、西亚一带的毛纺织技术和服饰艺术的信息。

服饰方面，营盘人追时尚求新样，设计、裁剪并缝纫出长袍、短襦、筒裙、间色裙、灯笼裤，还有长筒靴、绞编履等样式，可谓五花八门（图一二）。在杭州纺织品考古新发现的展览上，一件营盘出土的阔袖、下摆似燕尾的女装吸引了众多中外观众。与此同时，与衣装相配的人体佩饰不少也来自中亚、西亚，如镶嵌晶莹的玻璃珠片的各种金银耳坠，酷似黄金的黄铜戒指、手镯等等。

如此这般生动的丧葬细节，折射出营盘人日常生活的点点滴滴，木质餐具上摆放的羊排、面饼、油果子等实物，鲜艳如新的各式穿戴服饰，穿越两千年的时光岁月，真实地展现出一幅幅具体的生活景象。

四　未解的神秘人物

在营盘不胜枚举的重要发现中，最令人瞩目的要数编号为 15 号的墓葬，其墓主人诸多与众不同之处，令人对其身份、来历产生了种种揣想，这些都极大提高了人们对楼兰大地更为鲜活、更为生动的历史情境与细节的关注。

图一二　营盘墓地出土丝绸
　　　　女装

15 号墓葬，埋在远离其他墓葬而距佛寺最近的一处沙梁上。1995 年发掘出土，1997 年春开棺面世，即成为轰动全国的重大发现，荣列当年全国十大考古发现之一。墓主人男性，死亡年龄 30 岁左右，正值壮年，身材相当高大，约 1.9 米（图一三）。葬在汉式的彩绘穿璧流云的箱式木棺中，棺上覆盖可能来自中亚的彩色狮纹栽绒毯，面部罩人面形麻质贴金面具。衣着服饰华丽、罕见，上身穿红地黄花的人兽树纹罽袍（图一四），面料是来自中亚、西亚一带的精纺毛织物，其上孔武有力的裸体人物表现的是希腊（罗马）

图一三　营盘墓地 15 号墓男性墓主人

图一四　营盘墓地出土人兽树纹罽

神话中某一神祇。同类结构的花罽此前曾出土小片，被视为珍品，而如此通幅巨制，实可谓稀世瑰宝。墓主人贴身穿着素绢套头长袍，领口、胸前贴有光色相衬的贴金花边，下身穿绛紫色花卉纹刺绣长裤，裤料系将来自中原的丝绸衣料拆后重新纺纱织绸，然后再用西域丝线绣出本地风格的纹样。足蹬专为死者特制的绢面贴金毡袜。腰间系绢带，上挂几何纹绮的贴金香囊及帛鱼，胸前及左腕处各放一件冥衣，左臂肘部系一蓝绢刺绣护膊。头下枕缀珍珠的刺绣鸡鸣枕。

令人不解的是墓主人除了随身的这些珍稀的罽、锦、绮、绣类豪华衣物外，再不见其他物品随殉，墓地流行的木几、罐、杯等为组合形式的随葬品在这里竟不见踪迹。墓主人棺具规格高，葬俗在营盘墓地独一无二，这些都反映出他生前有着不同常人的身份、地位。在没有明确文字记载的情况下，推断死者的身份很困难，给人们留下无限的遐想空间。

五　消逝的身影

持续的考古研究，框定了营盘聚落遗址的时间范围，其繁盛的时代大体在西汉中、晚期到前凉，这一时期正是楼兰道的兴盛时期。晋以后孔雀河突然断流，依靠这一河流养育的罗布淖尔西北绿洲聚落迅速衰废，楼兰地区的政治局势、交通都因之发生了急剧的变化，与楼兰一样，营盘这座因东西交通、商业贸易发展起来的城镇也失去了赖以存在的基础。与楼兰城不同的是，营盘作为交通、商贸重镇衰废后，并没有即刻变得人烟杳无，北边的库鲁克塔格山依旧在滋养它，来自山地的冰雪融水、湖泊、绿地依旧为营盘人提供着生命的养料，部分居民固守着家园，使得这一聚落继续延续。那么，创造营盘重镇昔日辉煌的其他人呢，他们去了哪里？从形态学、遗传学分析的结果看，营盘居民与焉耆盆地的察吾乎汉晋人群特征最为接近，看来，部分营盘人可能逆孔雀河北上，在上游水草丰茂的开都河流域开辟了他们新的家园。

往事并不如烟，如今的营盘重镇已成废墟一片，甚至在史籍中也没有留下关于它的明确记载，但它足以同楼兰城相媲美的历史，都蕴藏在荒漠深处的残垣断壁、坟茔古冢中，营盘考古向我们揭开了它神秘的面纱，再现楼兰道上逝去的往事。

张币千人丞印

——遗落罗布荒原的印记

吴　勇

罗布泊盆地又称罗布泊洼地，位于新疆维吾尔自治区若羌县东北，地处塔里木盆地东侧（图一）。盆地大致呈三角形，北为库鲁克塔格山，南为昆仑山，东通过阿奇克谷地与敦煌绿洲相通，西与塔克拉玛干盆地相连。盆地东部是著名的罗布泊，西部为风蚀雅丹与沙丘地貌。闻名遐迩的楼兰古城位于罗布泊西北，是西汉初年西域诸城郭之一的楼兰所在地。公元前77年，楼兰更名为鄯善。公元前60年，西汉在乌垒城（今新疆轮台境内）设立西域都护府，任命郑吉为首任西域都护，至此"汉之号令班西域矣"，包括今楼兰在内的西域地区正式纳入中国版图。东汉至魏晋沿袭西汉旧制，先后设立西域都护府和西域长史府管辖广大西域地区。4世纪末，由于自然环境急剧恶化，曾经河网密布、芦花飘香、风吹草低见牛羊的繁华绿洲渐渐淹没于茫茫荒原之中。直到19世纪末楼兰城才又以满目疮痍的面孔重现世人面前。

为了综合研究楼兰乃至罗布泊地区的自然环境与人类活动的关系，2014~2018年由中国科学院地质与地球物理研究所牵头组织的"罗布泊地区自然与文化遗产综合科学考察"队连续四年对楼兰古城及周围区域进行拉网式考察，取得丰硕成果。2015年9月13日下午太阳西斜，科考队决定将营地扎在楼兰古城东南的一条干涸古河道内。待到车轮卷起的巨大黄尘纷纷散去，大家纷纷下车为构建未来一个月共同生活的营地而忙碌开来。平整沙地、卸物资、搭帐篷……不久营地雏形渐具，一切开始变得井然有序起来。接下来一部分考察队员们继续对自己的小家精雕细琢，一部分开始准备第二天的考察用品，还有一部分则三两一伙、急不可待地在河道及两岸蝌蚪形小雅丹间开始探索。

黄昏时分，外出队员开始陆陆续续返回营地。此时也就进入了营地一天最为热闹、兴奋的时刻。队员们聚集在一起边交流当天的所见所想、边将采集的各类文物上交、登记造册。蔚蓝色的玻璃珠、洁白如玉的玳

图一　罗布荒原

瑁纺轮、古朴但依旧锋利的箭镞……一件件精美的文物像变戏法一样呈现在大家眼前，不时引起一阵阵赞叹声和相机、手机的拍照声。临近结束，突然发现人群中不见那位平常上交文物最积极的敦厚和蔼的长者身影。大家抬起头，看见那位长者正双手背在身后，站在人群外看着大家嘿笑呢！

大家见状急忙问他捡到什么好东西没有？只见他慢悠悠地将握成拳头的右手从背后伸过来，缓缓张开手指，掌心上静静地躺着一件泛着古铜色亮泽、略带绿锈的器物。这件器物下面是一个方形基座，上面立着一只动物。因长期暴露在外，久经风吹日晒沙磨，通体发红、发亮。画押？印？大家七嘴八舌地猜测起来。当将基座底面翻转向上的那一刻大家不约而同地喊道："印！"夕阳映照下的营地顿时沸腾起来，所有的人都赶来，争相一睹这枚来自1500多年前的印的真容。激动的喊叫声刺破静谧的罗布荒原，那声音是那么悠长，久久不能散去。没错，这件器物是一件地地道道的印。自19世纪末以来，中外探险家和科学家在罗布泊地区进行了数十次考察，所获遗物中尚未有印章被发现。因此这枚印章的发现其意义非凡。

此印为红铜铸造，通高 2.25 厘米。上部是一只站立的动物形象。头部尖圆，五官轮廓不明显。头向左转与左腿相连，颈下部有一小孔。细腰，背部正中施数道横短线，两侧各刻划一两道纵向凹弦纹。四足立于四角，尾垂于两腿间。整体刻划略显简略，写意较强。可能是羊或橐驼的变形；下部方形基座边长 2 厘米，一角稍有残缺。印面阴刻 2 行 3 列共六个篆字，为"张币千人丞印"。因使用过久多有磨损，笔画宽窄、深浅不一。印文间残留少量绿锈。

印在中华文明发展过程中具有重要的地位。中华民族用印的历史可以追溯到三千年以前。殷墟出土甲骨文中就有"印"一字。印，"信也"，"执政所持信也"。不仅是人与人交往、公文交接的信用凭证，也是辨尊卑、明身份的重要标志。印种类繁多，主要可分为官印和私印两类。官印由国家政府机关颁发，代表权力，彰显官阶和爵秩。官职品级高下不同，所用印形状、大小、印文、纽式及绶带也不同。"皇帝，玉玺，虎纽；皇后，金玺，虎纽；诸侯王印，黄金橐驼纽，文曰玺，赤地绶；列侯，黄金印，龟纽，文曰印；丞相、大将军，黄金印，龟纽，文曰章；御史大夫，章；匈奴单于，黄金印，橐驼纽，文曰章；御史、二千石，银印，龟纽，文曰章；千石、六百石、四百石，铜印，鼻纽，文曰印；二百石以上皆为通官印。"从传世和考古发掘出土的印章看，目前所见官印的质地主要有金、银、铜、玉等。纽式有螭虎、龟、鼻纽、蛇、马、羊、鱼、橐驼等。使用螭虎、龟纽者身份比较高，羊纽、橐驼纽则多见于中原王朝赐给边疆少数民族的官印中。私印规制不如官印那么严格，尺寸一般较官印小，印文多附姓名，如果不附姓名，便有私刻官印之嫌，是犯法的。

"张币千人丞印"印文为六字复合结构，由"张币"和"千人丞"两部分组成（图二、三）。"张币"可能是西域长史管辖下的某一地名。"千人"为武官，在史籍、出土文献及传世印章中多有记载。中尉"有两丞、候、司马、千人"；西域都护"有副校尉，秩比二千石，丞一人，司马、候、千人各二人"。"丞"为千人的属吏。"张币千人丞印"可能是属于魏晋时期西域长史营下一名秩三百石的普通官吏的官印。

根据历代中央职官制度，各级官员皆佩印绶。不仅如此，西域诸城郭"自译长、城长、君、监、吏、大禄、百长、千长、都尉、且渠、当户、将、相至侯王，皆佩汉印绶，凡三百七十六人"。目前新疆地区也发现了一批属于两汉至魏晋南北朝时期的印章，比较著名的有"张币千人丞印"

图二　张巾千人丞印

图三　张巾千人丞印印文

"司禾府印""汉归义羌长"等，就是当时中央政府颁给西域军政官员和当地地方官员的官印。通过授予印绶的方式，任命诸城郭官员，并将其纳入政府职官体系中，从而有效地行使着对新疆地区的管辖。

"张巾千人丞印"的发现，结束了楼兰考古史上无印的历史，填补了楼兰历史上的缺环；"张巾千人丞印"的发现，进一步补充和完善了魏晋时期西域长史营的职官体系，对深入研究两汉至魏晋时期西域职官制度具有重要的学术价值。

"凤凰台上凤凰游，凤去台空江自流。吴宫花草埋幽径，晋代衣冠成古丘。"沧海桑田，"张巾"早已不知所指。曾经杨柳清风、鸡犬之声相闻的楼兰绿洲已满目疮痍，幸存的佛塔、三间房孤寂且倔强地矗立在沟壑纵横的黄土雅丹地上，每当清风掠过它们那残破不堪的身躯时发出阵阵低鸣，仿佛在向人们诉说它昔日的辉煌，诉说曾经在那里默默奉献的"些小吾曹州县吏"及寻常百姓的点点滴滴，诉说千百年来一代又一代中华儿女为祖国统一、为中华民族伟大复兴扎根边疆，默默奉献一切的不朽精神。

佛法汇聚之地——达玛沟

安尼瓦尔·哈斯木

　　和田绿洲是塔克拉玛干沙漠南缘，昆仑山北麓灿烂绿洲文化之明珠，这里不仅是西域丝路重镇、玉石之路的源头，也是佛教最早传入我国，并由此向中原和东亚传播的第一站。同时和田作为古代西域大乘佛教中心，历史上成为大乘佛教向中原乃至整个东亚传播的策源地，是佛教香火较盛的地方之一，因而这里分布着许多重要的佛教遗存。在塔克拉玛干沙漠边缘众多的佛教遗存中，有一个非同寻常的地方——达玛沟。

　　达玛沟（Damago）应来自阗塞语中的梵文借词"Dharma"（意译：佛法，音译即达摩）加词缀"go"而成，意思为"佛法汇聚之地"。而达玛沟佛寺遗址，位于和田地区策勒县达玛沟乡范围内。这里两汉之际为西域绿洲小国扜弥所在地，其后为于阗王国所并。佛教传入西域后，古代和田很快就成为西域佛教中心，到11世纪喀喇汗王朝对于阗发动宗教战争，吞并了佛教盛行的于阗王国为止，于阗文化无不打上了佛教文化的烙印，这一时期于阗佛教的特点是寺院多、规模大、僧人多、经典丰、佛事盛，此时可谓于阗史上最辉煌的一个时期，因而从北到南广布着许多重要的佛教遗址，其中达玛沟则成为和田地区佛教遗迹分布最为广泛之地。

　　因宗教战争毁于中世纪，并湮没于荒漠之中的达玛沟佛寺遗址，千年后再次展现在了世人面前，于阗佛教鲜为人知的神秘往事再次浮现，并成为举世瞩目的焦点。佛寺遗存的发现实属偶然，在2000年3月的一天，当地一位牧羊人在达玛沟南部托普鲁克墩掏挖红柳包时，无意间在一个沙包下挖到一个佛像头部，这一发现引起了考古人员的高度重视，也由此揭开了达玛沟区域佛寺考古群发现与发掘的序幕。

　　考古工作者经过科学的勘查和发掘，确认达玛沟托普鲁克墩佛寺是由1号、2号、3号佛寺遗址构成的完整寺院，是塔克拉玛干沙漠地区佛寺佛像雕塑保存状态最好的遗址群，也是塔克拉玛干沙漠边缘绿洲地

图一　达玛沟1号佛寺

带寺院独有的形式。据出土遗物初步推断，三个佛寺建造时代为6~8世纪，当在于阗地区佛教由普及进而发展到鼎盛时期，可能毁于11世纪喀喇汗王朝发动的宗教战争。

托普鲁克墩1号佛寺为最早发现并发掘，坐北朝南，建筑平面呈长方形，面积仅4平方米（图一），寺中有一座泥塑莲花宝座佛像，身着赭红袈裟，头部和双手残缺，佛寺四壁绘有精美的壁画。这是座微型殿堂式佛寺，是中国乃至全世界目前所发现的中古时期最小最完整的佛寺建筑。而2号佛寺是迄今和田地区发现的结构最复杂的回廊建筑，东部有殿前广场，东北、东南和西北存在附属建筑。这种佛殿在于阗、焉耆以及疏勒地区极为流行，是于阗地区"回"字形佛寺影响和发展的表现，而这里的发现，则可看作是于阗地区大型回廊式佛寺建筑的代表。出土的文物有密教的内容，其中回廊的千佛壁画残块、毗卢遮那木版画等都是新疆佛教密教考古的重大发现。3号佛寺为塔克拉玛干地区首次发现的僧房、禅房、诵经为一体的综合性建筑群，其中的广场式庭院、僧房、莲花形炊具等都属首次发现。这些发现，在现阶段填补了于阗佛寺文化尤其是建筑形制方面的空白。

达玛沟托普鲁克墩佛寺遗址群出土众多的各类文物，其中雕像和壁画艺术水平非常高。雕塑完整者甚少，基本残缺，以小佛寺中之大型泥塑而言，虽然头和双手已残缺，但身着的赭红色袈裟依然清晰可辨。该尊塑像衣褶用流畅、规整的凸线条表示，从身体的突出部分自然下垂，优美而自然，既表现出衣物的质感，又显露出人体的轮廓线，有着较高的审美和工艺价值。壁画则发现较多，有较完整画面者，亦有许多残块，内容以宗教活动和世俗生活为主。其中，1号佛寺残存的壁画内容基本以大乘佛教为主，画面中的人物形态圆润丰满，为典型的中、晚唐时期特点（图二、三）。这里的壁画保存面积是迄今发现的所有塔克拉玛干地区佛寺中最大的。泥塑佛像和壁画所绘内容严密地统一于一个独立的立体空间构图之中，雕塑和壁画内容搭配

图二　伎乐菩萨图

有致、浑然一体。2号和3号佛寺遗址出土的壁画数量虽然很多，但与佛教有关的题材较少，反映世俗生活的题材居多。据考古研究，到目前为止在佛寺遗址开展的考古工作中几乎没有发现过这类题材。遗址出土壁画上所见人物头像，大小与真人一致，形象逼真。从着装而言，2号佛寺西南壁下有一列骑马人物像，共有8身，前后两身均残留局部，中间六身保存完整，骑马之人年纪不大，束发戴冠，身着唐朝圆领官衣，系腰带，均留八字小髭，下巴下飘山羊胡须（图四）；3号佛寺也出土许多身着典型唐代服饰的当地人形象的壁画。戴幞头和着唐装之世俗人物形象在壁画中大量出现，说明这样的着装当时在于阗俨然已成为一种

图三　菩萨图

图四　骑马出行图

时尚在流行，表明中原的世俗文化深深地镌刻在了于阗社会的各个层面。同时，壁画所反映的这些社会世俗生活的内容，折射出古代和田乃至塔克拉玛干周边诸绿洲与中原地区在社会生活和文化传统等方面有着最直接的联系。

从绘画风格上说，出土壁画应该属于"于阗画派"。于阗画派的创始人是尉迟乙僧父子，其典型的特征是线条粗细一致，并采用屈铁盘丝技法。这种绘画技法简单概括起来就是"凹凸法"与"铁线描"的有机融合，技法上首先使用铁线描勾勒，用笔遒劲有力，用线粗细相间，表现内容有韵律和动感，从造型比例的准确和线条的紧劲中显现人物的神韵。在用线方面，小幅作品线条流畅、紧劲，如屈铁盘丝，造型感强，精确有力地表现身体的结构衣物的纹饰。大幅作品在洒落之中不乏精致。在赋彩上，画面的色谱很广，多采用平涂，同时略施明暗的手法，追求大色块的对比和总体艺术效果的突出。人物脸部等部位，均以晕染突出结构的起伏，但晕染比较柔和清淡，表现的手法更趋于装饰性，因而显得更加柔和且富有韵律。总体而言，于阗画派创造性地运用凹凸画法，利用色彩深浅的晕染，造成明暗关系，使画面中的主体人物形象都很生动，立体感强，画面具有很强的感染力，这种画风随着佛教的传播深刻地影响了中原乃至东亚地区的绘画艺术。当然，在强调色彩晕染的同时，也采用了我国传统的线型勾勒，使色彩丰富、层次分明。

达玛沟佛寺遗址群是目前塔克拉玛干地区保存状态最好、壁画保存最完整的佛教遗址。大量的出土文物承载着西域佛教建筑、壁画艺术、雕塑艺术、佛教史和文化史的内容，有助于进一步研究和了解古代和田佛教文化。出土的各类文物还表明，这里自古以来就是一个多元文化、多元宗教、多民族共同生活与发展的家园，是我国优秀传统文化的重要组成部分，是中华优秀传统文化的宝贵财富。总之，于阗在维护祖国统一、促进东西方经济文化交流和发展、开发建设祖国边疆中具有重要意义。

丝绸之路百果园

安尼瓦尔·哈斯木

　　在祖国的西北边陲，有一片美丽富饶的土地，这就是新疆，古称西域，地处古代丝绸之路的要冲。天山将新疆分成了南疆和北疆，北疆草原广阔、牛肥马壮、野花飘香，是个美丽富饶的地方，这里的美热烈奔放。而南疆是一种神秘的、原生态的且内敛而含蓄的美，在这里绿洲、沙漠、高原和胡杨互相映衬，尤其是千万年的风沙打磨和酝酿，造就了大自然瑰丽绝伦的奇景，且构成了丰富多彩的风景画卷。

　　在古代新疆地区，尤其是在天山以南的先民们，充分利用这里得天独厚的自然资源，为了繁衍生息，在沙漠边缘开辟了大大小小的诸多绿洲，这种出于生存需要的最原始的开发，在一定程度上改善了该地区的生态环境以及满足了自身对食物的需求。经过古代人类的不懈努力，形成了片片绿洲，如同散落的翡翠镶嵌在沙海之间。也就是说，构成了沙围着绿洲，绿色环绕着沙海，它们如此平和地依偎在一起，仿佛是相守走过千百年的恋人，没有波澜壮阔的激情，一切只在默默无言的守护中，但却是人们心中最美最为和谐的风景。

　　充满智慧的古代先民们，对于生长在广阔的山林、山谷和平原地带的野生果物进行了改良与栽培，同时也从周边地区引进了适宜这片广袤土地之各种气候与自然环境的物种，从房前屋后的栽种开始，经过不断探索，发展到了规模化种植，星星点点地散布在沙漠绿洲之中，形成了早期的园艺业，并在历史上呈现了丝绸之路百果园的景象。

　　关于古代新疆园艺业情况不仅历代文献均有记载，出土的汉文文书和非汉文文书也有大量的反映，与此同时，各地丰富的考古发现更是给予了充分的揭示。

　　截至目前，在新疆地区开展的考古发掘与调查中，从分布于塔里木盆地周缘各绿洲之古代遗址和墓葬中，发现了果园遗址及各种已干枯的果树遗存，出土了葡萄、葡萄藤、葡萄籽、红枣、杏核、酸梅、桃核、梨、核桃、甜瓜皮和巴旦木等大量果物实物标本，通过这些遗存可大致窥见新疆古代园艺业概况及当地居民所培育的果物品种，这些果物至今仍与新疆各民族日常生活有着密切关联。

　　在众多的瓜果中，作为世界上古老的植物之一，葡萄在新疆各地种植极为普遍，且品种极多。葡萄这种藤本植物历来受到人们青睐的重要原因，可能与其产量高，易种植管理，可鲜食、晾干食用和酿酒、做酱、做醋，经济效益高有关联。新疆不仅是我国葡萄产量最大、品种最多、品质最好的地区，而且还是最早开始种植葡萄的地区。譬如：新疆文物考古研究所在鄯善县苏贝希古

葡萄　　　　　　　　　杏核　　　　　　　　　梨子

桃核　　　　　　　　　核桃　　　　　　　　　巴旦木

甜瓜皮　　　　　　　　　　　　酸梅

果实实物标本

墓群三号墓地，从 16 号和 30 号墓的填土中发现了公元前 5~ 前 3 世纪的葡萄籽；2003 年，在鄯善县洋海墓群二号墓地 169 号墓发现战国时期的葡萄藤，该标本与墓葬棚木同出，用以蓬盖墓口，扁圆状，褐色，每节长 11、通长 91.2、直径 2.3 厘米。这是目前发现的最早葡萄藤标本，这件标本的扁形藤是特有的，是属于圆果紫葡萄的植株。除了实物，1987 年，在邻近吐鲁番盆地的和静县察吾呼沟墓地 43 号墓出土一件属于早期铁器时代的田园葡萄纹彩陶罐。陶罐除绘有寓意田园的网格纹外，还有一组枝蔓卷曲、果实累累的葡萄纹。此器物上的纹饰表明，在当时葡萄已是这里常见的种植物，人们对其形态和属性非常熟悉。由此可判定，早在公元前 5 世纪前，新疆大地已开始种植葡萄。其实，葡萄种植业在塔里木盆地周缘诸绿洲，也有着很好的发展。从尼雅遗址范围内周围有篱笆墙的果园中发现的葡萄园遗存以及涉及葡萄园的佉卢文文书来看，汉晋时期这里就已开始广为种植葡萄。汉代以后，尤其到了南北朝时期，葡萄种植业在吐鲁番地区得到更大的发展，而且在当时葡萄就已成为具有当地特色的水果之一。此时，具相当规模的葡萄园数量也很多。据吐鲁番出土文书所反映的信息，它们一般分为官府、寺院和私人三种形式。这些葡萄园的规模都较大，产量也很可观。因而当时的人们除了用以鲜食和晾干食用之外，还用其制作葡萄酒、葡萄浆和葡萄醋等产品。尤其随着葡萄在人们经济生活中占据地位的变化，其商品化程度的不断发展，葡萄园已开始成为人们用于衡量财富和区分贫富的一个重要标志，而且开始直接将其用于买卖、租赁、抵押、交租等方面。

葡萄除了在新疆地区栽培，随着张骞出使西域，葡萄的栽培技术在西汉时期就已传入中原大地，魏晋以后得以广泛种植。后来葡萄酒酿造技艺也得以内传，这对中原地区酿酒业的发展起到了很大的推动作用。葡萄栽培技术及葡萄酒酿造技艺的内传，丰富了祖国的园艺业和酒文化。因此，可以认为这是古代新疆各族人民对祖国园艺业和酿酒业做出的贡献之一。

总体而言，新疆古代园艺业主要分布在塔里木盆地周缘各绿洲、吐鲁番盆地、哈密绿洲和伊犁河流域。而且因独特的自然条件和光热资源，长期以来新疆就以瓜果种类之多、品质之好闻名于世，获得了瓜果之乡的美誉，并在诸多文献和文学作品中有不少记载、颂扬和赞美。据有关的考古与文献资料来看，从这个地区出产的瓜果种类不仅非常多，而且从古至今广为栽培的主要有葡萄、杏、桃、樱桃、石榴、无花果、苹果、梨、枣、沙枣、桑葚、李、榅桲（亦称木瓜）、酸梅、巴旦木、核桃、无花果、甜瓜和西瓜等，同时每一种水果又有许多品种。虽然截至目前进行的考古发掘中还未发现樱桃、无花果、榅桲和西瓜等瓜果的实物资料，不过随着考古工作的进一步深入，樱桃、无花果、榅桲和西瓜等的实物资料极有可能会被发现，并填补考古发现之空白。

时至今日，古老的丝绸之路焕发了新的光彩，依旧散发着悠久醇香的瓜果气息。春季看到的是满园盛开的杏花、桃花、枣花、沙枣花等及挂满枝头的桑葚；夏季为挂满枝头的金黄色杏子、红扑扑的油桃及青或泛黄的土桃、蟠桃、田间的各类甜瓜与西瓜；秋季则是香梨、无花果、石榴、核桃和葡萄等。尤其是葡萄，沉甸甸地挂满葡萄架上的嫩绿果实，阳光透过藤蔓，照耀在晶莹剔透的葡萄颗粒上，显得颗颗饱满，往往令人垂涎三尺。这就是瓜果之乡的新疆，一个神奇的地方。

汉代小学识字课本《苍颉篇》
——以尼雅遗址出土汉代木简为例

尚玉平

1993 年新疆考古队在民丰县尼雅遗址，发现两枚汉代木简（N14：1 和 N14：2），据史学家考证，为汉代字书《苍颉篇》，亡佚已久。主要用于秦汉时期社会各阶层小学读书教材，通行全国。该简在距长安 3000 多千米外的汉代西域精绝遗址中发现，实属罕见，引起学界极大兴趣，对于研究古代中原汉文化在西域的传播、推广、接纳、使用具有重要的现实意义。

尼雅遗址发现两枚汉简均为残片，其中 N14：1 木简，残长 15.4、宽 1.08、厚 0.3 厘米，仅存 13 字，为"谿谷阪险丘陵故旧长缓肆延涣"。背面上端残存三字，笔画既轻且细，墨迹甚淡，难以辨认。

N14：2 木简，保存较好，宽窄略有不同，长 23.1、宽 1.07~1.18、厚 0.22 厘米，字迹肉眼无法看清，顶端只留两字，似"卝、扗（zai）"。

巧合的是安徽阜阳也出土了一枚汉简"苍颉篇"（C008），与尼雅简高度雷同，为"负载谿谷阪险丘陵故旧长缓肆延"。上海博物馆王樾对不同地域的两枚汉简进行比对，补全了前两字"负载"，也为阜阳简补录一字"涣"，至此尼雅简总共 15 字，而 N14：2 木简汉字缺失较多，无法找到相应的配型，难以补全缺少文字。根据北大藏简"苍颉篇"资料公布，完整的汉简每枚共 20 字，4 字一句，两句一押韵，这在当时是很流行的一种文体格式，汉赋就保留此种格式。

尼雅木简《苍颉篇》文字书写为汉隶，表现古朴典雅，书法娴熟，给人震撼。字体特征明显由秦隶窄长向成熟汉代扁阔方向发展，具有强烈的求扁倾向，意味着标准的汉隶八分体已基本形成（图一）。

小学启蒙书的编纂在我国具有悠久的历史。据文献记载，周代就有史官所编的《史籀篇》15 篇，一直流传到汉代，但是因为它采用大篆古文编写，到汉代时因不实用而少人问津。班固《汉志》"六艺略·小学类"和许慎《说文解字叙》中都有相似的记载。《苍颉篇》是秦汉时期流行

图一　"苍颉篇"木简

最广、影响最大的识字课本。秦统一六国之后，为适应"书同文"大一统政策，秦始皇采纳了丞相李斯的请求，"罢其不与秦文合者"，用秦文字作为秦王朝统治地区的通行文字，同时作为字体、字形的标准和初学范本颁行全国，甚至用来培养官吏，相当于现在公务员考试所必须掌握的知识，真正发挥了"教小学、正文字"的功用并广泛流行于社会各个阶层。汉代学者不仅以其作为孩童启蒙的识字课本，而且不断修改、增益和训释。

从秦统一六国到李斯等人草创《苍颉篇》，至今已有 2200 多年的历史。秦本《秦三苍》并未得到广泛流行，影响最大的是汉本《汉三苍》，是在秦本的基础上不断改编扩充而成，最后达到 123 章 7380 字，而且随之产生了部头更大的《训诂》和《解诂》等注释本，意在"臻于至善，不期半道而亡"。西汉以后《苍颉篇》即已式微，至魏晋而降，则鲜有传诵者，唐以后，则湮没不闻，归于消亡。其亡佚的主要原因是收字过多，后继者不断增续、注释，由识字课本变成了训诂专书，汉宣帝时因"多古字，俗师失其读"，其深奥程度已需要专门学者来识读，远超小学识字书所需，越来越不适合童蒙诵读和传写。

消失千年的《苍颉篇》残文在尼雅遗址被重新发现。根据"苍颉作书"四字，学者罗振玉、王国维断定就是亡佚千年的《苍颉篇》，并编入《流沙坠简》。此后，在额济纳河流域的居延、居延破城子、玉门花海、敦煌马圈湾等地也陆续发现了《苍颉篇》木简，但数量不多，且都是残文，存字很少。1977 年，安徽阜阳双古堆西汉汝阴侯墓出土的竹简《苍颉篇》存 541 字。2008 年，甘肃永昌水泉子东汉初年的墓葬中出土了 140 枚木简《苍颉篇》，这批木简的题目残损不存，基本内容与居延、敦煌、阜阳出土的汉简《苍颉篇》相似，如"幼子承诏""以教后嗣""汉兼天下"等，而不同之处是在原有四言句后再加三言，变成七言句，且句句押韵，十五句为一章，分章换韵，体制独特。秦代流行的是四言体，秦刻石、与秦人有关的赋或者石鼓文，都是如此。到了汉代，真正流行的是七言诗，所以汉代教学童识字的书《急就篇》里面有三言、四言，也有七言，但当时最流行的是七言，好多都是顺口溜，《苍颉篇》一句四字后加三个字，符合当时的文学时尚与背诵习惯，也变得越来越通俗。

尼雅遗址位于和田民丰县境内，深处塔克拉玛干沙漠之中。1931 年斯坦因第四次进入尼雅，掘获 26 枚木简，其中一支残简写有"□□□武□□□汉精绝王承书从□□□"等字，准确表明尼雅遗址就是汉朝属下精绝王国故址。《汉书·西域传》对精绝有明确记载：

……王治精绝城，去长安八千八百二十里，户四百八十，口三千三百六十，胜兵五百。精绝都尉、左右将、译长各一人……

从文献资料看，汉王朝设置西域都护府，对西域城邦实施有效统治，主要负责军事、政治和外交，"有闻以变，可安辑，安辑之；可击，击之"。为保证政令畅通、上情下达、及时沟通，学习并使用汉文，是国之大事，因此，在远距长安的精绝国设置"译长"一职，负责教授汉语文小学博士，所使用的课本就是当年通行全国的《苍颉篇》。这种文化现象，放在今天仍然具有指导意义。

汉代不管是什么样的王侯，作为贵族子弟早期读书，是王室教育的一部分，无论此后有没有政治上的发展，对其教育的重视程度可见一斑。如海昏侯刘贺墓，墓穴边廊西北角专门隔开一块用来放书。在尼雅精绝王廷墓中发现汉代木简《苍颉篇》就不足为怪。在已知考古资料中，我们发现汉代精绝王国并没有自己的文字，他们崇尚汉字，使用汉字，并作为情感交流的工具，深入日常生活的各个方面。如：王室成员之间相互应酬、馈赠礼品的 8 支木简（图二），正反两面分别写有"臣承德叩头，

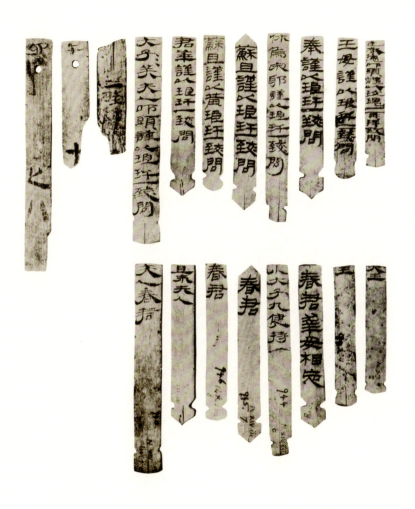

图二　斯坦因所获王族赠礼木简

瑾以玫瑰 / 再拜致问大王" "太子美夫人叩头,瑾以琅玕 / 致问夫人春君"等等。新疆考古学者王炳华对这批木简进行解读,认为木简写有氏人名既有汉人"承德" "春君"等人,也有"大王" "九健特"等精绝人,说明汉王朝属下精绝王国生活着一批汉人,也许是中原官员或执行和亲使命的宫女,与王室保持着亲密关系,使用汉字无障碍交流,从书法的精妙程度看,精绝王室虔诚地推广中原文化。

同样在尼雅遗址 M3 出土表明墓主人身份象征的"王"字陶罐(图三)和"王侯合昏千秋万岁宜子孙"锦被(图四)、M8 出土"五星出东方利中国"护臂(图五),都充分说明王室成员对汉字的喜爱程度,希望死后得到汉王朝的庇护。

汉字蕴含着中华民族的独特智慧,具有优美、易懂、形象、直观、信息量大等特点,在帮助感知、理解等方面都有较大优势。汉王朝统治西域,设置西域都护府,有效管理西域城邦小国,尼雅木简《苍颉篇》,充分说明两汉时期西域大地推行全国通用的汉语小学语文教材,并把汉字作为官方沟通主要文字,有效保障了政令畅通。

图三　尼雅遗址 M3 出土"王"字陶罐

图五　尼雅遗址 M8 出土"五星出东方利中国"护臂

图四　尼雅遗址 M3 出土"王侯合昏千秋万岁宜子孙"锦被

汉归义羌长印

阿迪力·阿布力孜

　　汉代是中国封建社会经济文化发展的一个高峰，也是中国历史发展的重要时期，特别是对西域在内的边疆地区的治理，对以后中国历史的发展产生了深远的影响。

　　西汉初，统治者为了弥合连年不断的战争给百姓带来的创伤，实行休养生息政策，使汉朝的社会经济逐渐恢复，到汉武帝时，国力极大增强。为了抵御匈奴人的侵扰，汉武帝派张骞于公元前138年和公元前119年两次出使西域，加深了中原地区对西域各地民族的了解，密切了两地之间的政治、经济联系。

　　公元前60年，汉朝在乌垒城（今轮台县）设置西域都护府，郑吉被任命为首位都护。汉朝统一西域后，在当地实施适合西域的典章制度，推行屯田戍边、兴修水利等一系列发展农业的政策，修建城堡，建立烽燧。与此同时在政治制度上，汉朝政府在西域施行和中原一样的官印制度，1953年新疆沙雅县于什格提古城出土的"汉归义羌长"印，就是汉朝在西域推行官印制度的重要例证。

　　汉归义羌长印，现藏于中国国家博物馆，铜质，正方形，通高3.5、边长2.3厘米，纽与印座之间有一个小孔，用于系绶带。阴刻，印文为篆文"汉归义羌长"五字，印文文字端庄古朴，字迹清晰。其印纽为一只绵羊，绵羊头部平视，温顺地蹲卧在铜印上，造型生动逼真，具有象征性。"归义"是汉朝中央政府给予归附部落民族首领的封号。新疆南部一带，汉晋时为古代羌族活动的地区，此印是当时汉朝政府颁发给活动在新疆南部地区古代羌族首领的印章。

　　羌族是我国古老的民族之一，是形成中华民族的重要远祖。传说中的炎帝也是羌族的祖先。早在三千多年前的殷周，羌人就活动在我国的西北，后来羌族的一部分向东迁徙，较早地融入了华夏族；一部分留在了原地，或向今甘肃、青海、西藏等地迁徙。专家们推测，羌人至少在战国时期进入西域，秦的势力不断向西发展，迫使一部分羌族部落由河湟一带经阿尔金山进入塔里木盆地南缘。

羌人在新疆的活动已被考古资料所证实。1976~1977年，新疆考古工作者在位于帕米尔高原塔什库尔干塔吉克自治县北4千米的香宝宝古墓群进行考古发掘，共发掘墓葬40座，其中火葬墓19个、土葬墓21个。随葬品在火葬墓出土较多，主要是陶器、铜器、铁器、金器、木器以及石、骨、玛瑙、耳环、项链等饰品。羌族古时流行火葬习俗，专家们由此推断，该墓地为我国春秋战国时期活动在这一带的羌人的墓地。学者们根据《汉书·西域传》《三国志》《西域图考》等中国古代文献的记载，研究认为，西域诸国中的若羌、西夜（今叶城县境内）、子合（今叶城县境内）、蒲犁、依耐、无雷，是羌人建立的。由此看来，羌人活动的范围包括塔里木盆地东部沿阿尔金山、昆仑山、喀喇昆仑山至帕米尔这一广大地区。

这方"汉归义羌长"印的出土，再次表明，塔里木盆地周缘一些绿洲，确实曾有过羌人的活动，另一方面则证明了中原的官印制度，同样在西域执行过。它有效地保证了西域各地的治理和发展，而成为后代中央王朝统治者仿效的范例。

官印制度是我国政治制度史的重要组成部分。汉代玺印的主体包括官印和私印。官印范围包括皇帝玺印，中央颁发给诸侯王、地方官的官印以及中央颁发给少数民族的官印。

西汉在西域地区设置西域都护府，都护由中央政府委派，下分设副校尉、丞、司马、候、千长等，与此同时，保留原来西域诸国名称，封任原有的国王。

汉归义羌长印、印文

《汉书·西域传》记载："凡五十国，自译长、城长、郡、监吏、大禄、百长、千长、都尉、且渠、当户、将、相、侯、王，皆配汉印绶，凡三百七十六人。"并根据官爵的高低，有金印紫绶和紫印墨绶之别，均由西域都护统领。到了东汉时期，中央政府仍然维持这一赐绶制度。今新疆沙雅县于什格提汉代遗址发现的汉归义羌长印，系汉朝赐予羌族首领者。

楼兰汉文木简

阿迪力·阿布力孜

位于罗布泊西部的楼兰古城，是汉晋时期丝绸之路上重要的遗址，是楼兰王国前期的重要经济、政治中心。4世纪以后楼兰逐渐消失在人们的记忆里，直到1900年瑞典探险家斯文·赫定的维吾尔族向导发现了楼兰古城，1901年斯文·赫定前往楼兰古城发掘，才逐渐揭开了沉寂1500多年古代王国的神秘面纱，随后更多的外国探险家和国内学者纷至沓来，在古城里发现了大量珍贵文物。楼兰古城及其周围发现的文物有钱币、丝绸、木器、铜器、铁器、木简、纸文书、彩棺等，是研究楼兰古代文明的珍贵实物资料。其中楼兰古城发现的汉文木简和纸质文书，学术研究价值最高，木简的内容主要是汉晋时期关于军队屯田戍边、公私文函、官吏往来、开垦农田等，内容十分丰富。

一　楼兰木简的发现

中外学者们对罗布泊楼兰遗址出土的汉文木简进行了深入的研究，这些研究成果对于我们了解楼兰木简的相关内容及来龙去脉提供了便利条件。最早发现楼兰木简的是瑞典探险家斯文·赫定。1901年3月3日，斯文·赫定带领他的探险队再一次进入罗布泊沙漠探险，在楼兰古城址进行了发掘，发现了121枚汉文木简和36块残纸文书。斯文·赫定将这些木简和纸文书带回欧洲，交给德国学者卡尔·希姆莱和孔好古鉴定。希姆莱首先从文书中考释出遗址是已被流沙掩埋了1500多年的古国楼兰。不久，希姆莱去世，文书由另一位德国汉学家孔好古继续整理。1920年，孔好古在斯德哥尔摩出版了《斯文·赫定楼兰所获汉文文书和零星物品》，公布了对简牍和残纸文书考释。1928年，斯文·赫定出版了《发现家的我的一生》，在《罗布沙漠中的一座古城》一章，介绍了发现楼兰古城的经过。

1901年出生在匈牙利的英国人斯坦因在楼兰遗址发现汉代木简19枚。

1906 年斯坦因第三次赴中国新疆考古，他沿着斯文·赫定的考察线路，把重点放在楼兰。他将曾在天山南路民丰尼雅遗址获得的魏晋木简与此次新获得的楼兰木简、文书残纸，一并委托法国汉学家沙畹研究。1909 年学者罗振玉从沙畹处得到斯坦因所得的部分资料，与国学大师王国维共同研究，于 1914 年出版了《流沙坠简》一书，书中同时收入了楼兰出土的文书残纸。

1909 年，日本橘瑞超发掘楼兰古城，计获汉文木简 4 件、纸文书45 件，包括著名的"李柏文书"，其原件大多藏于京都龙谷大学图书馆。

20 世纪 30 年代中国西北考察团取得丰硕成果，在今内蒙古自治区额济纳河流域（古居延海）得汉简 1 万多枚。1930~1934 年，年轻的考古专家黄文弼先生两次进入罗布泊，在楼兰古城遗址发掘出土 70 余枚汉文木简，其中 4 枚有明确纪年，确定著名的土垠为西汉时期的遗址。这次发掘出西汉时期木简，是汉通西域后最早的一批文字记录。在这批木简中，纪年最早的为汉宣帝黄龙元年，也就是公元前 49 年，最晚为汉成帝绥和元年（前 8 年）。除了木简之外，黄文弼还在楼兰古城遗址发现了大量的五铢钱、铜镞、漆器、丝绸、毛织品等 500 多件文物，可以窥见中原戍边官兵的生活情况。

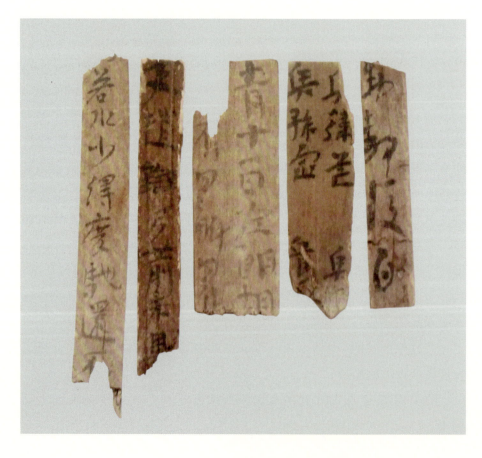

楼兰古城遗址出土汉文木简

1980 年，新疆考古工作者组织楼兰考古队，发掘汉文木简 63 枚，是魏晋时期楼兰驻军的公私文书，该批简文内容约分作释官、释地、簿书、名籍、屯戍、廪给、器物、买卖及杂释等。

二 楼兰木简与楼兰历史

简和牍，是中国春秋战国、秦汉两晋时期，书写文字的重要载体。单独一片木或竹，叫作"简"，若干个细木条编连而成的叫策。由于材料的不同，有用木条制成，也有用竹片制成的，通称为竹木简。

楼兰遗址出土的木简和纸质文书，对深入了解楼兰地区的政治、经济、文化等内容，提供了十分珍贵的资料。楼兰是西域 36 国之一的小国，交通地位十分重要。楼兰遗址分布于新疆巴音郭楞蒙古自治州若羌县罗布泊沿岸，地当中西交通孔道。西南通且末、精绝、拘弥、于阗，北通车师，西北通焉耆，东当白龙堆，通敦煌，扼丝绸之路的要冲。汉武帝初通西域，使者往来都经过楼兰。当时，楼兰王国上层集团实行亲匈奴抗衡汉朝的政策，多次给匈奴通风报信，并袭击西汉使者。汉元封二年（前 109 年），楼兰降汉。汉昭帝元凤四年（前 77 年），楼兰改国名为鄯善，迁都扞泥城（今新疆若羌附近）。其后，汉政府常遣吏卒在楼兰城故地屯田，自玉门关至楼兰，沿途设置烽燧亭障。三国时期，曹魏政权设戊己校尉和西域长史，戊己校尉驻守高昌。从楼兰遗址及大批文书的发现，可知西域长史设在鄯善境内的楼兰，且一直到十六国前凉时期。南齐使者江景玄出使高车，途经鄯善等地，是时"鄯善为丁零（即高车）所破，人民散尽"。此后鄯善名存实亡。

楼兰出土的西汉时期汉文木简，反映的内容涉及中原政权对楼兰的管理，内容大多为官员的琐碎事务，包括谷仓官员收藏粮食和发放粮食的情况，还有一些是屯田戍边、契约、官职等。特别是西汉时期木简中的官员名称历历在目，如军候、左部左曲候、左部后曲候、右部后曲候、伊循都尉等，这些官员是西汉中原王朝西域都护府设置的吏员。

另外，楼兰遗址发现的魏晋时期的汉文木简也十分重要。曹魏、西晋和前凉时期在楼兰城设西域长史，成为东西交通的重要枢纽，是连接西域其他地区的交通要道和经济文化交流的中心之一。东至敦煌玉门关，西行经于阗、莎车，越葱岭为南道，北上至高昌，由此西行经焉耆、龟兹、疏勒越葱岭为北道，而从高昌北上又与天山北草原路连接。魏晋时期楼兰地方政权与中原地区保持着密切关系，使楼兰在西域的地位举足轻重，而且有利于西域与中原及中亚经济、文化交流的顺利进行。根据史书记载和已发现的考古材料得知，东汉魏晋时期曾在古楼兰设西域长史府，据《后汉书·班勇传》记载，东汉延光二年（123年）夏天，班勇为西域长史。将兵500人出屯柳中（今吐鲁番境内），"明年（124年）正月，勇至楼兰，以鄯善归附"。楼兰出土的木简和文书中，明确记载有"楼兰"地点的，木简有8件，纸文书有10件，记载有西域长史及其下属官衔的木简有7件，它说明曹魏和西晋时期的西域长史府治所驻地就在楼兰。

三　楼兰木简上的书法艺术

汉文木简在楼兰的出现，表明中原文化在西域的流传，同时也是研究两汉书体演变和书法艺术的第一手资料。西汉时期，人们已经能够造纸，到了东汉时蔡伦改进了造纸术，但纸张还未广泛使用。当时文字的载体主要有石头、丝绸和竹木，其中木材最为廉价，所以两汉时期质地为竹木的简牍最为多见。楼兰汉简书写的文字内容或是书信记事，或是公文报告，文字不拘一格，随意性很强，草率急就者居多。从考古发现来看，汉简大多呈长条形，在狭长的木条上书写汉字，字迹受到限制，但书写随意挥洒，文字大小不一，错落有致，自成体系。汉简的文字，隶书、真书、行书、草书（章草）各体俱有，表现出丰富的创造力。如楼兰出土的"居卢仓訾以邮行"木简，隶书字体，笔画工整，结构扁而阔，字体严谨，画笔飘逸洒脱；"都护军候"木简，书写自如，表现出章草之风，是新疆汉文木简章草的代表作。

考古发现，所见楼兰鄯善两汉时期简牍书法主要包括有楼兰遗址和尼雅遗址出土的简牍。这些汉简也是迄今为止在楼兰鄯善地区出土的年代最早的一批汉字书法实物，这些木简上的文字，与内地出土简牍上的文字艺术风格相似，同时又有自己的特点。从考古出土情况看，新疆以外出土的简牍大多以竹子为质地，而新疆楼兰、尼雅出土的简牍以木料为主，出土的木质有当地所产的胡杨木和从外地输入的松木两类。魏晋时期纸张逐渐普及开来，但木简继续使用。

常宜之印

阿迪力·阿布力孜

　　在新疆馆藏文物中，两枚汉晋时期的常宜之印，包容了西域与中原文化之特色，蕴含的思想内涵，给人启迪，叫人遐想。这两枚常宜之印，一枚收藏于阿克苏博物馆，另一枚收藏于新和县博物馆。前者驼纽铜印，印呈方形，边长 3.1、厚 3、驼纽高 2.1 厘米，骆驼呈跪卧状，脖颈短小，驼峰前后高低平齐，一副憨态可掬的模样。纽中空，印底方形，阴刻篆书"常宜之印"四字，时代为汉代，出土于新和县排先巴扎乡古代遗址中（图一、二）。后者狮纽铜印，出土于新和县兰合曼古城，时代为晋代，纽高 1.8 厘米，狮子呈伏卧状，狮头突然向后转去，似乎发现了什么目标，一副虎视眈眈的模样，将狮子凶猛的本性暴露无遗。印呈方形，边长 2.3、宽 2.2、厚 2.9 厘米。印底部方形面中，同样阴文篆刻有"常宜之印"四字（图三、四）。

　　这两枚铜印的纽从形态上看，散发出浓郁的地方特色。骆驼是西域居民吉祥的动物，是丝绸之路的象征，它以长途跋涉行走在黄沙漫漫的沙漠里见长。骆驼以坚韧的品质与不屈不挠的奋勇向前的精神，广为西域人民所喜爱，所以骆驼的形象时常在新疆考古发现的岩画、陶器、

图一　骆驼纽常宜之印

图二　骆驼纽"常宜之印"印文

图三　狮纽常宜之印

图四　狮纽"常宜之印"印文

泥塑、金器、钱币、丝绸等文物中出现，如阿勒泰岩画中的骆驼距今3000余年，还有汉晋时期的和田骆驼钱、吐鲁番交河沟西出土的骆驼形金牌饰、吐鲁番阿斯塔那出土的泥塑大型唐代骆驼俑和联珠"胡王"骆驼纹锦等。这些文物中的骆驼，形态各异，栩栩如生，都是新疆古代文物中的珍品，流露出数千年来新疆古代居民对骆驼的喜爱。

狮子虽然是凶残的动物，但在人们心中是勇猛与力量的象征。特别是雄狮体型巨大，拥有夸张的鬃毛。西域与中原本没有狮子，皆从西亚或中亚传入。相传汉章帝时，西域大月氏国向汉朝进贡了一头金毛雄狮子，使者扬言朝野，若有人能驯服此狮，便继续向汉朝进贡，否则断绝邦交。在大月氏使者走后，汉章帝先后选了三人驯狮，均未成功。后来金毛雄狮狂性发作，被宫人乱棒打死，宫人为逃避章帝降罪，于是将狮皮剥下披在身上，由宫人兄弟俩装扮成金毛狮子，一人逗引起舞。此举不但骗过了大月氏使臣，连章帝也信以为真，此事后来传出汉宫，老百姓认为舞狮子是为国争光、吉祥的象征。于是仿造狮子、表演狮子舞，舞狮从此流行。狮子形象在新疆古代文物中可以经常见到，狮形金牌饰、狮纹栽绒毯、狮纹锦、狮纹釉陶壶、狮舞俑等都是战国至汉唐时期的珍贵文物。

这两枚铜印的纽表现出浓郁的地域特色，但其汉字铭文"常宜之印"用篆书阴刻，文字清晰可见，是西域与中原经济文化交流的重要例证。笔者认为"常宜"是"常宜子孙"的缩写。"常宜子孙"是中国旧式大家族式家庭的家长经常会有的观念，就是希望自己的家业能够世代沿袭，子孙们永远保持着发达兴旺的大家族的优越生活。"宜"在古文献中有多种解释，但这里的"宜"有宜于、适合、适当的意思。"常宜子孙"

有时也被写成"长宜子孙"，在内地汉晋时期墓葬中十分多见，20世纪50年代，民丰县大沙漠中曾出土过汉代"长宜子孙"铭文铜镜残片。

"宜"字常见于新疆汉唐时期丝绸和铜镜中，如民丰县尼雅发现的"王侯合昏千秋万岁宜子孙"铭文锦、"世毋极锦宜二亲传子孙"铭文锦，吐鲁番阿斯塔那出土的"富且昌宜侯王天延命长"铭文锦鞋，尼雅遗址出土的"君宜高官"铭文铜镜，洛浦县山普拉墓葬发现的"宜家常贵"铭文铜镜等。这些铭文的文物反映了汉晋时期古代居民对未来生活的憧憬，希望能世世代代、子子孙孙都前程似锦、长寿富贵，也流露出中原文化对西域文化的影响。

中国印章历史悠久，早在3000多年前的商代就出现了。先秦时期被称为玺印。当时官玺的印文内容除有"司马""司徒"等名称外，还有各种不规则的形状，内容还刻有吉语和生动的动物图案。秦印指的是战国末期到西汉初流行的印章，使用的文字叫秦篆。秦印多为白文凿印，印面常有"田"字格，以正方为多，低级职官使用的官印大小约为一般正方官印的一半，呈长方形，作"日"字格，称"半通印"。私印一般也喜作长方形，此外还有圆和椭圆形，内容除官名、姓名、吉语外，还有"敬事""相想得志""和众"等格言成语入印。

汉印广义地说是汉至魏晋时期官印的统称。印文与秦篆相比，更为整齐，结构平直方正，风格雄浑典重。西汉末手工业甚为发达，所以新莽时代的官印尤为精美生动，汉代的印章艺术登峰造极，因而成为后世篆刻家学习的典范。

古代的玺印大多有纽，以便在纽上穿孔系绶，系在腰带上，这就是古代的"佩印"方式。自汉代开始，以龟、驼、马等印纽来分别帝王百官。例如高级官吏使用龟纽，驼纽、蛇纽、羊纽则是汉魏晋时授予边疆少数民族等官印常见的纽制。历代纽制形式甚为丰富，其中以坛纽、鼻纽、覆斗纽为最常见。这两枚"常宜之印"铜印，分别为驼纽与狮纽，表现出浓郁的地方特色，应该是新疆汉晋时期龟兹王国贵族的私人印章。

楼兰古城发现的李柏文书

阿迪力·阿布力孜

众所周知，吐鲁番出土文书在研究新疆古代历史文化中占有重要地位，殊不知 20 世纪以来罗布泊楼兰古城遗址发现的纸质文书也有很高的学术研究价值。清朝末期到民国时期，外国一些所谓的"探险队""探险家"在中国西北恣意盗掘中国古代文化遗产，使大量中国文物流失海外，如 1909 年日本人橘瑞超在楼兰 L.A 古城发现的李柏文书，就是一件不可多得的重要历史文献。

1908~1909 年，不满 20 岁的橘瑞超参加了由野村荣三郎领队指挥的考古队。考古队从北京出发，取道张家口、库伦等地进入新疆。1909 年 3~4 月，橘瑞超由焉耆、库尔勒南下，于 3 月上旬进入罗布泊地区，在楼兰一带进行了挖掘，在楼兰古城三间房遗址中获得了《李柏文书》。《李柏文书》在楼兰古城发现之后，以其重要的历史、文化、艺术价值，引起了中外学界的关注。

《李柏文书》今藏于日本龙谷大学图书馆，包括两件首尾完整的书信稿件。一件用黄麻纸墨书而成，宽 28.3、高 23.5 厘米。释文为"五月七日，海头西域长史、［关内］侯李柏顿首顿首。别□□□恒不去心，今奉台使来西，月二日到此（海头），未知王消息，想国中平安，王使回复罗，从北房中与严参事往，想是到也。今遣使苻大往相闻通知消息，书不悉意。李柏顿首顿首"（图一）。

另一件《李柏文书》用黄麻纸写成，宽 39.7、高 23.8 厘米。

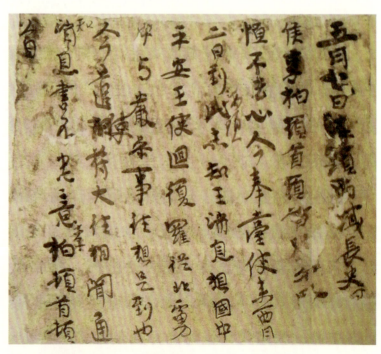

图一 《李柏文书》之一（现收藏于日本龙谷大学图书馆）

图二 《李柏文书》之二（现收藏于日本龙谷大学
图书馆）

释文为"长五月七日，西域长史、关内侯柏顿首顿首。阔久不知问，常怀思想，不知亲相念便见忘也。诏家见遣，来慰劳诸国。此月二日来到海头，未知王问，邑邑！天热，想王国大小平安。王使□□俱共发，从北虏中与严参事往，不知到未。今遣使苟大往通消息，书不尽意。李柏顿首顿首"（图二）。

除了这两件较完整的《李柏文书》之外，橘瑞超还在楼兰古城遗址发现了一些文书碎片，似乎是当年李柏写好后不久将其撕成了碎片，上面写有"臣柏言焉耆王""给……李长史""逆贼赵"等残存的文字，这些碎纸上的文字比较散乱，但经过学者们的研究，应该是《李柏文书》的一部分。

学者们通过查找古代史籍，发现楼兰文书中出现的李柏在中国历史上确有其人。据《晋书》记载，李柏担任过西晋王朝的西域长史，驻节楼兰。西晋南迁，入前凉王朝，他仍担任西域长史。西域长史府设有军队，除屯田外，还负责维护社会治安。楼兰古城遗址发现的《李柏文书》，实际上是前凉西域长史写给焉耆王龙熙的两封内容相同的书信。

前凉（301~376年），是十六国之一，都城姑臧，历九王，共历75年。该政权从张轨（301~314年）开始，经历了张寔（314~320年）、张茂（320~324年），到了张骏（324~346年）和张重华（346~353年）统治时期，前凉的社会、经济、文化都出现了繁荣景象，并与西域的关系十分密切。当时前凉在西域楼兰继续实行屯田，任命李柏为西域长史，张欣、张植为西域校尉，索孚为伊吾都尉。前凉完全取代了晋朝在西域的统治。前凉时期实行恢复农业生产、注重学校教育等政策，成为颇具影响力的北方大国。327年，前凉在高昌设置高昌郡，下设"县"和"乡"两级行政区。这就使得"郡县制"第一次在西域地区得以实施，同时，张骏还辅以行政手段对西域加强管控。

也就是在这一年，驻守高昌（今吐鲁番）的戊己校尉赵贞，自称高昌郡太守，妄图叛乱割据，建立地方政权。李柏率兵攻打赵贞叛军，但败下阵来。后来李柏将赵贞叛乱的情况告诉给张骏，张骏再次命李柏率兵剿灭赵贞叛军，并生擒赵贞。张骏授命李柏征讨赵贞是当时的一件大事。据《晋书·张骏传》记载："西域长史李柏请击叛臣赵贞，为贞所败。议者以柏造谋致败，请诛之。骏曰：'吾每以汉世宗之杀王恢，不如秦穆之赦孟明。'"1600多年后，楼兰古城遗址出土的《李柏文书》，见证了历史记载的史实，意义重大。

　　《李柏文书》是一份相当重要的官方文书。它的发现，不仅证明了至少在 328 年的时候，楼兰古城尚驻有重兵把守，而且李柏还是一位忠诚于统一大业的有胆有识之士，为我们了解前凉王朝如何经营西域以及认识这一重大事件，补充了极为珍贵的第一手细节资料。

　　从文书墨迹中不难看出，书写者李柏在书法艺术上有较高的造诣。李柏是前凉时西域长史，生活在东晋咸和至永和之间，与王羲之大体同时，与王羲之行书相比，有些笔画也带有隶书意味，虽不及王羲之那样典雅俊逸，但李柏在书法中率真朴实的特点显露无遗，这正是《李柏文书》书法艺术的亮点和可爱之处。《李柏文书》收入《中国美术全集·魏晋南北朝书法》，是研究包括新疆在内的中国古代书法艺术的珍贵文献。

漫谈新疆地区考古发现的古代棉织品

安尼瓦尔·哈斯木

　　棉花种植与染织是人类物质文明的重要组成部分。有研究指出，棉花在地球上已经生存了 1000 万 ~2000 万年。根据考古，已知最早纺织棉花的人类群体是生活在印度河谷的农民，大约在 5000 年前。棉花，原可分为 20 多种。其中，有四种野生棉经长期培育，成为在世界各地普遍栽培的品种，它们为亚洲棉、非洲棉、陆地棉和海岛棉。

　　从物种的传播途径看，棉花并不是中国的本地作物，汉字中的"棉"一词是从梵语和其他印地语中借来的。根据文献和考古，新疆地区至迟在东汉，即 2 世纪末 3 世纪初，已经使用了棉织品；在南北朝时期，即距今一千四五百年前，已经植棉并用棉纤维纺织，开始普遍使用棉织品，到了唐代即 7~9 世纪，新疆地区的植棉和棉纺织有了很大发展，出现了纬线显花的棉织物。

　　据考古资料和文献记载，新疆是我国植棉最早的地区之一。自 20 世纪初至今在新疆地区展开的考古工作，以及从尼雅、楼兰、和田绿洲的达玛沟、山普拉、屋于来克，喀什绿洲的巴楚脱库孜沙来和吐鲁番盆地的阿斯塔那—哈拉和卓、交河沟北、巴旦木、木纳尔等遗址和墓葬中获得的棉籽及棉织物，其中有素面原白色，也有蓝白印花棉织物或人物印花棉布，表明棉花在新疆栽培历史悠久，也是在我国境内发现最早的棉织物的使用，特别是蓝白色印花布和人物印花棉布，属于最早发现的印染实物资料之一。下面我们就简要梳理一下考古发现的新疆地区的古代棉纺织品。

　　1983~1995 年，新疆维吾尔自治区博物馆和新疆维吾尔自治区文物考古研究所等单位先后多次对位于和田地区的山普拉古墓群进行了抢救性发掘，共发掘墓葬 68 座及 2 座殉马坑，墓葬形制多样，出土文物数量及品种极多，尤其是出土的纺织品引起了学术界的格外关注。墓葬年代大致分为早晚两期：早期为公元前 1~3 世纪；晚期为 3~4 世纪。在山普拉墓地出土了以植物纤维为质地的纺织品，但是数量极少，均为棉纺织物，是将棉花纺捻成线，进行织制服装（图一~三）。

其实，早在 1959 年，新疆考古工作者在和田地区民丰县尼雅遗址发现了一座东汉晚期的墓葬，墓中出土了蓝白印花棉布、人物印花棉布和一些原白色棉布的残片，这也是我国目前所知的最早的棉布。其中的人物印花棉布中心部分已经缺失，只能见到半只脚和一段狮尾。左下角有一个 32 厘米见方的方框，框内画有一个半身女神像。女神高鼻深目，胸怀袒露，颈佩璎珞，臂饰环，手持盛满了果实的丰饶角。从人像项饰璎珞以及身后有头光和背光这一特征来看，此蜡染布的产地可能为犍陀罗，是印度佛教艺术影响下的产物，因此早期西域蜡缬技术来源于印度的可能性比较大（图四）。

同年，新疆维吾尔自治区博物馆李遇春先生带队发掘了于田县屋于来克古城遗址，出土了许多珍贵的文物，其中包括在北朝墓葬中出土之制造比较紧密的"褡裢布"和一块长 11、宽 7 厘米的蓝白印花布。这些遗物的发现，表明北朝时期于田一带已出现了植棉与棉织物（图五~七）。

1959 年，在巴楚县托库孜萨来遗址的发掘中，获得了包括出土的棉籽和提花棉布在内的文物，说明最晚在唐代这里的居民已开始普遍栽培棉花和织布。中国农业科学院棉花研究所，通过对巴楚出土棉籽的分析，认为是草棉（非洲棉）种子（图八）。

图一　1984 年洛浦县山普拉墓地 1 号墓出土蓝白印花布

图二　1984 年洛浦县山普拉墓地 44 号墓出土白色棉布覆面

图三　1984 年洛浦县山普拉墓地 49 号墓出土白色棉布手套

图四　1959 年民丰县尼雅遗址出土人像印花棉布

图五　1959 年于田县屋于来克古城遗址出土蓝白印花布

图六　1959 年于田县屋于来克古城遗址出土蓝白印花布

图七　1959 年巴楚县托库孜萨来遗址出土提花棉布

图八　1959 年巴楚县托库孜萨来遗址出土棉籽

塔里木盆地周缘的巴州大地，也是重要的棉花栽培和种植之地。位于巴音郭楞蒙古自治州的尉犁营盘墓地，为汉晋时期墓葬，出土了大量棉纺织品，分别用作香包衬里、绢枕填料、棉布裤、布袍、长裙等，说明棉在当时已经成为较普及的纺织原料。

再观吐鲁番盆地，1959 年以来，考古工作者先后对吐鲁番阿斯塔那—哈拉和卓古墓群进行了 13 次考古发掘，清理西晋至唐代墓葬近五百座，出土了大量各类文物，其中包括棉籽和棉织物。譬如：1964 年，吐鲁番阿斯塔那 36 号墓出土了棉布袜子（图九）。对于吐鲁番地区的棉花种植情况，《梁书·西北诸戎传》记：高昌国"多草木，草实如茧，茧中丝如细纑，名为白叠子，国人多取织以为布。布甚软白，交市用焉"。有学者考证，"白叠子"就是一年生的非洲棉。可见种植棉作物在当时的高昌——今天的吐鲁番绿洲是比较普遍的事情，以叠布充当类似于货币流通手段，用作交市，反映出棉布的产量不仅可观，而且在商品经济中扮演着重要的角色。

图九　1964 年吐鲁番阿斯塔那墓地 36 号墓出土白色棉布袜

　　新疆是棉花传播到内地的重要一站。到宋元时期，随着社会经济的进一步发展和交通条件的改善，棉花终于从新疆等边疆地区传入黄河流域、长江流域，并获得广泛种植。明清时期，新疆的植棉传统依然在延续，并获得相应的发展。明代陈诚曾五次出使西域，留下《西域行程记》《西域番国志》等著作。在《西域番国志》中有鲁陈城（今新疆鄯善县鲁克沁一带）"土产棉花，能为布而纴薄"之记载。至清朝，除天山以北外，吐鲁番盆地和天山南路的棉花种植都获得了较大发展。因虎门销烟而著称的名臣林则徐来到新疆后，也大力推广中原地区的纺织技术，当时的民众甚至称呼纺车为"林公车"。

　　长期以来，新疆地区种植的棉花都是人称"草棉"的非洲棉。晚清民国时期，随着现代农业科技的发展，新疆开始种植从美国引进的陆地棉以及苏联的棉花品种。而现在被我们所熟知的产于新疆的长绒棉，则属于另外一个棉花品种——海岛棉。

　　棉花是长日照喜热作物，新疆丰富的光照资源，全年日照时间长、强度大、昼夜温差大之得天独厚的特点，非常适宜于棉花的栽培。走过数千年的历史长河，今天的新疆，经过各族居民的不懈努力与辛勤耕耘，已经成为全国最重要的棉花产地。

一梳一镜袋中存，华夏文明薪火传

马叶桢

　　新疆是古代丝绸之路的重要通道和东西方文明交汇点，出土的古代纺织品文物具有数量多、种类全的特点，是研究古代丝绸之路最为重要的实物标本。20世纪80年代考古人员在山普拉古墓群的发掘中，发现了一种折叠袋，展开呈长扁椭圆形，内有对称的两个口袋，一袋装梳，一袋装铜镜，故将这种内装有一梳一镜的折叠袋称为梳镜袋。

　　梳与镜是我们现代生活中常见且必不可少的生活用品，相传人类的第一把梳与第一面镜都是五千多年前的黄帝时代所发明创造的。梳为轩辕黄帝妃方雷氏偶然用鱼骨梳理披在肩上的长发，原本的蓬发变得格外整齐，于是方雷氏请为轩辕黄帝做木工的工匠睡儿，用木头按照鱼骨的样子制作出了第一把木梳；镜为轩辕黄帝妃嫫母在石板中发现一块明光闪闪的石头，太阳一照十分刺眼，于是将其捡回，用磨石把凹凸不平的石片表面反复打磨光滑，制作出了第一面镜子。

　　虽然这些民间传说无法得到证实，但从考古发现的实物亦可知，梳与镜很早就在我国出现，在距今6000年，属于大汶口文化早期的刘林遗址中已发现了骨梳的遗存；在属于良渚文化的周家浜遗址曾发现一把用玉石制作的梳子；在属于齐家文化的齐家坪遗址和尕马台遗址均发现铜镜实物。

　　据目前的考古发现来看，如山普拉古墓群出土的梳镜袋，将梳与镜同时盛装于专门的纺织品袋中的情况非常少见。除山普拉古墓群外，新疆地区的尼雅遗址中也有发现此类形制的双口折叠袋，但不见盛装一梳一镜的情况，多盛装一梳一篦（称为栉袋）。

　　山普拉古墓群位于新疆和田地区洛浦县，墓葬发掘报告《中国新疆山普拉》一书中对墓葬年代进行碳十四测定，得出该墓葬年代范围为西汉晚期到东晋早期这一时间段。报告记录该墓葬在1983~1995年的多次抢救性发掘中，共出土袋类纺织品文物25件，其中双口折叠袋16件，出土墓葬多为百人丛葬墓，墓葬年代跨度大且被扰动严重，出土时文物与主人的关系体现不明确。制作袋的材质以毛织品和丝织品结合运用为主，制作工艺有细有糙，盛装物多见一梳一镜，也有盛装针、线、香料的情况。双口折叠袋的形制比较特殊，在同时代新疆地区的考古发现中并不多见，但在山普拉墓葬出土的袋类文物中却占有较高比例。

梳镜袋袋身属于有机质纺织品文物，具有脆弱、易老化糟朽的特征，加之袋子的实用性，袋中装有木梳和铜镜，多种材质紧密相连、共同存放，历经千年地下埋藏，出土时都伴有大量文物病害。少量保存状况较好的梳镜袋形制较完整，梳和镜都置于袋中。从保存情况较好的文物个体可发现其典型特征，梳镜袋为立体文物，多层、多种织物按需求裁剪后重叠缝制，一般4~6层不等。袋身的面为一整块面料或多块面料拼缝而成，沿袋身中部缝制长于袋身的窄绢条或毛线，可挂可系，里侧缝制左右对称的两个口袋，袋口及袋身外缘有包边，多见毛毡夹层。使用时以中线对折，用系带固定，展开后多呈长扁椭圆形。梳镜袋制作面料选择丰富，毛布、毛毡、绢、锦、绮、棉布、毛罽、刺绣都有出现，单件文物上可出现多种不同材质的面料。其中带有刺绣工艺的都是先将袋缝制完成后，再依袋身进行刺绣装饰。可见古代西域梳镜袋的制作者已熟练掌握刺绣技艺，说明本地已产生刺绣工艺。

梳镜袋1号（图一、二）为山普拉早期墓葬M2号墓出土，出土状况较好，用料珍贵，以绿色绮为面，红色绢包边，红与绿的色彩碰撞带来强烈的视觉冲击，审美风格鲜明。虽有破裂糟朽等病害但文物形制与内装物都保存得较完整。袋身共为六层，正面为绿色菱形纹绮，绮上用红色、蓝色、浅蓝色、黄色丝线绣连珠纹样，其下为两层黄色平纹毛布

图一　梳镜袋1号表面

图二　梳镜袋1号口袋面

中间夹毛毡，外缘镶红色绢边，正面中间位置缝原色绢系带；一侧口袋面为三色几何纹锦，口袋里层为黄色平纹毛布；另一侧口袋为双层三色几何纹锦；袋口镶褐色、黄色、白色拼接的绢边，绢边上分别用黄、白、蓝、红色丝线绣三角形纹样；一袋内装圆形铜镜，一袋内装18齿马蹄形木梳。袋身长21、袋宽10厘米。

这些保存较完整的梳镜袋显得格外珍贵，使我们跨越了数千年的时光仍能真切地看到梳镜袋制作之初的华美面貌，亦能感受到古代西域地区精湛的纺织制造技艺和丰富多元的审美情趣。

由于山普拉墓葬群发掘时已被多次严重盗扰，墓葬年代久远，文物保存情况各异，所以这些珍贵而脆弱的纺织品出土时的病害情况及程度也各不相同。对于出土时病害严重、残破不堪的梳镜袋，可对现存文物的残留信息进行深入分析研究，再与同墓葬中同类型且保存状况较好的文物个体综合比对。根据文物保存现状、质地、内装物、病害等综合因素，制定科学而有效的保护修复及保存方案。

梳镜袋2号（图三、四）为山普拉早期墓葬M01号墓出土，出土时主体残缺糟朽严重，中间断裂，但仍能从残存的毛布上刺绣为面、多色锦包边、蓝色与原色毛布为口袋、袋口镶绿绢边的搭配等方面，看出制作者缝制梳镜袋时的独运匠心。袋身共有五层，其中正面一层为整块黄绿色斜纹毛布，其下毛毡和黄色薄绢，口袋表面素色平纹布，口袋内部是蓝色平纹布，口袋边缘部由浅绿色绢做饰边，梳镜袋周边镶饰黄绿两色锦边，斜纹布与锦边相接处用黄色、红色、浅绿色、咖啡色丝线绣出连珠纹花边。内装一残铜镜、一残马蹄梳，袋身长22、袋宽9.5厘米。

适当的保护措施可有效延长文物寿命，修复后的梳镜袋2号能更安全、完整地展现在人们面前，使文物在有限的存在时间里发挥更丰富而重要的意义，传递真实而生动的历史文化信息。

图三　梳镜袋2号修复前

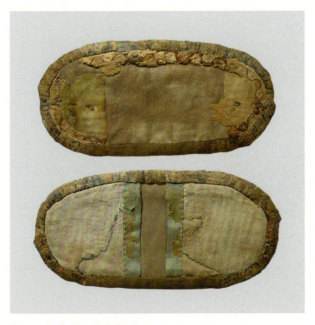

图四　梳镜袋2号修复后

　　山普拉古墓群的梳镜袋多出土于百人丛葬墓，梳镜袋与墓主的关系没有明确体现。而东汉至魏晋时期的尼雅遗址，出土同类型双口折叠袋（栉袋）的墓葬，都为规格较高的贵族墓葬，袋内多盛装一梳一篦，男女都使用，是墓葬中重要的随葬品。结合山普拉墓地出土梳镜袋用料珍贵而丰富、缝制工艺精细的特征可推断，山普拉地区的梳镜袋不仅是一件风格独特的实用物，亦应为墓主高贵身份的象征。

　　梳镜袋在新疆山普拉古墓群出土的众多珍贵纺织品当中本不突出，但其形制独特、用料丰富珍贵、制作工艺细致精湛、实用性强，在小小身量下呈现出古代西域特有的毛毡与中原传入的丝绸完美结合的面貌，展现出多种文化元素融合的特殊性、多元性和包容性，是汉代中原文明与西域文明水乳交融、薪火相传、多元一体的实物体现。

帽为迎霜戴，炉因试火开

——记新疆出土的几顶帽子

田 茹

图一　2003 年若羌县小河墓地出土青铜时代插羽
　　　毡帽

图二　1985 年且末县扎滚鲁克墓葬出土西周春秋
　　　时期棕色尖顶毡帽

　　帽为迎霜戴，炉因试火开。帽子作为人类重要的服饰之一，具有深厚的历史文化意义，它伴随着人类社会文明发展的始终。考古发现表明，在全国各地的考古遗址中多有帽饰类文物出土，新疆地区因气候干燥，保存下来的服饰类文物非常多，新疆地区出土的帽子最早的距今约 4000~3800 年，最迟延续至明清时期，在新疆各地的墓葬遗址中出土的帽子有毡、皮、毛布、毛线、丝绸等质地，种类多，形态各异。

　　在若羌县小河墓地出土的干尸头上就戴着不同样式的毡帽，特点非常明显，制作材料基本以羊毛为主，反映了当时该地区比较发达的畜牧业经济和独特的装饰艺术。小河墓地出土的众多帽饰中插羽毡帽尤为精致，这顶毡帽用白色毡缝制而成，表面缝缀有 7 道棕色毛绳，毛绳上缝有伶鼬皮作装饰，帽子左侧插有两根羽毛，羽毛起到了美化和装饰的作用（图一）。帽沿下两侧各穿缝一根加捻的粗毛绳，于颈下系结，造型十分别致。无独有偶，1985 年在且末县扎滚鲁克墓葬群 3 号墓出土了一顶棕色尖顶毡帽，时代为西周春秋时期。这顶毡帽是用两片近似长三角形的棕色毛毡对接缝合而成，黄色缝线同时为装饰线，口缘外翻，帽缘到帽冠呈斜坡形，尖顶部向后弯曲并填充毡块，立体感很强（图二）。在西域各地历史文化遗迹中，尖帽是一种普遍的服饰文化现象，清晰地展示了中国古代新疆各民族文化交流融合的轨迹。

汉代张骞凿通西域，东西方交通自此畅通，公元前60年，汉朝统一西域，设立西域都护府，开启了西域历史的新纪元。西域与中原的经济文化交流日益加强。中原地区的丝绸文化对西域服饰产生了很大的影响。新疆各地汉晋时期墓葬和遗址发现了数量可观的与服饰文化相关的遗物。1995年民丰县尼雅遗址出土了一顶“德、宜、子、生”铭文锦帽，时代为汉晋时期。此锦帽饰有茱萸、云气和人物纹样，纹饰间穿插有“德”“宜”“子”“生”等隶书汉字。这顶锦帽非常华丽，是汉晋时期帽饰中的精品（图三）。

图三 1995年民丰县尼雅遗址出土汉晋时期“德、宜、子、生”铭文锦帽

隋唐时期，是中国封建社会经济文化发展的鼎盛时代。西域诸绿洲城邦居民借鉴吸纳唐朝首都长安所汇聚的异彩纷呈的文化因素，诠释了大唐盛世之下不凡的雍容气度。1972年在吐鲁番阿斯塔那唐代墓葬中出土一件戴帷帽仕女骑马俑。女俑面部丰腴，黛眉粉面，樱桃小口，头挽高髻，戴方锥形黑色高帽，帽下垂有纱帷，整体造型给人线条流畅、静中有动之感（图四）。帷帽的前身是围帽，在藤席编成的笠帽上装一圈纱网帽子，女子外出时戴此帽也可起到障蔽作用。王叡在《炙毂子》中记载：“席帽本羌服，以羊毛为之，秦汉鞔以故席。女子亦戴之，四缘垂网子，饰以珠翠，谓之席帽。炀帝幸江都，御紫云楼观市，欲见女子姿容，诏令去网子。”帷帽原为居住在西北地区的游牧民族出门时用以防风的一种装束，传至中原后成为贵族妇女出游时的时尚性装束。该俑的发现，不仅反映了当时的高昌地区，唐王朝的政令在这里得到全面推行，同时表明戴帷帽也成了该

图四 1972年吐鲁番阿斯塔那墓地出土唐戴帷帽仕女骑马俑

图五　1956年若羌县阿拉尔墓葬出土北宋时期锦
　　　面镶皮尖顶帽

地区女性的一种时尚。

　　五代、宋、辽、元时期，西域经济进一步发展，引进中原先进的生产技术，生产出多种手工制品，新疆居民的服饰文化呈现出多姿多彩的景象。1956年在若羌县阿拉尔墓葬出土的锦面镶皮尖顶帽，时代为北宋时期。它是用织锦作面，以兽毛皮和细毡缝制，呈尖顶四棱形，具有游牧民族服饰的特点（图五）。帽沿的兽毛皮缝制的部位可以向上翻卷和垂下，严冬时可以放下来护住双耳和后颈，抵御风雪。面料是用蓝底显黄白色的连珠纹和云雁纹织锦，不仅保暖而且高雅美观。

　　纵观新疆古代服饰可以看出，作为中国古代文化组成部分的新疆古代服饰文化，博大精深，内涵丰富，色彩斑斓，绚丽多姿。考古发现的帽饰时代跨度大、质地多样、数量繁多，无一不是精品。

　　新疆地区作为古丝绸之路的要冲，自古以来一直是中华文明向西开放的门户和桥梁。华美珍奇的新疆古代服饰，饱含着历史文化的积淀和厚重，记录着悠久中华文明的华章岁月，记录着人类文明进步的知识技能和生活智慧。丰富多彩的服饰文物的发现与科学研究已经向世人清晰地阐明，各民族共同开发了祖国的锦绣河山、广袤疆域，共同创造了悠久的中国历史、灿烂的中华文化；各民族文化始终扎根中华文明沃土，是中华文化不可分割的一部分；新疆地区历来是各民族共同开发建设和拥有的地方，是中国领土不可分割的一部分。

古老的弹拨乐器——且末扎滚鲁克箜篌

鲁艳峰

　　1996 年 8 月中旬，新疆维吾尔自治区博物馆考古队在且末县扎滚鲁克二号、一号墓地进行了科学的考古发掘，共发掘墓葬 104 座，文物种类丰富多彩，特别是箜篌的出土可谓是重大发现。

　　保存最好的编号为 20 的箜篌出土于扎滚鲁克一号墓地 14 号墓，出土时横置于一个小孩和一位中年女性个体的胸部，箜篌的弦和蒙皮均已缺失，其余部分保存完好。箜篌由音箱、琴颈、琴首、弦杆和弦五部分组成，音箱和琴颈由一块胡杨整木雕刻而成，通长 87.6 厘米。音箱呈半葫芦形，横截面呈弧半圆形，长 41.6、口宽 6.8~13.2、高 4~6.8 厘米。音箱外壁经过打磨，非常光滑，口部残存曾经黏附的蒙皮的痕迹，宽 1.2~1.6 厘米。音箱内壁加工相对较粗糙，留有用刀加工过的痕迹，深 2.8~5.2、壁厚 0.2~1.3 厘米。音箱底部开有束腰状长方形音孔，长 2、最窄宽 0.4 厘米。琴颈侧视呈长方形，长 46、宽 8 厘米；琴首稍厚，其上凿有椭圆形卯孔以便安装弦杆；弦杆由柽柳木棍制成弧形，略向音箱方向弯曲，杆尾镶嵌在琴首的卯眼中，并以木楔加固，弦杆上部有三道明显的系弦痕迹，长 31.2 厘米。弦杆横截面为椭圆形，长径 2.8、短径 1.6 厘米。箜篌上端平齐，下端稍有差别，主要是底部琴颈稍高于音箱，而且稍稍呈脊状延伸至音箱底部。

　　箜篌是世界上最古老的弹拨乐器之一，有人推测它是由狩猎时代的弓发展而来的，并逐渐形成了现代的竖琴。目前，国内外的学者对古代箜篌的研究越来越广泛。箜篌一词，《世说·作篇》写作"空侯"，《后汉书·五行一》曰"胡空侯"，《隋书·音乐志》称为"竖箜篌"，"今曲颈琵琶，竖箜篌之徒，并出自西域，非华夏旧器"，可见此乐器出自西域。而且扎滚鲁克箜篌的材质为当时本地常见的胡杨木和柽柳枝，更能说明扎滚鲁克箜篌是本地所造。目前所见最早记载有关箜篌原始符号

且末县扎滚鲁克墓地出土
箜篌

的是公元前 3200 年前后的苏美尔乌尔城典籍，而最早的箜篌实物则出
自乌尔城公元前 2500 年前后的王室墓地。国外学者根据美索不达米亚
和埃及发现的年代比较早的箜篌资料，将它们分为两种基本的类型：弓
形箜篌和角形箜篌。弓形箜篌整体呈弯弓形，弯度大小有些变化。角形
箜篌也由音箱和琴杆两部分组成，但是音箱和琴杆相对较直，两者为近
十字形结构，形成一个非常规矩的夹角，有些甚至达到 90°。扎滚鲁克
箜篌与以上介绍的两种类型的箜篌均有差异，该墓地周边地区出土与此
相关的资料也很少。1947 年苏联考古学家鲁坚科主持发掘了阿尔泰地区
巴泽雷克 2 号古墓，出土了一件保存较好的箜篌，该墓的年代测定为公
元前 390 年。另外在巴沙达尔的墓葬发掘中也出土了一件保存不好的箜
篌，其年代测定为公元前 508 年。国外有学者研究认为巴泽雷克箜篌与
巴沙达尔箜篌相似，同是卧式角形箜篌。巴泽雷克箜篌保存有音箱、琴杆、
琴弦和蒙皮等，音箱呈 "8" 形，中腰较细，两头稍宽。其音箱、音孔
和扎滚鲁克出土的这件箜篌非常相似，只是缺少了像扎滚鲁克箜篌那样
的琴颈，从而使琴杆的安装位置稍有不同。

　　从目前我们所见到的西亚及其以西地区出土木竖箜篌的造型看，均
与扎滚鲁克箜篌有些差异，而扎滚鲁克箜篌又由本地所造，其造型存在
差异的原因可能是箜篌在由西向东传播的过程中不是以实物的形式进行
传播的，故而变化较大。结合新疆石窟壁画及考古出土的遗物来看，也
保存有不少的箜篌资料信息，如克孜尔石窟、库木吐拉石窟、森木塞姆
石窟、苏巴什佛寺、柏孜克里克石窟等。而从敦煌壁画和关中古代雕塑
的箜篌画面来看，其造型又与扎滚鲁克箜篌相似，说明中原竖箜篌的原

始造型很有可能来源于西域。

随着且末扎滚鲁克墓地1996年出土箜篌被确认后，1978年发掘的鱼儿沟墓地和1983~1995年发掘的山普拉墓地出土的箜篌在整理过程中也被确认。随后在鄯善县洋海墓地出土了3件、收缴1件；2010年哈密艾斯克霞尔南墓地出土11件；2013~2014年塔什库尔干吉尔赞喀勒墓地出土2件；2015年策勒县征集1件。截至目前，新疆地区发现的箜篌已达24件之多。从分布范围看，主要集中在两个区域，一是塔里木盆地西、南区域，即且末—塔什库尔干区域；二是塔里木盆地东部边缘地带以吐哈盆地为中心的区域。从成因看，一是塔里木盆地周缘及吐哈盆地气候干燥为有机质文物的保存提供了客观条件；二是塔里木盆地南缘本身就是丝路南道所在，吐哈盆地亦是丝路北道新疆段的东部咽喉，均为东西文明交流的必经之地。

与丝绸代表了东方文明向西传播一样，箜篌也是东西方文化交流的产物。在扎滚鲁克箜篌出土后，随之确认的箜篌和相继发掘出土的箜篌实物从风格上说明，在两汉以前的几个世纪中，箜篌在西域流传并保持着较为稳定的形制。从分布范围上看，进一步明确了箜篌的分布空间，将范围从帕米尔高原、塔里木盆地南缘西部和南部扩展到东部的哈密，而且均在丝绸之路沿线分布，说明箜篌就是沿着前丝绸之路传入中国新疆的。因此，且末扎滚鲁克箜篌实物的出土，就像一把钥匙，打开了通往古老弹拨乐器箜篌的研究之门，掀起了一股箜篌研究的热潮，为研究西域音乐史和我国乐器的发展史提供了可靠的实物资料。

新疆古代的琵琶

阿迪力·阿布力孜

　　琵琶是我国历史悠久的传统弹拨乐器。琵琶又称"批把"，最早见于东汉刘熙的《释名·释乐器》："批把……马上所鼓也。推手前曰批，引手却曰把，象其鼓时，因以为名也。"意即"批把"是骑在马上弹奏的乐器，向前弹出称作"批"，向后挑进称作"把"，根据其演奏的特点而得名。琵琶是由历史上的直项琵琶及曲项琵琶演变而来。

　　据史料记载，直项琵琶在我国秦汉时期即出现。有学者研究，中原通过丝绸之路与西域进行文化交流，曲项琵琶在汉代时由新疆地区传入中原。不过，琵琶虽在古籍中记载较多，也出现在绘画、雕塑等作品中，但考古出土的实物十分少见。新疆各地出土的琵琶，为我国琵琶历史文化的研究提供了珍贵的实物资料。

　　2006 年 5 月，在新疆和田地区策勒县达玛沟乡托普鲁克墩佛寺 2 号遗址考古发掘过程中，一位农民在遗址群周边沙堆中发现了一把琵琶形乐器（图一）。该琵琶为木质，呈棒状，直颈，由琴箱、琴颈、覆手三部分组成。其中，覆手上有 3 个系弦孔；琴头两侧对称开着 3 个圆孔，用以插装弦轴；琴颈上第一柱和孤柱保留完整，第一柱上留有 3 道清晰的弦痕，证明这是一把三弦的琵琶，且被长时间弹奏过。据考证，这把琵琶是唐代以前的遗物，是我国目前所发掘的保存较好的琵琶乐器实物。

　　新疆和田地区曾出土大量陶片、陶俑，其中部分陶俑、陶片中有弹琵琶的造型。和田县巴拉玛斯遗址出土的一块唐代陶片上，就雕有弹琵琶的女子形象。陶片高 11.5、宽 9.5 厘米，陶片上的女子左手扶琴颈，右手弹琴，高鼻梁，闭着眼睛，嘴唇微张，一边弹琴，一边唱和，似乎进入了忘我的艺术境界（图二）。陶片上琵琶的 3 根弦清晰可见，说明女子所弹的是一把三弦琵琶。

　　其实，这种三弦琵琶早在民丰县尼雅遗址中就有出土。1906 年，英国人斯坦因在尼雅遗址发现了一把琵琶残件，仅剩上半部分，包括琴颈和琴轸。琴头上插有 3 根木琴轸，弦轸上有琴弦。该琵琶为魏晋时期的物件，

图一　2006 年策勒县达玛沟遗址出土北朝琵琶

应是我国目前发掘时代较早的琵琶实物，说明在 1600 多年前，新疆就已经有了三弦琵琶。

从发掘出土情况来看，琵琶在唐代吐鲁番地区也是重要的乐器之一。1960 年，吐鲁番阿斯塔那墓地 336 号墓出土了一件唐代木琵琶，只剩下椭圆形的音箱，琴颈缺失，音箱最宽处 6.3、厚 2.4 厘米。加上墓葬中另外发现的彩绘泥塑的弹琴俑、吹奏俑、舞蹈俑、百戏俑和歌唱俑等，生动再现了唐代高昌乐舞艺术的繁荣。1973 年，阿斯塔那墓地 224 号墓中也出土了一件只剩下琴颈的木琵琶。该琵琶琴箱缺失，残存的琴颈上开六孔以置琴轸，存有琴轸 4 个。阿斯塔那墓地出土的这两件木琵琶虽然只剩下残件，但反映了琵琶在高昌乐舞中的重要地位。

汉唐时期，龟兹地区经济发达、文化兴盛，龟兹乐舞闻名遐迩。因此，在拜城县克孜尔石窟壁画中，琵琶极为常见（图三）。不过，这里只有少数的三弦琵琶图，较为多见的是五弦琵琶。此外，库车市库木吐拉和森木赛姆等龟兹石窟群也都绘有五弦琵琶。在克孜尔石窟壁画中，五弦琵琶的演奏多被安置在紧靠佛的左右两侧，演奏类型有独奏、伴奏，也有与其他类弹拨乐器、吹奏乐器、打击乐器等共同组合为舞蹈伴奏的形式，这些都反映了五弦琵琶的重要地位。

新疆出土的琵琶实物和壁画，充分反映了在西域和中原地区文化的交流融汇中，新疆古代音乐艺术的摇曳多姿、异彩纷呈。

图二　和田县巴拉玛斯遗址出土唐弹琵琶者陶片

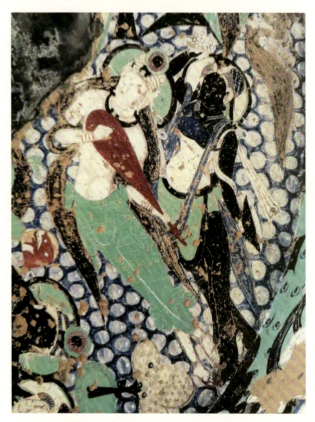

图三　拜城县克孜尔石窟第 8 窟藏唐弹五弦琵琶的伎乐飞天

此锦只该天上有

——"胡王"锦

张 蕾

早在三千多年以前的殷商时代，我国劳动人民就已掌握了相当成熟的丝织技术，能够用"斜纹显花法"织成美丽的文绮和多彩的刺绣。到了汉代，我国的丝绸生产技术已有很大的发展，中国丝绸远销中亚、西亚和欧洲，受到各国人民的欢迎和赞许，尤其是当时罗马帝国的统治阶级不惜重金购买，于是，我国便被人们称为"赛里斯"，即"丝国"的意思，而横贯亚洲大陆的贩运丝绸的商路后来也被称为"丝路"，即"丝绸之路"。丝绸在丝绸之路上不仅成为一种主要商品，它更多地成为一个使者，是文化、经济、政治交流的重要的工具。

在古代陆上丝绸之路经济贸易往来中，新疆作为"丝绸之路"的重要通道和必经之地起到了至关重要的作用。由于新疆独特的干燥环境，考古工作者在丝路古道发现了大批保存完好的精美绝伦的织锦，为我国的织锦历史研究提供了不可多得的素材。

1972 年在阿斯塔那北朝时期的墓葬中，出土了不少极为精致的平纹经锦。它们用色复杂，提花准确，锦面细密，质地更薄，牢度也大为提高。这些发现，清晰地反映了我国传统的丝织技艺在这个阶段有了新进展。更值得注意的是，这时期的丝织物中，还出现了中亚、西亚流行的纹样和在纬线上起花的新工艺。最能体现这种丝织工艺的织锦是阿斯塔那 169 号墓出土的"胡王"锦。它是一件覆面面心，距今约有 1500 年，花纹繁缛，色泽艳丽，堪称丝织品中的精品。这块平纹经锦由多种鲜艳的颜色组合而成，主色调为黄色、绿色和红色，锦的正中间织有佛教艺术中常见的莲花纹饰，莲花周围还织有波斯特色风格的联珠纹圈。

联珠纹是隋唐时期曾盛行的丝织纹样的一种流派。所谓联珠纹即是以圆图形相接，缀联成圈，围成一个近方似圆的空间，以鸟兽、人物、花草等素材填充其内，并以此为基本单位，或横向或竖向联成条状边饰，或上下左右加辅助纹样构成四方连续图案。联珠纹样中心的主题图形有

吐鲁番阿斯塔那 169 号墓出土北朝时期"胡王"锦

两种构成形式：一是内置单独纹样，强调活泼的动感，形象鲜明而单纯；二是布局以对称形图案，皆呈二、四、六偶数出现，或旋转对称，或左右对称，水平对称较少见，给人以对称图案所营造的庄重、稳定的美感。这种联珠纹样，新疆吐鲁番阿斯塔那、哈拉和卓隋唐古墓均有大量丝织品实物出土。

　　在联珠纹圈中，有相对的四组图案：其中一位胡人头戴平顶帽，身穿紧袖束腰长衣，脚蹬高靴，一手悠闲地牵着骆驼，另一手挥着马鞭，正在作回头吆喝状，表情非常悠然自得。骆驼乖巧地跟在胡人后面，织绣得极为生动，四条腿稍屈，行进的姿态跃然锦上；双峰间修饰方格纹坐垫，织绣得非常传神。该织锦是新疆吐鲁番阿斯塔那古墓出土的具有浓厚西域特色、典型对称形式的联珠纹代表作。以西域现实生活为题材，以牵驼人和骆驼为主体纹样，再现了一幅边塞驼饮的画面。沿袭汉代丝织品设计纹样中纳入汉字的特点，在适当的位置书汉字"胡王"二字画龙点睛，因而得名"胡王锦"。

　　众所周知，著名的丝绸之路使大量的中国丝绸、茶叶、瓷器等传入西域，同时也将西域文化传入了中原，使得西域很早就与中原文化有了深刻的交流。在相互交流的过程中，不同的生活习俗、文化逐渐融合，形成了特定的风俗。

锦上除了有胡人的图案外，还有狮子和骆驼的图案，骆驼善跋涉、能负重，是当时中西贸易的主要交通工具，在某种程度上已经成了陆上丝绸之路的象征。狮子是经丝路较早进入中国的新奇物种，可是，在中国传统艺术的宝库中，狮子的雕刻、狮子的纹样在中国纹样史上占有重要的地位。"胡王"锦上的狮子卧伏姿态，好像少了野性，是供人观赏、乘骑的驯兽。负重的骆驼、牵驼的胡人、威猛的雄狮以及标明的"胡王"字样，极易使人联想到丝绸之路上贸易往来频繁、胡人称臣纳贡的场景[1]。

让我们把记忆拉回到遥远的西域。一队满载丝绸的商队伴随着单调乏味的叮咚驼铃声，行进在"穷荒绝漠鸟不飞"的亘古荒原中，海市蜃楼的美景常常欺骗他们，绿洲、水对于他们来说是多么重要啊。在沙漠中，水就是生命，水包含着金钱和财富。每当来到一个水草丰茂的丝路驿站，疲惫不堪的商贾总要好好憩息并筹措粮草以备再行。牵驼人首要的任务就是赶驼群去河边让骆驼喝个够，并储水于胃囊中。

"胡王"锦上的主题形象就是牵驼饮水归来镜头的定格。夕阳西下，牵驼人卸下了驼背上沉重的货品，胡装打扮的牵驼人，兴高采烈地手舞足蹈，大张着嘴放声高歌家乡的胡曲，自由享受休闲。金色的湖面上显现出他们的倒影，天、水、人、驼和大自然融合在一起，让人思绪万千。人驼的下方书写汉字"胡王"二字，点明主题，非常到位。这种抒情和谐的气氛、艺术构思的巧妙、色彩处理的合情理性，给人留下过目难忘的记忆和轻松愉悦的美感享受。

这块小小的织锦同时汇集了中亚、西亚以及西域和中原文化特点，显而易见地成为古丝绸之路上的一块瑰宝，见证了古代西域东西方文化的交流以及文化多元性的历史事实。

[1]
陈彦姝：《六世纪中后期的中国联珠纹织物》，《故宫博物院院刊》2007年第1期。

素美古朴

——新疆出土之汉晋木质餐具

周 宁

中国古代的饮食文化历经数千年，逐渐形成了具有独特神韵的文化体系。餐具则是这一文化的重要载体，从最原始的碗、盘、杯，到后来的盂、豆、罍、高足杯、觚等标志着饮食器制作和应用雏形的陶质餐具，再到工艺精湛、质地奢华的金银质餐具，中国古代餐具从材质到形制的发展演变，经历了由单一、简陋向丰富、多样、精致的变化。

位于新疆和田地区洛浦县城西南 14 千米的戈壁台地上的山普拉墓葬，为汉晋时期西域"丝绸之路"南道上的一处交通要塞，是战国到南北朝时期古代和田地区的一处公共墓地。墓葬出土的文物丰富，其中木器有 400 余件，特别是各式造型独特、素美古朴的碗、杯、勺、盆、盘等木制餐具的发现，反映出和田地区古代居民独具特色的餐饮文化。

木碗在古于阗使用颇为普遍。山普拉墓葬出土木碗达百余件，大多以旋制加工而成（即用一种简单的车床进行加工），也有少量用手工制作的。其中一件木碗为旋制而成，器物呈圆形，整体规整光滑，素面，敛口，弧腹，假圈足。口沿处稍有残缺，透出了几分古朴（图一）。

图一　洛浦县山普拉墓葬出土木碗

木筒是一种用来盛放液体的器皿，山普拉墓葬出土的木筒制作方法较为独特，先将一段树干凿空，然后在下部镶嵌上一个木底，就可以使用。这些木筒一般在外壁装饰凸棱状的弦纹，既美观又实用，还使得整个木筒平添了几分灵动感（图二）。

木勺在山普拉墓葬出土数量不少，这种木勺一般为手工制作，分短柄和长柄两种。1984年出土的一件汉代长柄木勺是用圆木刳成，平口，圜底，口沿处稍残。长柄一端刻成鸟头状，显得情趣盎然。木勺有明显使用过的痕迹，应为当时人们的日常实用器物（图三）。

匜是中国先秦时代的礼器之一，用于沃盥之礼，为客人洗手所用。山普拉墓葬出土的匜造型如同一只鸭子，前有流水口后有短柄，手工制作而成（图四）。

除了在山普拉墓葬出土的碗、勺、盆、杯等木制餐具外，位于和田地区民丰县北约150千米处的沙漠中的尼雅遗址也出土了各类的木制餐具，其中值得一提的是出土的木筷。中国有史记载的用筷历史已有3000多年。1959年新疆考古工作者在和田民丰县尼雅遗址发现7根筷子，木质，粗细基本均匀，表面光滑，粗0.3~0.5、长19.6~23.7厘米，这些筷子的侧面或多或少地出现了裂纹，但保存基本完好，其中有一双筷子长度相同，顶端附近刻有一圈弦纹，具有一定的装饰效果（图五）。

经考证，这些木筷属汉晋时期，也就是说至少在1600多年前新疆的先民就已使用筷子吃饭了。张骞出使西域后，随着汉代丝绸之路的畅通，丝路贸易的繁盛，中原的丝绸、纸张、漆器、纺织品等大量传入西域，促进了中原和西域之间的往来，筷子在新疆汉晋时期墓葬中出现也就不足为

图三　洛浦县山普拉墓葬出土木勺

图二　洛浦县山普拉墓葬出土木筒

图四　洛浦县山普拉墓葬出土匜

怪，可见当时中原饮食文化对西域产生的影响。

此外，在位于和田墨玉县萨依巴格乡吐扎克其村的西南台地上的英麻扎墓地，考古工作者同样也发现了木碗、木盆等餐具，餐具多为旋制，其中一个木盘里还盛放着一整只小羊骨骸。

从和田地区古代墓葬出土的木制餐具中，不难看出西域先民不乏精于木工的匠人。其工艺证明当时已有旋架或旋床，人们已经掌握了用旋切法加工木器的技术，这种技术在当时的中原地区也不常见，它是生活在塔里木盆地南缘绿洲的居民所发明的。《汉书》记载，当时塔里木盆地绿洲地区已有冶铁业，可制造刀、矛等兵器，锋利的刀具和可以转动的机械是旋切木器的主要条件。这种旋切工艺不仅可以将木器表面打磨得十分光滑，同时旋切出来的凸棱弦纹也起到了装饰作用。

和田地区古代墓葬出土的木制餐具，真实再现了汉晋时期居住于此的先民的生活习俗，反映了当时人们的审美及生活情趣，更生动形象地说明了当时和田与中原地区的血肉联系。

图五　民丰县尼雅遗址出土筷子

新疆文物故事

（下）

新疆维吾尔自治区文化和旅游厅　编

文物出版社

图书在版编目（CIP）数据

新疆文物故事. 下册 / 新疆维吾尔自治区文化和旅游厅编. -- 北京：文物出版社，2025. 3. -- ISBN 978-7-5010-8516-3

Ⅰ. K872.45

中国国家版本馆CIP数据核字第20241XQ257号

新疆文物故事（下册）

编　　者：新疆维吾尔自治区文化和旅游厅

责任编辑：冯冬梅
封面设计：程星涛
责任印制：王　芳

出版发行：文物出版社
社　　址：北京市东城区东直门内北小街2号楼
邮　　编：100007
网　　址：http://www.wenwu.com
邮　　箱：wenwu1957@126.com
经　　销：新华书店
印　　刷：文物出版社印刷厂有限公司
开　　本：889mm×1194mm　1/16
印　　张：10
版　　次：2025年3月第1版
印　　次：2025年3月第1次印刷
书　　号：ISBN 978-7-5010-8516-3
定　　价：298.00元（全二册）

第三章 万里同文

吐鲁番出土的《妙法莲华经》

张远华

　　新疆维吾尔自治区博物馆馆藏有 1965 年在吐鲁番安乐故城（亦称英沙故城、安加勒克故城）南废寺塔基一口陶瓮内出土的一批汉文佛经残页，共有 25 个号件。曾经于 20 世纪 60 年代在北京整理装裱为手卷，有关专家学者对其进行了相关研究。

　　在这批馆藏汉文佛经残页中，有后秦龟兹国三藏法师鸠摩罗什奉诏译的佛教中大乘佛教的一部重要经籍——《妙法莲华经》抄本残页。

　　《妙法莲华经》抄本残页，分行布局，整齐缜密，经络工整严谨，用笔精劲含蓄，轻重度均和。这种隶书味很重的楷书，是刚刚从隶书过渡到楷书阶段的抄写本。写本虽无具体的年代，但从书体上看，其时代应是南北朝时期，是当时最为流行的佛教写经之一。

　　《妙法莲华经》，简称《法华经》（梵语：Saddharma Puṇḍárīka Sūtra），后秦鸠摩罗什译，七卷二十八品，六万九千余字，收录于《大正藏》第 9 册，经号 262。梵文 Saddharma，中文意为"妙法"。Puṇḍárīka 意译为"白莲花"，以莲花（莲华）为喻，比喻佛法之洁白、清净、完美。Sūtra 意为"经"，故此经之全名为《妙法莲华经》。

　　《妙法莲华经》说一乘圆教，表清净了义，究竟圆满，微妙无上。《法华经》是佛陀释迦牟尼晚年所说教法，属于开权显实的圆融教法，大小无异，显密圆融，显示人人皆可成佛之一乘了义。在五时教判中，属于法华、涅槃之最后一时。因经中宣讲内容至高无上，明示不分贫富贵贱，人人皆可成佛，所以《法华经》也被誉为"经中之王"。

　　《法华经》是释迦牟尼佛晚年在王舍城灵鹫山所说，为大乘佛教初期经典之一。一般认为此经起源甚早，并经过不同的历史阶段陆续完成。曾在古印度、尼泊尔等地长期广泛流行，已发现有分布在克什米尔、尼泊尔和中国新疆、西藏等地的梵文写本 40 余种。这些写本大致可分为尼泊尔体系、克什米尔体系（基尔基特）和新疆体系。尼泊尔体系所属的写本大致为 11 世纪以后的作品，一般保存完整，目前已出版 5 种校

妙法莲华经

订本。如 1983 年，北京民族文化宫图书馆用珂罗版彩色复制出版了原由尼泊尔传入、珍藏于西藏萨迦寺的 1082 年书写的梵文贝叶写本，内容完整无缺，字体清晰优美，受到专家学者的重视。在基尔基特地区发现的克什米尔体系抄本，多数属于断片，从字体上看，一般是 5~6 世纪的作品，比较古老。在新疆喀什噶尔等几个地区发现的大多数也是残片，内容与尼泊尔体系的抄本比较接近，从字体上看，大致是 7~8 世纪的作品。另外，在新疆还发现有和阗文的译本。

根据有关资料记载，此经共有汉译、藏译等的全译本和部分译本的梵汉对照、梵文改订本等 17 种。除后秦鸠摩罗什译的 7 卷 28 品为后世广泛流传外，尚有晋竺法护译《正法华经》10 卷 27 品，隋阇那崛多和达摩笈多重勘梵文，译为《添品妙法莲华经》7 卷 27 品。此外据《开元录》卷十一、十四载，还有《法华三昧经》6 卷、《萨昙分陀利经》6 卷、《方等法华经》5 卷等三译阙本，似属误传。罗什译本原是 7 卷 27 品，且其《普门品》中无重诵偈。后人将南齐法献于高昌所得《提婆达多品》、隋阇那崛多于益州译出的《普门品偈》与玄奘所译《药王菩萨咒》一起编入，构成现行流通本 7 卷 28 品的内容。

此经说三乘方便、一乘真实和一切众生皆能成佛等内容，为天台宗等据以立说的主要典籍。全经主要思想为空无相的空性说，和《般若经》相摄，究竟处的归宿目标与《涅槃经》沟通，指归净土，宣扬济世，兼说陀罗尼咒密护等，集大乘思想之大成。主旨在于会三乘方便，入一乘真实。

《法华经》对佛教有着无尽的贡献，那是经中之王度生无量的魅力。

鸠摩罗什所译《法华经》，在中国汉地流传甚广。《高僧传》所举讲经、诵经者中，以讲、诵此经的人数最多；敦煌写经中也是此经比重最大；南北朝注释此经学者达七十余家。陈隋之际智顗更依据此经创立了天台宗。汉译本传入朝鲜、日本后，流传也盛。直至现代，日本新兴的创价学会、立正佼成会和妙智会等，都以专奉此经与经题为宗旨。

鸠摩罗什（梵语 Kumārajīva，344~413 年），音译为鸠摩罗耆婆，又作鸠摩罗什婆，简称罗什。其父名鸠摩罗炎，母名耆婆，属父母名字的合称，汉语的意思为"童寿"。东晋时后秦高僧，著名的佛经翻译家。与真谛（499~569 年）、玄奘（602~664 年）并称为中国佛教三大翻译家。

鸠摩罗什原籍天竺，生于西域龟兹国（今新疆库车市）。幼年出家，初学小乘，后遍习大乘，尤善般若，并精通汉语文，曾游学天竺诸国，遍访名师大德，深究妙义。他年少精进，又博闻强记，于是备受瞩目和赞叹。在东晋后秦弘始三年（401 年），姚兴派人迎至长安（今陕西西安石井阿福泉欢乐谷）从事译经。

鸠摩罗什羁留凉国十七年，对中土民情非常熟悉，在语言文字上能运用自如，又加上他原本博学多闻，兼具文学素养，因此，在翻译经典上，自然生动而契合妙义，在传译的里程上，缔造了一幕空前的盛况。

据《开元录》卷四载，鸠摩罗什译有《中论》、《百论》、《十二门论》、《般若经》、《法华经》、《大智度论》、《维摩经》、《华手经》、《成实论》、《阿弥陀经》、《无量寿经》、《首楞严三昧经》、《十住经》、《坐禅三昧经》、《弥勒成佛经》、《弥勒下生经》、《十诵律》、《十诵戒本》、《菩萨戒本》、佛藏、菩萨藏等，共有 74 部 384 卷。由于译文非常简洁晓畅，妙义自然诠显无碍，所以深受众人的喜爱而广为流传，对于佛教的发展有很大贡献。所介绍之中观宗学说为后世三论宗之渊源。佛教成实宗、天台宗，均由其所译经论而创立。

门弟有道生、僧肇、道融、慧观等三千余人，后世有"什门八俊""四圣""十哲"之称。他翻译的经卷准确无误，对后世佛教界影响极为深远。并留有"色不异空，空不异色；色即是空，空即是色"等名句。赞宁称赞鸠摩罗什翻译的《法华经》"有天然西域之语趣"，《金刚经》至今有众多译本，在佛教界一向传诵的是鸠摩罗什的译本。鸠摩罗什的译文已臻于精美，形成了一种独特的以四字句为主的行文体制，称"译经体"。

新疆博物馆藏《妙法莲华经》存有经名的残页有：

1.编号 65TIN：34 的《妙法莲华经·譬喻品第三》卷二（法华部类）。残长 200 厘米，共存 113 行（共 4 幅，32 厘米）；每幅 42 厘米×25 厘米，每幅 22~25 行，每行 18~20 字，字大小 1~1.3 厘米；页眉 1 厘米，页脚 1~2 厘米。

2.编号 65TIN：36 的《妙法莲华经·观世音普门品第二十四》卷七（法华部类）。25.1 厘米×43.3/59.3 厘米，残存 2 段。

3.编号 65TIN：38 的《妙法莲华经·见宝塔品第十一》卷四（法华部类）。75 厘米×25 厘米，共 48 行，每行 22~25 字；字大小 0.7~0.8 厘米，竖行间距 1.5 厘米；页眉 1~1.3 厘米，页脚 1~1.4 厘米。

4.编号 65TIN：40 的《妙法莲华经·安乐行品第十三》卷四（法华部类）。160 厘米×45/25 厘米，共 93 行，每行 15~18 字，字大小约 1 厘米；竖行间距 1.5~1.8 厘米；页眉 1.2 厘米，页脚 1.2 厘米。

5.编号 65TIN：41 的《妙法莲华经·药王菩萨事品第二十二》卷六（法华部类）。41.8 厘米×25 厘米，共 24 行，每行 16~17 字，字大小 1~1.4 厘米；竖行间距 1.2 厘米；页眉 1 厘米，页脚 1~1.2 厘米。

6.编号 65TIN：45 的《妙法莲华经·法师品第十》卷四（法华部类）。16.5 厘米×24.5 厘米，共 10 行，每行 15 字，字大小约 1 厘米；竖行间距 1.5 厘米；页眉 1.2 厘米，页脚 1 厘米。

《法华经》为弘扬佛陀的真实精神，采用了偈颂、譬喻等赞叹永恒的佛陀（久远实成之佛），说释迦牟尼佛成佛以来，寿命无限，现各种化身，以种种方便说微妙法。由于其行文流畅，辞藻优美，在佛教思想史、文学史上具有不朽的价值，是自古以来流布最广的经典。

伊犁草原黄金宝藏

——伊犁波马古墓出土的金银器

安英新

位于新疆伊犁哈萨克自治州昭苏县西南约 90 千米的波马，地处天山山脉北麓的山前草原地带，北倚伊犁河支流特克斯河，西隔纳林果勒河与哈萨克斯坦接壤，海拔在 1800 米以上，夏季多雨，冬季雪厚，属典型的高寒草原地带。这里山高林密、水草丰美、牧场辽阔，是我国北方草原游牧民族理想的休养生息之地，许多曾经在西域叱咤风云的古代部落族群，如塞种、月氏、乌孙、鲜卑、柔然、嚈哒、突厥等都在这里留下了他们的足迹。这里也是横贯欧亚的丝绸之路草原道的必经之地，据《大唐西域记》记载，大唐高僧玄奘就曾从塔里木盆地北越天山隘口凌山（今天山木扎特达坂，一说勃达岭）经过这里，前往伊塞克湖畔的中亚名城——碎叶，受到西突厥统叶护可汗的礼遇，并委派通晓汉语及诸国语言者护送玄奘前往迦毕试国等地。

在波马周围，沿天山北麓一线直至特克斯河两岸分布着大量的上自秦汉下至隋唐及宋元时代的古墓群。在广袤的草原上，星罗棋布，达千余座古墓，大的墓群有上百座墓葬，小的墓群也有十余座至几十座墓葬。均为土墩墓或石堆墓，大者高十余米，巨大的土墩墓呈南北链状排列，宛如一座座小山包，巍然耸立，颇为壮观，成为伊犁草原独特的人文景观；小的墓葬非仔细观察不能发现。自 20 世纪 60 年代以来，新疆文物考古部门克服重重困难，在伊犁以及波马周边地区开展了一系列的考古调查及发掘工作，在波马及相邻的夏特等处发掘了一批古墓葬，取得了许多重要收获和成果。1997 年昭苏县波马的一座古墓，出土了一批罕见的金银器及其他重要文物，这些文物的出土，对西突厥汗庭所在相关问题的研究有极大帮助。

1997 年 10 月中旬，驻地在波马的新疆生产建设兵团农四师 74 团场在改扩建团部以东木扎特河大桥通往波马边防站的公路时，为铺垫路基，施工人员在公路附近南侧约 100 米的高坡上用挖掘机挖土，在波马墓群中间的一座经过当地居民长期取土的土墩墓范围内，挖掘出镶嵌红宝石金面具、镶嵌红宝石金盖罐、镶嵌红宝石包金剑鞘、镶嵌红宝石金戒指、镶嵌红玛瑙虎柄金杯、错金单耳银瓶、织锦和绮、绣衣服残片、金箔饰及铁质箭镞、铠甲残片等珍贵文物，还有人的骨骼及殉葬的马匹骨骼。

镶嵌红宝石金面具，高 17、宽 16.5 厘米，重量达 245.5 克。大小与真人面孔相差无几，应是罩在墓主人面部上的（图一）。面具呈方圆形，额际宽阔，下颌丰满，两颊饱满，五官的位置比例非常准确。面具的制作工艺尤为精致细腻，几乎采用了古代金银器制作中的镶嵌、捶揲、焊接、抛光等一切工艺手段。面具从中线分为左右两半，捶揲成形、抛光后对合焊接，然后用小铆钉铆合而成。其口、鼻、目及面颊系捶揲成形，其眉、睛、胡须则用金和镶嵌的红宝石来表现。整个面具透着一股威严庄重的神情，表现出驰骋疆场的草原民族不羁的个性，栩栩如生，宛如一面金质的浮雕，具有很强的写实性。对研究墓主人的真实肖像、族属、人种有很大的帮助。

图一　镶嵌红宝石金面具

镶嵌红玛瑙虎柄金杯，造型罕见，风格独特，在这批器物中具有典型性，器身内外通体模压出菱格，每格内焊接宝石座，内镶嵌椭圆形红色玛瑙（图二）。口沿外卷后与器身焊接，然后切出一周小长方形凹槽，内嵌宝石，其下点焊一周金珠点饰。虎形柄焊接在口沿下至中腹部，虎头宽而圆，两耳竖立，四肢雄健，腰身细长，虎尾下垂，通体錾刻虎斑纹，形象生动。

图二　镶嵌红玛瑙虎柄金杯

镶嵌红宝石金盖罐，造型精美，装饰典雅，罐盖模压 7 朵宝相花，并在每朵花中央镶嵌滴水形宝石，罐身亦装饰有圆形、三菱形红宝石（图三）。

包金剑鞘，为短剑剑鞘外的包金部分。一面有纹饰，一面素面，有纹饰的一面沿鞘身边缘点焊金珠点饰，中间以细金珠点左右对称点焊出三列半月形、月牙形、心形、勾玉形宝石座，内嵌红宝石。剑鞘做工精良，装饰豪华。

戒指，嵌椭圆形红宝石，戒面周围为点焊的两圈细金珠点，紧握戒面宝石。金带饰由两块长方形金板合页式套铆而成，一面素面，一面有长方形镂空格。

金饰件有阔叶形饰片，有镶嵌红宝石的上为云朵形、下为花蕾形饰片，这些金饰件应为墓主衣物上的佩饰，以此炫耀墓主的富有。

银器只出土一件，即错金单耳银瓶，器物通高 17.2 厘米，重量达 544 克。瓶颈部分错金一周，上下锤錾连续的圆圈点纹，圆圈点纹之间有四瓣菱花图案。其余部位均素面，上腹部有耳，但已缺失，存留铆接的铜片。

图三　镶嵌红宝石金盖罐

铁器有残缺的锁子连环铠甲残片及三翼形箭镞。

织物均为丝织品，按品种分为锦、绫、绮、绢四种，有缀金珠绣织物、云气动物纹锦，"富昌"锦、卷草纹锦、方纹绫、菱纹绮以及绢，在伊犁冬雪夏雨的自然环境中，尚能出土保存如此完好的织物，令人慨叹。

出土的金银器制作精绝，并大量镶嵌红宝石、红玛瑙，品质之贵重，工艺之华美，均属罕见。织物中的缀金珠绣，工艺复杂，巧夺天工。这些华贵精美的金银器以及多类型的丝织物充分说明墓葬主人的显赫身份和地位。对这批遗物的时代断定，通过与新疆其他地区及中亚出土的金银器、织物分析比较，推测这批文物的时代下限应为 6~7 世纪，即唐代西突厥遗物。

据史书记载，突厥与历史上生活于中亚一带的其他部落族群一样，其上层贵族都非常喜欢金银器。都以金银器炫耀其身份和地位。近年来，从新疆地区以及中亚出土的历史上各个时代的金银器可充分说明这一点。

6 世纪中叶，游牧部落突厥兴起于漠北草原，在其首领土门的率领下，灭柔然汗国，建立了我国历史上的突厥汗国，其强盛时，版图东达兴安岭，西达铁门关。在土门可汗攻灭柔然汗国的同时，土门的弟弟室点密率其突厥部落在西域大地上四处征战，尽据乌孙故地，自称为可汗，牙帐即设在伊犁特克河流域，史称西突厥。因此，这批重要的、高规格金银器的出土，对结合文物出土点以北、以东地区的时代可能早到唐代的波马古城、夏特古城的研究，无疑有极大的帮助。

在天愿作比翼鸟，在地愿为连理枝

——新疆尉犁县克亚克库都克烽燧遗址出土《韩朋赋》浅析

胡兴军

克亚克库都克烽燧遗址位于新疆巴音郭楞蒙古自治州尉犁县境内的荒漠地带，是全国重点文物保护单位孔雀河烽燧群中的一座。2019 年新疆文物考古研究所对克亚克库都克烽燧遗址实施了主动性考古发掘，截至 2020 年 12 月 31 日已出土各类遗物 1300 余件（组），其中包含纸质文书、木简 861 件，内容涉及军事、政治、经济、文化等诸多方面。根据考古发掘成果，确认克亚克库都克烽燧遗址为唐代"沙堆烽"故址，同时也是一处游弈所治所，属于安西四镇之一焉耆镇东境军事防线——"楼兰路"上一处基层军事管理机构。

令人惊喜的是，作为军事设施遗址的克亚克库都克烽燧遗址还出土了众多文学作品，有中国古代著名悲剧爱情故事《韩朋赋》、传奇艳情小说《游仙窟》、郑玄注《孝经》、习字教材《千字文》等。其中《韩朋赋》文书通长 27.4、宽 18 厘米。文书纸张经鉴定为麻纸，正反两面都有文字，正面书写内容为《韩朋赋》：

（前缺）

1. □□□箧看，若其不开，新妇有归。语未尽，出门
2. 便拜使，々者，连把接待上车，疾如风雨。朋母于是
3. 呼天唤地，贞夫曰："呼天何益，踏地何晚，四马一去，
4. 何时可返。"朋母新妇去后，乃开箧看艳色，
5. 光影忽然唤出，飞及贞夫，此光明到宋国，
6. □□□□集会诸臣，入

反面墨书较淡，书写有人名和日期。

1. 马宾　阎元节　辛崇福　张思训
2. □正月廿七日掩耳□□先天三年正月

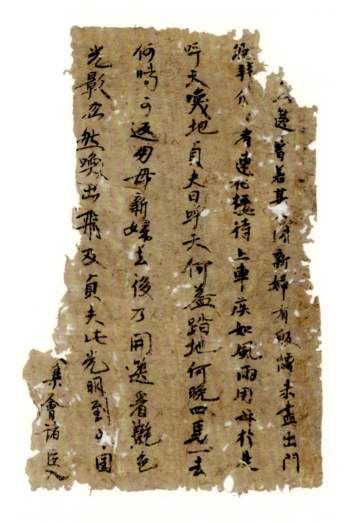

《韩朋赋》

文书正面内容是《韩朋赋》故事的一个片段，为贞夫被诱骗上车，与婆婆互别时的场景对话。文中的"箧"是一种由竹子编制的用来收藏物品的盒子。大意是贞夫对婆婆说，等我走了，你打开盒子，如果没有异常，我就会回来。还未等婆婆告别使者，贞夫已被拽上了马车，婆婆痛哭流涕，贞夫说："哭有什么用呢，我这一次离别后，不知什么时候才能回来啊。"等贞夫离开后，婆婆打开了盒子，一道光从盒子中飞出，飞向了宋国。（中缺）宋国群臣在朝堂集会。

文书背面内容中"马宾、阎元节、辛崇福、张思训"四人可能都是戍守烽燧的将士。"掩耳"是掩耳守捉的简称，是管理楼兰路沿途游弈所、烽铺等基层组织的一处军事机构，此前不见任何历史文献，属于考古新发现。

"先天"为唐玄宗即位后的第一个年号，始于712年八月，终于713年十一月，共计一年余，历史上没有先天三年，只有先天元年、先天二年。在713年十二月先天年号就更改为开元，可能由于交通不畅通，中原长安 713 年十二月更改年号的消息，在次年正月廿七日还没有传入到西域焉耆镇下的沙堆烽，所以戍守烽燧的将士在 714 年正月廿七日在《韩朋赋》文书背面杂写时，仍然以先天为年号，这也为确定这件《韩朋赋》文书的年代提供了参考依据。我们推测克亚克库都克烽燧遗址出土的《韩朋赋》，书写的时间不会晚于开元二年（714 年），属于初唐时期的版本。

韩朋与贞夫之间夫信妇贞、至死不渝品格所造就的爱情故事，在中国古代民间广为流传，且被演绎得十分凄婉动人。白居易脍炙人口的名作《长恨歌》"在天愿作比翼鸟，在地愿为连理枝"就是对韩朋夫妇故事最经典的传唱。目前已知记载韩朋故事最早的史料为出土于敦煌马圈湾遗址的一枚西汉晚期的残简。传世文献《搜神记》《太平寰宇记》《春秋战国异传》《太平御览》等都有关于韩朋夫妇故事的记载。耳熟能详的文学作品《孔雀东南飞》《梁山伯与祝英台》无一不是韩朋故事的翻版和再生。

根据已知材料对比，与克亚克库都克烽燧遗址出土《韩朋赋》内容最为接近的版本是敦煌莫高窟出土《韩朋赋》写卷。学者伏俊琏先生将敦煌本《韩朋赋》故事主要情节总结为：1. 韩朋少小丧父，与母亲相依为命，年长娶妻名贞夫，美丽无比，夫妻二人恩爱如鱼水；2. 韩朋出仕宋国，六年未归；3. 妻子思夫心切，遂寄书与丈夫；4. 韩朋得书，三日不食，神情恍惚，情书遗失殿前；5. 宋王得书，甚爱其言，与群臣商定骗娶韩妻；6. 梁伯诱骗韩妻贞夫到宋国，宋王即封为王后；7. 贞夫闷闷不乐，宋王以为是韩朋年轻英俊所致，于是残害朋身，以为囚徒；8. 贞夫看望韩朋，写诀别之诗，韩朋得书，即自杀；9. 宋王以三公之礼葬韩朋，贞夫在葬礼中跳进墓穴而死；10. 贞夫、韩朋墓上生有梧桐和桂树，根相连、枝相交，宋王派人砍伐，两个木桩变成双飞的鸳鸯，一根羽毛变成利剑，割下了宋王的头颅。

与敦煌本《韩朋赋》写卷全文对照，发现克亚克库都克烽燧出土的《韩朋赋》文书为《韩朋赋》中的部分内容，主要情节为"梁伯诱骗韩妻贞夫到宋国"一段。两个版本男女主人公人物姓名已固定，叙述的"梁伯诱骗贞夫到宋国"的故事情节大体相同，表明在唐代初期，韩朋与贞夫的故事在社会上已经形成了一个相对固定的通用版本。但两个版本相比，内容细节又有区别，其中克亚克库都克烽燧遗址所出《韩朋赋》中"箧看""朋母开箧看艳色"的情节，敦煌本的各个版本中不见。"箧看"与"光影忽然唤出，飞及贞夫，此光明到宋国"，前后故事情节呼应。

克亚克库都克烽燧遗址《韩朋赋》"光影忽然唤出，飞及贞夫，此光明到宋国"中"光影"即为敦煌本中"光照宫中"的"光照"。敦煌本中"光照宫中"这一情节，在前文中没有做任何陈述铺垫。

克亚克库都克烽燧遗址《韩朋赋》"箧看，若其不开，新妇有归"，与敦煌本《韩朋赋》"新妇昨夜梦恶，文文莫莫。见一黄蛇，皎（绞）妾床脚。三鸟并飞，两鸟相搏。一鸟头破齿落，毛下纷纷，血流落落"的故事情节，都是对韩朋夫妇故事结局的一种暗示。克亚克库都克烽燧遗址《韩朋赋》中贞夫对婆婆说：匣子中如果没有异样，我就能回来，但婆婆打开盒子后有光影唤出；敦煌本《韩朋赋》中贞夫夜做噩梦，梦到黄蛇咬床脚，三鸟并飞，两鸟相搏，一鸟头破齿落，虽然梦境变幻离奇，但贞夫已有不祥的预感。梦境中的黄蛇可能暗指奸臣梁伯，三鸟可能代表的是宋王、韩朋与贞夫，"两鸟相搏，一鸟头破齿落"与宋王在帮凶梁伯的撺掇下，阴谋加害韩朋，韩朋双齿被打脱落，最后自杀身亡的情节契合。两个版本叙事情节都夹杂着一种凄凉哀婉的气氛，预示着贞夫此去前途凶险暗淡，韩朋夫妇结局最终会以悲剧收场。

唐王朝建立以后，思想开放，各类文化兼收并蓄，儒、释、道三教并重，但仍然以儒教为主。描写韩朋夫妇坚贞不渝爱情故事的《韩朋赋》，是儒家思想的经典代表。故事取材于民间，以叙事为主，故事情节完整，语言通俗，风格诙谐，政治色彩浅淡，得到了社会的推崇，在民间广为流传。

唐朝在西域地区先后设立安西、北庭两大都护府，并从中原内地征调数万汉兵前往西域地区承担戍守任务。一批批将士前赴后继，远离家乡故土，踏上西行之路，戍边守疆，保家卫国。从克亚克库都克烽燧遗址出土的一件授勋告身文书的内容看，镇守士兵来自中原内地的沙州、洛州、岐州、雍州、汝州、河州、蒲州、幽州等地。戍边将士长期驻守边塞，生活困苦艰辛，单调乏味，需要有精神慰藉。随着来自中原地区的镇兵、募兵不断来此戍守换防，大量中原传统文化和文学作品被传到了西域地区。"在天愿作比翼鸟，在地愿为连理枝"的《韩朋赋》，作为歌颂美好爱情的文学作品，贴近民众生活，彰显亲情恩义，浅显易懂，受到戍边将士的推崇和喜爱，也被带到了西域边塞，成为"沙堆烽"兵卒争相阅读的作品之一。"沙堆烽"废弃后，《韩朋赋》被丢弃在灰堆中，直到1200年后再次被考古学家发掘出土，重现于世人面前。

唐西州的译语人

李春长

    译语人，通俗地讲，就是我们今天所说的专职翻译，在唐代，也是唐朝中央政府在某些部门设置的专职。在中国历史上最强盛的唐代，因为幅员辽阔，边疆地区地理环境和人文环境复杂多样，民族风情风俗差别很大，政府与边疆部落族群往来频繁，以及与国外开展外交活动较多，这就需要唐朝政府内部诸多机构和边疆地区拥有能够帮助他们传情达意、以通表疏的译语人。这些译语人穿行于朝堂之上，行走于市井之地，也往来于寺院古刹之间。他们是政府外事活动的重要参与者，是唐丝绸之路上商贸活动的重要中间人，也是思想文化的重要传播者。

    唐代文献记载的译语人在哪些部门，都做哪些工作呢？

    自汉代开始，中央政府就在内部相关机构设置专职翻译。在对外交流最频繁的唐代，外交活动频繁使得唐朝中央政府更加注重翻译机构的设置，以消除日常事务所涉及的语言阻隔。文献记载屡见不鲜。例如，在主要接待四方来朝入贡的鸿胪寺，唐朝政府就设有译语人。《唐六典》卷二"尚书吏部"说"各个司都有固定的人员数量"，并且记录"鸿胪寺译语人并计二十人"。这些译语人承担的工作不是唯一的，或者岗位并不是固定不变的，即除了承担本鸿胪寺的事务工作外，还协助其他部门工作。例如，兵部职方郎中、员外郎兼掌外夷地图，每有番客到京，即"委鸿胪讯其人本国山川风土，为图以奏"。地处大唐西域边陲的西州正是唐王朝向西陆上交通的枢纽，设置译语人就顺理成章了。

    那么，唐西州译语人具有什么特征，是如何工作的呢？

    据对吐鲁番出土的唐西州经济社会文书研究，唐西州的译语人主要有以下四大特点。第一，他们为官府工作，有正式编制职位。第二，他们多数属当地各族群，少数为汉人；当地各族群中，主要为昭武九姓胡和突厥人。昭武九姓胡说粟特语，当时粟特语在中亚是通用语言，用昭武九姓胡人为译语人是最恰当的选择。第三，他们都是西州本地人，主要是高昌县人。有些译语人信息出自阿斯塔那等地唐代高昌县人的墓葬，而从常理推测，西州其他县因需要也会设置译语人，这些译语人大概也多为所在县人。西州作为当时中西交通的一个枢纽，本地汉人多少也都懂一点当地其他族群语言，那么以本地精通其他族群语言的汉人为译语人也不足为怪。第四，他们的工作范围很广，不仅参加军事行动和商品交易，还参加涉及其他族群案件的审理。至于在审案中充当证人，或者起保人作用，则不属于他们的工作范围，但是，他们某些时候的翻译可能会对案件的审理有所帮助。还有就是在宗教活动场所，他们主要是以翻译经书工作为主，被称为"译语僧"。

针对唐西州的译语人，吐鲁番出土文献有哪些记载呢，这里发现了记录译语人参与军事行动和商品交易的文书，如下：

第一件：《唐西州高昌县译语人康某辩辞为领军资练事》（图一），出土于阿斯塔那 210 号墓，残存 4 行，录文如下：

　　[高] 昌县译语人 [康] ☐

　　领☐

　　军资练拾疋☐

　　辩被问付 [上] ☐

　　☐　但☐

文书记录了高昌县译语人康某领军资练的情况。在领取军资练的时候，康某出现某种差误，后被官府发现，并被勘问，他进行辩护以澄清事情真相。这个内容与同墓出土的另外一件名为《唐君安辩辞为领军资

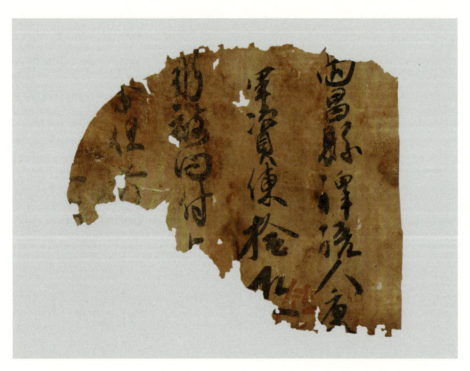

图一　《唐西州高昌县译语人康某辩辞为领军资练事》（新疆维吾尔自治区博物馆提供）

练事》文书的内容相同。君安辩辞残存 5 行，释文如下：

　　▱　[君安] 年廿八　一安▱

　　▱　军资练拾疋

　右勘领廿疋同付

　辩被问 [付] ▱ 资物领▱

　　▱　谨审▱物▱

　　▱　▱被 [问] ▱　▱

　　这两件辩辞陈述了君安和安某两人的基本事迹。君安与安某各自领了军资练十匹，与前件康某所领资练数目相同。专家根据文书上残留朱笔批语推断，前一件高昌县籍的译语人康某是昭武九姓的胡人，后一件文书中的安某亦应为昭武九姓的胡人。他们出来领取军资练，肯定是为了参加某个军事行动。而恰巧的是，辩辞的成书时间均在贞观二十三年，即 649 年，而此时，正值唐朝派安西都护郭孝恪、昆山道行军大总管阿史那社尔组建了一支蕃汉联军，一举攻下龟兹。很显然，

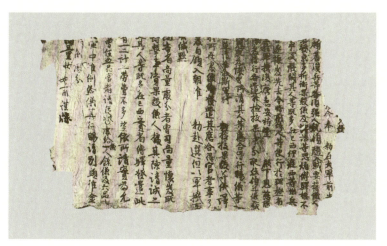

图二　《唐尚书省为怀炭等西讨给果毅兼人事牒》（选自《斯坦因第三次中亚考古所获汉文文献（非佛经部分）》，第 56 页，Ast.Ⅲ.4.093，上海辞书出版社，2005 年）

译语人参加了这支蕃汉联军的军事行动。有了他们的参与，联军的号令才能步调一致，联军的战斗力才能实现"一加一大于二"的联合军事行动的效果。他们在这次军事行动中，除了能够保障军事物资后勤供应的衔接，还能使这场军事行动顺利展开，并取得胜利。

　　第二件文书名称为《唐尚书省为怀炭等西讨给果毅兼人事牒》（编号为 Ast.Ⅲ.4.093）（图二），为斯坦因在第三次中亚探查过程中，从阿斯塔那墓葬盗掘的。文书残存 21 行，节录前 13 行如下：

　　▱　▱　[久] 经▱

　　▱　[炭]　今奉 ，在大军前 [告] ▱

　[所] 领番汉兵等，各须强人统领，随入

　贼要籍、傔人

　[若] 发京，多折冲、果毅、傔及译语等，

　恐烦传驿，总不

　▱事交废阙。其人等既多在已西、伊、庭、

　西等州兵，

合逐怀岌先去，今将前件人等便行，于
理极省，

[至] 于军机，复济急要。特望 殿下恩
慈，随

[怀] 岌将行，各遣权检校，果事分配统
领，并谦人贼，

☐恩脱允怀岌所请，其人等应合得行赐，
傔等一

◪ 并请准波斯军别 ，检校果毅并傔、
译

[语]，于所在处便给发遣，其应合得官
者，事了，

[怀] 岌自领入朝，准 赴选。但以军机，
事

☐缄默。（后略）

据学者对此件文书的研究，唐高宗调露元年，即 679 年，为了送波斯王泥涅师回波斯，同时平定叛乱中的西突厥阿史那都支和李遮匐，唐朝派裴行俭组织了一支波斯军队，他们必须借助译语人在语言方面的准确传达信息的能力，才能顺利调配、领导这支蕃汉兵团。然而，雇用这些译语人的费用是相当高的，为了节省费用，根据怀岌的请求，他们将就近从伊、西、庭三州州兵中招募这些译语人，与折冲、果毅、要籍、傔从一样，但这些并一定限制在州兵，他们一路行军一路征招，就像《旧唐书》卷八四《裴行俭传》记载："至西州，人吏郊迎，行俭召其豪杰子弟千余人随己而西。"这说明唐西州的译语人的招募和管理，并不是从行军一开始就进行的，招募采取就近原则，能够节省经费开支，管理也与其他军士一样，比较机动。

唐西州的译语人因其所在的独特地理位置和环境，在唐代西域的日常事务以及外交活动中起着不可或缺的作用，客观上促进了不同地域、不同语言的人群间的交流、融合，一定程度上促进了多元一体中华文化的形成和发展。

西域少年学论语

——卜天寿《论语·郑玄注》手抄本

朱　虹

　　唐景龙四年（710 年），三月的西州（今吐鲁番，唐在今新疆境内所置三州之一）春意正浓，温暖的阳光、和煦的春风唤醒了绿洲上破冰的流水，花草树木抽枝吐蕾、竞相开放……此时，高昌县宁昌乡 12 岁的少年卜天寿正趴在桌前抄写《论语·郑玄注》，他一会儿快速抄写，一会儿向窗外张望，一会儿又喃喃自语："先生留下的作业如此之多，抄得我胳膊都酸了，小伙伴还在等我去玩耍，这作业不知何时才能完成？"也难怪，卜天寿早已看到窗外的杨树长满了嫩绿的叶芽儿，刚回过头用功抄写，又听到三三两两的鸟雀在外面飞鸣打闹。好容易静下心来排除干扰，却又闻到吹进房中的风里那些杏花、桃花的味道。他焦躁不安，忽然，一首诗歌涌上心头，写道："他道侧书易，我道侧书难。侧书还侧读，还须侧眼看。"写完，他嘿嘿一笑，想到未完成的作业，想到等他的小伙伴，于是继续埋头抄写《论语·郑玄注》。过了一会儿，在抄写行将结束时，卜天寿又有了心得，写道："写书今日了，先生莫咸（嫌）池（迟）。明朝是贾（假）日，早放学生归。"卜天寿终于完成了作业，他希望先生不要怪他今天因为不专心而延迟了完成作业的时间。另外，明天是放假的日子，他和小伙伴的心早已飞出了学堂，只想一起在万物勃发的大地上，跑个够……

　　故事讲到这里，大家会问：这小孩学习抄写《论语》我们都不陌生，可为什么加了"郑玄注"？郑玄是谁？还有故事的主人公唐代吐鲁番的小少年卜天寿，他是虚构还是真实存在的人物？要回答这些问题，就得从历经千年的一纸文书说起了……

　　阿斯塔那古墓群位于高昌北郊的戈壁荒滩上，距离吐鲁番约 40 千米，是古代高昌国居民的公共墓地。该墓群出土了上万件珍贵文物，有纺织品、干尸、文书、墓志、绘画、泥俑、陶器、木器、金器、石器、古币等，被称为"高昌的历史活档案""吐鲁番地区的地下博物馆"。阿斯塔那古墓群出土的精品俑达数百件，其中有倾国倾城的仕女俑、桃花玉面的舞伎俑、精神抖擞的武士俑等，以及正气凛然的天王俑和镇墓兽，文书有上万件，各种不同风格的伏羲女娲图有上百幅。

20世纪60年代，吐鲁番阿斯塔那古墓群出土了大量珍贵的纸质文书，其中一件文书尤为注目，这就是"卜天寿《论语·郑玄注》手抄本"（图一、二）。《论语·郑玄注》中"郑玄注"的意思就是郑玄对《论语》的相关注解。据文献记载，郑玄是东汉末年的经学大师，他天资聪颖，勤奋好学，十二三岁就能诵读和讲述"四书五经"。郑玄中年时期开始倾注于对儒家经典的研究，他对儒家经典的注释，长期作为官方教材使用，对于儒家文化乃至整个中国文化的流传作出了非常重要的贡献。

郑注论语自宋代以来就已失传，人们难窥其全貌。这件《论语·郑玄注》手抄本的出现，其中记载的论语中《为政》后半部和《八佾》《治仁》《公冶长》三篇的内容都是过去未曾发现或未曾完整发现过的，这为我国文献学、古代民间文学、书法艺术以及训诂（传统古汉语词义）研究等提供了珍贵的历史资料，是一件难得的文物珍品。

在这件《论语·郑玄注》手抄本的卷末有两处题记，一处是"西州高昌县宁昌乡厚风里义学生卜天寿年十二"；一处是"景龙四年三月一日"。"西州"就是现在的吐鲁番，抄写者是一位12岁的学生卜天寿；"景龙"是中唐李显的年号，"景龙四年"为710年。这两处题记清晰地说明了什么人在什么时间和地点做什么事。更有趣的是，12岁的卜天寿在抄写《论语·郑玄注》的时候，还即兴发挥，作了两首"打油诗"。

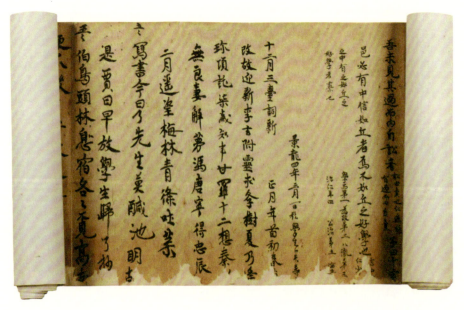

图一　卜天寿《论语·郑玄注》手抄本（一）

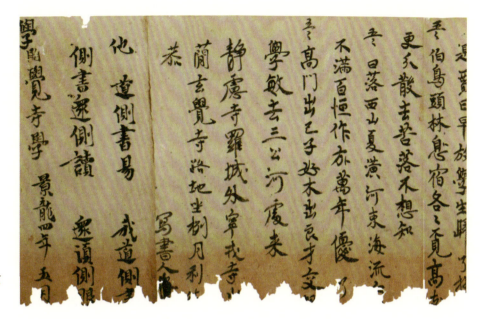

图二　卜天寿《论语·郑玄注》手抄本（二）

第一首打油诗的侧书、侧读、侧眼，勾勒了卜天寿学习抄写、诵读《论语》时的活泼形象；第二首打油诗一方面反映了卜天寿对自己因为不专心而延迟完成作业的些许内疚之情，另一方面又反映了他渴望在第二天的假期痛快玩乐的质朴童心。

　　新疆吐鲁番地区出土的纸质文书是一个包罗万象、丰富多彩的文化宝库。从内容上看，吐鲁番文书可粗略分为公私文书、佛道经卷、古籍四大类，涉及社会的政治、经济、军事、文化各个领域。例如，公文书有朝廷诏敕、律文、籍账，以及各级军政机构的文牒，数目巨大；私文书包括世俗及寺观所有的各类疏（衣物疏、功德疏之类）、契券（租佃、借贷、雇佣、租赁、买卖等）、遗嘱、辞、启、信牍等；宗教类有佛教经论、道教符、经文，以及摩尼教、景教、祆教等宗教文书和典籍；古籍有儒家经典、史书、诗文、启蒙读物等。吐鲁番的出土文书生动具体地反映了这一时期的社会历史面貌，展示了一幅由多元文化汇聚而成的民族关系、社会风情的画卷。

趣谈双陆棋

安丽珺

　　双陆棋是中国古代一种带有博弈性质的盘局游戏。隋唐至五代时期，双陆广为流行，受到上至宫廷、下至黎民百姓的广泛喜爱。受益于中华"大一统"政治格局和"丝绸之路"开放环境的影响，在距离唐代长安几千千米之外的西州（今吐鲁番地区），双陆棋同样丰富了当地居民们的社会娱乐生活。新疆维吾尔自治区博物馆藏的螺钿双陆木棋盘正是这一古代棋类运动在唐代西州风靡一时的明证。

　　这件螺钿双陆木棋盘于 1973 年出土于吐鲁番阿斯塔那的 206 号唐墓，作为随葬的明器，棋盘体积较小，长仅 28、宽 10、高 7.8 厘米（图一、二）。长方形的棋盘盘面被不同的色彩划分成三个条状区域，两长边区域被涂为深蓝色，每个长边在正中间用象牙镶嵌出半圆形拱门图案，在月牙两边各有 6 个螺钿镶嵌的五瓣团花圆形花眼；棋盘中间的条形区域为棕红色，被细条状镶嵌物均匀划分成三小块长方形，装饰以绿松石、骨片等材料镶嵌而成的云朵、花枝、飞鸟等图案。棋盘下有透空壶门足座，

图一　吐鲁番阿斯塔那墓
　　　地出土双陆棋盘

（一）

图二　吐鲁番阿斯塔那墓
　　　　地出土双陆棋盘
　　　　（二）

长边一侧开两个壶门，短边为一个，腿足四面围合。整个棋盘制作精巧，朴素而不失雅致。遗憾的是，这副棋盘没有棋子流传下来。作为了解唐代双陆棋盘形制的珍贵实物资料，这件文物弥补了中国难见唐代双陆棋盘实物的缺憾。

关于双陆棋的起源，众说纷纭。有人认为它是中国曹魏时期曹植所制，有人认为是在由印度传入的波罗塞戏基础上，由曹植糅合六博的特点而创设的，也有人认为双陆棋是从阿拉伯地区传入中国的。无论双陆创于中国或是传自外国，多数人认为是在三国曹魏时期，这种盘局游戏就已在中国传播。这种古老的棋类游戏在唐代尤为盛行，在宋代得到普及，元代依然大行其道，明代逐渐走向衰落。到了清代初期，由于统治者大力禁赌，同时因双陆益智功能的缺失以及其他游戏的兴起，双陆逐渐退出历史舞台。

双陆棋在不同时期不同地域有着不同玩法规则。根据南宋洪遵《谱双》记载，双陆棋可以分为北双陆、广州双陆、南番双陆、日本双陆四类，其中北双陆的玩法之一是"凡置局，二人白墨各十五马为数，用骰子二，据彩数下马。白马自右归左，墨马自左归右。凡马尽过门后，方许对彩拈出。拈马先尽赢一筹，或拈尽而敌马未拈赢双筹"。也就是说游戏双方分别有黑、白棋子各 15 枚，轮流投掷 2 枚骰子。行棋时，根据掷出 2 个骰子顶面所显示的数值来决定先后和行止。白棋自右向左走，黑棋自左向右走。游戏双方谁先将 15 枚棋子过门后则为获胜者，可得彩一筹，如对方一筹未得，则可赢两筹。

双陆棋在唐代宫廷中十分流行，唐中宗、唐玄宗都很喜爱双陆，武则天则是连做梦都在打双陆。李肇《唐国史补》记载，武则天让狄仁杰解释打双陆不胜之梦，狄仁杰回答："您双陆打输，意味着宫中无子。这是天意警示陛下，太子之位不能久虚呀！"一语双关，机智地表达了催促武则天立太子的建议。唐代薛用弱所著《集异记》还记载了狄仁杰"双陆赢裘"的故事：武则天叫狄仁杰同她的男宠张昌宗打双陆，狄仁杰以朝服紫䌷袍为注，赌张宗昌身上穿的南海郡进奉、价逾千金的集翠裘，结果张昌宗连连败北，狄仁杰大获全胜，赢得了集翠裘，但狄仁杰刚一出门就将衣服送给家奴穿了。从以上记载足见双陆是宫廷贵族十分热衷的休闲娱乐游戏。

这种博戏在唐代民间也非常盛行。唐代张鷟所著笔记小说《朝野佥载》中，就记载了一个唐人嗜爱双陆的故事。据说唐高宗咸亨年间，贝州潘彦酷爱双陆，整日棋不离身。有一次潘彦乘船渡海，遇风船破。在落入海中的危急时刻，潘彦用右手拼命抓住一块浮木，而左手依然将双陆棋盘紧紧抱在怀里，将骰子含在口中。历经两天一夜的漂浮，他终于上岸。此时，经过长时间的海水浸泡，潘彦的双手皮肉已烂，露出森森白骨，但双陆棋盘始终握在手中，嘴里的骰子也一只没少。虽然故事情节有些夸张，但从中可见当时人们对双陆棋的痴迷程度。

如今，双陆棋虽已湮没在历史的长河中，但经过文物工作者的辛苦努力，这件见证了中原文化和西域文化交流融合的小小双陆棋盘得以重见天日，静静地向世人诉说着古丝绸之路的千年繁荣和古风遗韵。

吐鲁番出土的《墓主人生活图》

叶尔米拉

早在先秦时期，丧葬文化就是我国传统"五礼"中"凶礼"的重要组成部分，自汉代起，丧葬文化在传统礼乐文化中占据的地位越来越高。墓室壁画之所以盛行，主要是统治者提倡孝道和厚葬，产生"事死如事生"的思想。

司马迁在《史记·秦始皇本纪》中记载："（秦始皇陵）以水银为百川江河大海，机相灌输，上具天文，下具地理，以人鱼膏为烛，度不灭者久之。"秦始皇陵以其难以想象的恢宏，展现了统治阶级倡导的"事死如事生"的葬俗，维护了君主的绝对权威，巩固了封建等级制度。汉代是我国历史上有名的厚葬时代，海昏侯墓葬出土的金饼、马蹄金、金板、麟趾金、黄金器具、玉制品等陪葬品不计其数，这一时期的墓葬陪葬器物之多、葬礼与丧礼之繁复、丧礼所涉人员之广都给人们留下了深刻的印象。长沙马王堆汉墓作为20世纪世界最重大的考古发现之一，其保存完好的墓葬结构及丰富的随葬品，是汉代生活方式、丧葬观念的完整呈现，其中著名的"T"形帛画描绘了通向天国的仪式与途径，体现了汉代的宇宙观和生命观，将多重古代神话和人们永生的愿望浑然融合（图一）。

到了魏晋时期，丧葬文化蕴含更为丰富的伦理价值。新疆吐鲁番阿斯塔那墓地考古发现的墓室壁画、帛画、木俑、绢画、文书等都充分反映了中国古代灵魂不灭、"事死如事生"的丧葬文化习俗思想。

墓室壁画作为反映丧葬观念的艺术表现形式，在全国各地的很多墓葬当中均有出现，吐鲁番地区的墓室壁画，内容包括世俗生活、花鸟山水、日月星辰等，题材丰富、形式多样。1964年阿斯塔那墓地出土的《墓主人生活图》一度被誉为是我国最早的纸画。从风格和内容上可以看出它与嘉峪关出土的同时期的画像砖

图一　利豨墓出土西汉初期"T"形帛画（图片选自《长沙马王堆汉墓陈列》，第290页，中华书局，2018年）

很相似。这幅墓主生活图由六块相等的图纸拼接而成。墓主人绘于画面中央，神态严肃，头戴高冠，身穿条纹袍服，手拿团扇端坐于榻上做乘凉状。他身旁的女子着红裙，头梳双髻，毕恭毕敬，不难看出两者的主仆关系；马夫手执马鞭站于马后，似乎要出行（图二）。主人的右侧依次绘有曲盖、节、麾、幢。《通鉴》记载："晋制：诸公任方面者，皆给节、麾、缇幢、曲盖。"由此推断该墓主人，虽然其姓名不可考，但其身份高贵。画面的右边是个厨房，里面摆满了石臼、磨盘、考究的炊具、精美的双耳酒坛、鞍形烤炉等厨房用具。炉内炉火正旺，一位厨娘正在烹饪饭菜。画的右上方是一片田地，阡陌分明，庄稼茂盛，田边放着犁、耙、权等农具，散发着浓浓的田园气息。画面左右上角各有一个圆形图样，左边的圆中画有蟾蜍形象，从嫦娥奔月变蟾蜍的古代传说到《淮南子·精神训》"日中有踆乌，而月中有蟾蜍"的记载可知，这两个圆分别代表太阳和月亮。此外，空中还绘有两组不同形制的北斗星，与日月组成了日月星辰的变化场面。画面中央的大树枝叶繁茂，上面落有一只长尾大鸟，好似凤凰，若按"凤凰非梧桐不栖"之说，那么这棵大树应是梧桐树。小小画面以墨为黑，以赭石取红寥寥数笔，虽说乍一看似小孩涂鸦，但细品其内容却可谓博大精深。作者不费吹灰之力囊括了神话传说、天文地理，且墓主人的身份地位、衣食住行都表现得干净利落，可谓是中国墓葬壁画中的精品之作。

　　此外，在印度国立博物馆也藏有吐鲁番阿斯塔那其他两座墓葬出土的墓主生活题材的壁画，斯坦因掠走后将它们命名为《死后的飨宴》（图三）。这两幅作品都是在纸上用黑线描绘而成，略施色彩，画面灵动，

图二　1964 年吐鲁番阿斯塔那墓地 13 号墓出土《东晋墓主人生活图》（图片选自《新疆历史文明集粹》，第 149 页，新疆美术摄影出版社，2009 年）

图三 《死后的飨宴》（图片选自《世界博物馆全集·印度国立博物馆》，第 73 页，台湾锦绣出版有限公司，1987 年）

内容写实。其中图三右上方坐在坛座上的人物应为墓主人，前方一名侍仆正为他端送盛满美酒的耳杯。画中左下方由上至下分别绘有一方田园，庄稼茂盛，树上也结满果实；田边绘有一辆牛车，线条逼真栩栩如生；牛车旁摆放着鼎、壶、盆和零星农具。画面右下方舞者舞蹈、乐者作吹笛打拍状，还有一人似乎正在生火准备美食。

《墓主人生活图》最直观地向我们展现了当时人们的丧葬观念、思想意识、审美情趣。它既是绘画艺术发展的结果，同时也是人类社会及思想变迁的成果。无论是生前的繁荣生活，还是死后对来世幸福的祈求，无论是人们的思想观念还是物质追求，甚至无论是天上还是人间，都被转化成各种艺术符号用画笔描绘在墓室的墙壁上，向我们昭示出古人对"事亡如事存"的社会伦理和丧葬理念。这也反映出中原地区丧葬风俗对西域的影响，体现了新疆各民族文化自古以来就打上了中华文化印记的史实。

阿斯塔那伏羲女娲图

张紫琪

　　伏羲和女娲，是中华民族历史神话传说中的始祖型人物。伏羲氏是人类繁衍的初祖，是肇启文明的先皇，是华夏远古文化的代表。他生活的时代约在新石器时代中期，亦即由母系氏族社会向父系氏族社会的转化时期。有关伏羲女娲的文献记载最早见于战国时期，其艺术形象出现于西汉中原祭祖庙和陵墓壁画上，湖南长沙马王堆汉墓出土的帛画，是迄今所知最早的与伏羲女娲有关的图像资料。图中装饰着代表宇宙的日月星辰，中心画面则是人类始祖伏羲女娲，他们下身以蛇尾螺旋形扭缠相交，表明阴阳交合才能产生人类。这是一幅创世图，其含义为宇宙和生命的起源。

　　1928年，黄文弼随中瑞西北科学考察团发现了吐鲁番墓葬中的伏羲女娲图。20世纪中叶在阿斯塔那、哈拉和卓等地发掘的40多座墓葬中，考古工作者们又发现了数十幅伏羲女娲绢、麻布画（图一、二）。阿斯塔那古墓出土的这些《伏羲女娲图》，大多是用木钉钉在每座墓室的顶部，画面朝下，正好呈现在仰面而卧死者的眼目之上。伏羲女娲的形象处理是非常大胆奇特的，其基本构图为画面中心绘男女上身连臂或交臂，或手勾对方颈腰。男为伏羲，头戴幞头，左手执矩，高举过头顶；女为女娲在左，束发高髻，浓眉高扬，鼻直唇红，右手执规，玉臂扬起。他们侧面相觑，脸部表情十分生动。二人上身穿大袖圆领袍衫，两身合着莲花纹伞状短裙，下身蛇尾缠绕相交。整个画面周围是浩浩宇宙，日月运转，星辰环拱，流云紫气飘逸飞卷。一般画面上下分绘日、月，周围星辰环饰，构成宇宙星宿。有的描绘日月星辰更加细致，日内多绘三足鸟；月呈桃形，内绘玉兔、桂树和蟾蜍，日月之外绘流云，星辰间有连线，

图一　吐鲁番阿斯塔那墓地出土唐西州时期《伏羲女娲》绢画（图片选自《吐鲁番文物精粹》，第153页，上海辞书出版社，2006年）

图二　1966 年吐鲁番阿斯塔那 45 号墓出土唐代彩绘女娲麻布画（图片选自《万里同风——新疆文物精品》，北京时代华文书局，2020 年，第 222 页）

表现南斗、北斗等星宿星座。尽管各幅画的构图和笔法不尽相同，但画像内容和基本形式却都与中原的伏羲女娲画像一脉相承，都是两汉以来伏羲女娲图像的延续和发展。伏羲女娲是开天辟地、孕育人类的始祖，遨游于苍穹之间，洋溢着万种风情和浪漫色彩。这种两汉之际盛行于中原的伏羲女娲形象，在唐代的高昌大量出现，气势磅礴，令人十分惊讶。

现在新疆博物馆馆藏伏羲女娲图达 28 幅；在国外，斯坦因所得现藏英国伦敦，也刊布了几幅伏羲女娲绢画；韩国国立京城博物馆所藏 3 件伏羲女娲图是日本大谷探险队发现的；美国波士顿艺术博物馆也收藏有吐鲁番阿斯塔那墓地出土的伏羲女娲图。现伏羲女娲图遍及世界各地。这些伏羲女娲图蕴含着传统的中原文化气息，伏羲、女娲文化被西域居民所接受，成为中原文化扎根西域的一个重要标志。

从我国其他省（自治区、直辖市）发现的伏羲女娲题材绘画资料来看，它主要存在于上层阶级人物的大墓中。相同的是吐鲁番大多的伏羲女娲图也都发现于高昌故城中那些达官显贵的墓内。从吐鲁番出土的伏羲女娲图源于中原地区，可以看到它们在构图和内容上基本保持一致，吐鲁番的伏羲女娲图质料、大小尺寸、上宽下窄呈竖长条的倒梯形，与湖南长沙马王堆汉墓出土的帛画相似。有研究认为伏羲女娲图可能是帛画天上部分放大后，经过一定的变化而发展起来的。伏羲女娲图很可能是从山东、河南、江苏交汇地域一带，经河西走廊而逐步传到吐鲁番的，但它们的形态、用笔、画风上却各有千秋，既有纯粹的汉唐风格，也有典型的西域特色，还有中原与吐鲁番当地两者风格相结合的。从吐鲁番出土文书中曾提到的各种工匠中有"画匠"一种来看，可能正是当时这些无名的画师，给我们留下了研究新疆画史的珍贵篇章。图中有的画法古朴稚拙，具有象征性，有的则线条流畅，笔触工整，富于装饰感。无论是浓墨重彩的设色还是劲拔洒落的笔法，无不体现出吐鲁番民间画家高超的技艺和多彩的画风，洋溢着中原文化的浩然之气。

全览吐鲁番的伏羲女娲图，可以将它们从造型技法上分为两类：一种类型的画像其人物造型、敷彩、用笔都是典型的汉风格，为工笔重彩画，其人物造型依中原状貌，秉承汉的游丝描、铁线描、兰叶描等勾勒出人物的轮廓，形象或清秀俊逸，有六朝"秀骨清像"之风，或丰肌肥体似唐代雍容华贵之态。伏羲女娲虽然是古代传说中的神话人物，却完全用写实的手法，取材于现实生活，且随着不同时代的崇尚喜好而变化发展，将伏羲女娲分别塑造为典型的士大夫和仕女形象，整个画面纤巧秀丽。另一种类型的人物形象、敷彩和用笔都是典型的西域画风，其人物造型均为深目高鼻、卷髭络腮的少数民族形象，着对襟胡服，更主要的是在绘画手法上，运用西域原创的"凸凹晕染法"，面部肌肤的背光部分运用赤褐色做成片的晕染，中间受光部分则不加涂染，从而显示出肌肉的高低起伏，具有强烈的立体感，整个画面粗犷雄浑。

高昌居民的主要成分是由中原迁来的汉人，无论是两汉时代先期西迁的中原汉人，还是魏晋以来为逃避战乱而到达高昌的汉人，特别是从伏羲女娲故里甘肃天水等地流入高昌的汉人，都世世代代秉承中原文化传统，使高昌弥漫着极为浓厚的中原文化气氛。高昌王国汉人约占当地居民的 4/5，这就决定了中原文化在高昌国的主导地位。汉人历来重视丧葬，事死如事生，因此从高昌王朝建立伊始，选择汉族丧葬文化中的重要组成部分——伏羲女娲图，作为平民和官贵的随葬品，就非常适宜且在情理之中了。不仅如此，中原文化的影响渗透在高昌社会的各个领域。据《北史·高昌传》载，高昌"文字亦同华夏，兼用胡书"，他们经常阅读的典籍有《毛诗》《论语》《孝经》等，还"置学官弟子以相教授"，麹氏王室中供奉着鲁哀公问政孔子像。高昌王国还设立太学，学生多是贵族子弟，学的是儒家经典。从高昌墓葬中出土的《千字文》看，这里的学制和内地一样，儿童在读《论语》之前，先读启蒙识字课本《千字文》。有趣的是，在吐鲁番墓葬中出土的木碗里发现了饺子，这说明高昌在饮食习惯上也与中原很相近。高昌国不断派人到内地求学、访问，加强文化联系，与中原关系十分密切。这种鲜明的中原文化背景，为吐鲁番地区盛行伏羲女娲图提供了充分的条件。

吐鲁番的伏羲女娲图吸收了汉代帛画的形式，在构图上则容纳了汉画像石和画像砖，再进行某种程度的改造，使之适应西域文化习惯，并将其定型化、程式化后所形成的一种新的形式，从而变成了西域文化的一部分。伏羲女娲图的地方化，是中原文化扎根西域的一个重要标志。

阿斯塔那墓地出土的彩绘天王踏鬼木俑

万 立

  1973 年冬天，新疆维吾尔自治区博物馆和西北大学历史系考古专业共同组成的考古队在素有"地下博物馆"之称的阿斯塔那墓地进行了考古发掘，发掘墓葬 38 座，其中的 206 号墓是最为独特的一座墓葬，虽经盗掘，却遗存乾坤。

  206 号墓的墓主人是张雄大将军和夫人麹氏，原墓葬是斜坡墓道洞室墓，后来又变成了带有甬道的斜坡墓道洞室墓。为什么呢？

  原来，张雄所属的张氏是高昌地区望族，世与高昌王族麹氏通婚，其妻麹氏即为高昌王族，而张雄的姑母亦为伪高昌王的"太妃"，张雄本人也官至伪高昌左卫大将军，均不是等闲之辈。

  麹氏高昌王国在晚期与中原建立起日益紧密的文化联系。从隋大业三年（607 年）起，高昌向隋朝"遣使贡方物"，建立了正式的官方往来。其王麹伯雅携王子麹文泰随西巡河西的炀帝东归，游历中原，逐渐了解了隋朝的礼仪制度及文化习俗等，隋文化开始影响高昌。但是，由于隋朝立国时间较短，其自身的随葬制度还没有形成，承袭的还是北周旧俗。

  唐朝初年，麹氏高昌王国曾多次遣使朝贡，麹文泰也曾亲自入朝，与唐朝保持着非常友好的关系。后来，由于高昌末王麹文泰有"偷安之望"，妄想"阻漠凭沙"，对抗唐朝中央政令的施行，其倒行逆施的行为遭到张雄的反对，张雄规谏麹文泰，但"规谏莫用"，"殷忧起疾"，于 633 年去世。55 年之后，其妻麹氏也去世了，其子张怀寂把其父母葬在一起，并对墓葬墓道进行了改造，在墓道尽头修建了弧形券顶甬道，甬道两侧辟出对称的壁龛放置俑像。所以出现 206 号墓的形制与其他墓葬不同，其墓室和壁龛中随葬的木俑也呈现出两种截然不同的风格。墓室中的随葬品是张雄的，而壁龛中具有盛唐风格的随葬品是其子怀寂为其母麹氏随葬的。唐太宗时，在高昌故地建立州县制度，推行中原体制。

经过近半个世纪的发展，西州尽显唐风。及至盛唐，唐文化对西州的影响渐趋深刻。该墓出土的彩绘天王踏鬼木俑就是一个很好的例证。

这件彩绘天王踏鬼木俑高 86 厘米，由三十余块大小不等的上好木料分段雕琢出大至躯体、小到牙齿等部位，然后黏合成形，最后用红、黄、白、绿、黑、紫等彩色描绘其表面。该木俑是镇墓兽类的一种，又称护墓神，其外观形象来源于佛教造像中的护法天王像。其上、下装束是隋末唐初典型的胄甲，盘领，左右胸部各佩一块圆形绿色护镜，肩部装有虎头披膊，下穿齐膝战袍。整副盔甲以大红为底色，上绘流云纹牡丹花卉，护镜及各片铠甲边缘处绘有鎏金边饰，使整副铠甲显得色彩绚丽、富丽堂皇，很富有装饰性和艺术感染力。脚穿长靴，其上绘有流云及花卉图案。头上未戴兜鍪，将发髻束至头顶部自成缨饰，中间又束一红带作装饰，耳后有羽翅状护耳，显得别具一格。

天王的五官雕刻很有感染力，双眉拧挤，眉峰上扬，双眼暴突，嘴咧如虎，血盆大口里露出两排结实而有力的雪白牙齿，上唇及两侧用黑彩勾出胡须，粉紫色的面部肌肉层次分明，显得非常有力。天王右臂上举，手与头顶同高，左臂前撑略下垂，左腿直立，右腿弯曲并用脚踩住小鬼腹部。小鬼则用整块木料雕刻制成，作为陪衬描绘不多，除头绘小红帽，面部用黑色勾出眉、眼、

吐鲁番阿斯塔那墓地出土彩绘天王踏鬼木俑

胡须外，全身裸露出木质的本色，与天王俑色相比，其色彩反差较明显，这种表现手法目的就是为了凸显出天王俑的威严神态。

这件天王踏鬼木俑在雕刻技法上采用的是浮雕和圆雕相结合的手法，以流畅的刀法和线条使一个威武的唐代武士形象脱颖而出，纹饰的描绘一丝不苟，惟妙惟肖，表现出唐代艺术家高超的雕塑技艺和审美观，是一件难得的艺术珍品。神话中的天王披一身华丽精美的战甲，怒目圆睁、气宇轩昂，将一个小鬼踩在脚下。天王大气、自信、神采飞扬，盛唐气韵一览无余。

在当时社会稳定、封建经济文化繁荣的唐朝，各种艺术竞相发展，雕塑艺术也进入了成熟期，其艺术水平已达到了空前的高度，艺术题材广泛，内容丰富，且艺术风格精彩纷呈，天王踏鬼木俑出现在这个时期并非偶然。

墓葬中最初随葬这种代替真人和实物殉葬的明器雕塑品，约始于商周时期，盛行于秦汉以后。不过，墓中放什么样的木俑却有严格的等级区分。在《通典》《唐会要》中对随葬品的数量与高度等都有记载。由最初的严格到后来的松弛，并出现逾制现象。张氏是高昌地区望族，其妻出身于高昌王族，死后因长子张定和曾任前庭四品折卫都尉而受封"皇朝永安太郡君"称号。732年，《通典》最初规定五品以上随葬品的数量不超过60件，高度"音声仆从二十五人，长七寸五分。奴婢十六人，长三寸"。到了841年后，《唐六典》规定五品以上数量不超过70件，高度"四神，不得过一尺二寸。余人物不得过八寸"。而这件彩绘天王踏鬼木俑高达86厘米，按唐尺算超过了2尺还多，远远逾制，联想到张雄满门忠烈，其妻麹氏随葬品逾制，可能是唐朝中央政府对张氏的褒奖吧。所以，像彩绘天王踏鬼木俑这样的珍品出自他的墓葬就不奇怪了。全国各地发现的唐代俑类很多，但是木雕天王踏鬼俑目前仅此一例，无论从其雕刻技法、造型，还是用色等方面来看，都堪称国宝。

张雄死于633年，距今已有1300多年了，以当时的交通条件，西域和中原实在是相距遥遥，彩绘天王踏鬼木俑却让人们看到了中原文化对西域的浓重影响。这个彩绘天王，一身中原武将的"时装"，不经意间露出的裤腿和夹衣袖子却是明明白白的西域花纹，体现了中原和西域文化形态的交流融合，展示了多元一体的中华文化的丰富性，这也是让千年之后的人们一直惊叹不已的原因吧。

儒家思想沁西域

——记吐鲁番出土的《六屏式鉴戒图》

何小雪

　　墓室壁画最早出现于西汉前期，在我国各地发现的墓室壁画种类繁多。新疆吐鲁番地区的墓室壁画因特殊的气候条件得以完好保存，其中吐鲁番阿斯塔那古墓作为唐代高昌城居民的公共墓地，所出土的墓室壁画直观地向我们展现了当时人们的丧葬观念、思想意识和审美情趣。1972 年发现于吐鲁番阿斯塔那第 216 号墓后室的《六屏式鉴戒图》，成为唐朝时期西域受到中原文化熏陶、盛行儒家思想、认同中原文化的有力见证。

　　六屏式鉴戒图，全长 4、高 1.54 米，时代为唐代。这是一幅将伦理说教融于书画的六屏式墓室壁画，画面中用深红色的阔笔分隔出六扇屏框，每扇都绘有图案，或人或物。图中的男子都身着阔袖长袍，头戴花形冠。图自左向右依次绘有欹器、玉人、金人、石人、木人、扑满、生刍（青草）和素丝。

　　左边第一扇绘有一个倒置的锺形容器，名为欹器。欹器原本为古代灌溉所用的器物，在没有盛水前会微微地向前倾斜，灌入足量的水后，罐身就会直立起来，而当水灌满时，罐口又会一下子倾覆下去，将水倒出。关于"欹器"最早的记载，可见于《荀子·宥坐》篇。孔子带领弟子参观周庙时，看到一件汲水的器物，孔子说："我听说这种器物，水满了就要倾覆，没有水了就会偏斜，只有适中才不偏不倚。"子路问孔子："有什么办法可以保持盈满呢？"孔子说："保持盈满的办法只能是谦而又谦。"鲁国之君把这容器放在宗庙中作为"座右铭"，目的在于提醒自己，万事都要采取中庸之道，适可而止，切不可过分，慎防"满而覆"。因此，第一幅画中的欹器就是告诫人们：做人要谦虚，不能自满。

　　第二扇绘有一名身穿绿衣的男子，胸前写有"玉人"二字，袖手端坐于方席上。"玉人"与儒家"比德于玉"有关，《礼记·聘义》中孔子曰："君子比德于玉焉，温润而泽仁也。"儒家把玉质的温润、色泽的灵动

吐鲁番阿斯塔那墓地出土《六屏式鉴戒图》

与人们的高贵品德相类比。第二幅画告诉人们，做人要品德高尚，冰清玉洁。

第三扇绘有背上写有"金人"二字的男子，他身穿橘黄色衣服，口缠布条，坐于方席上，双手托物似送于人。据《说苑·敬慎》记载，孔子在参观周王祭先祖的太庙时，看到台阶右侧立着一个铜人，嘴上贴着三道封条，在铜人的背后刻着一行字："古之慎言人也。"意思是：古人云，人说话要谨慎，话多，失言就多。此后孔子在教诲弟子时，总是强调"君子讷于言而敏于行"。这幅画就是谕劝人们要"三缄其口"和"慎言"来处世。

第四扇绘有胸前写着"石人"二字的蓝衣男子，端坐席上，作张口辩论状。"石人"也是周庙阶下的雕像，与"金人"的位置相对，所表达的意思，应是蕴含了儒家积极入世、有所作为的思想。儒家强调入世有为，要积极地为济世救民而有所作为，把"学而优则仕"当作基本原则，要敢作敢为。

第五扇绘的橘衣男子，正襟危坐于席上，胸前没有任何文字，闭目沉思。有说法称为"木人"和老者，也有学者认为他似一个"圣人"的形象，结合之前的几幅画来看，当一个人谦虚，具备"玉"一样的品德，谨言慎行，有所作为，就能成为"圣人"。这也许就是第五幅图画的寓意。

最后一幅画中绘有一束生刍、素丝和一个扑满。生刍即青草，它与玉一样，都是用来表征人的品德。素丝即白丝，在古代是地位、身份的代表。扑满，为古代用来存钱的瓦器，是财富的象征。据《西京杂记》记载，汉武帝时，官至丞相的公孙弘初为贤良时，朋友邹长倩送他这三样东西，望其以此为戒：生刍一束告诫其择主而事，去恶就贤，不以待遇厚薄作为去留标准；素丝一卷比喻自少至多，自微至渐的道理，劝其立功行事，要从小处着手，积小成大，勿因善小功微而不屑为之；扑满有入口而无出口，蓄满钱后即被打破摔碎，告诫其当官要清廉，不可聚敛无度，否则就会像扑满的下场一样。

唐代的墓室壁画有着严格的等级制度。墓室壁画不仅是一种装饰，更是一种直观的史料。绘有鉴戒图的216号墓有长长的墓道，出土有彩绘木俑、胡人泥俑、十二生肖俑、镇墓兽和文书，墓室的壁画题材和内容往往与墓主人的身份、地位有密切的联系。以此推断，216号墓主人应是一位道德高尚、自励情操的尊贵之人。他所崇尚的处世原则和理想追求通过壁画永久传世，折射出墓主人崇尚、喜爱儒家文化的价值取向，这是当时西域民族融合、多元文化并存的直接反映。

从这幅鉴戒图中我们可以看出，唐代尽管佛教、道教很活跃，但儒家思想仍是那个时代的主流思想。吐鲁番阿斯塔那216号唐墓的壁画正是那个时代人们的精神追求和他们内心的企盼。它不仅是一种丧葬艺术，更是难得的史料，是西域民族融合、多元文化并存现象的有力见证。同时我们不难发现，古人的思想对生活在今天的我们如何做人、如何做事，仍然有着非常深刻的教化启迪作用。

博格达峰下的记忆

阿里甫江·尼亚孜

　　博格达峰位于天山山脉中部，天池东南，上登 18 千米即到。山顶三峰并立，主峰即博格达峰，海拔 6445 米，号称"东部天山第一峰"；东峰海拔 5287 米，俗称"灵峰"；西峰海拔 5212 米，俗称"圣峰"。博格达峰被称为乌鲁木齐的"守护之神"，也就成了民间尊崇的偶像，施以祀祭。南部雪山巍峨、森林茂密、水草丰美，自古以来是草原民族的生息之地，成为"丝绸之路"北段通往中亚、欧洲的必经之域。我们考古队通过一次幸运的机会来到博格达峰脚下的黄山河牧场，进行一次十分有趣和有意义的古墓葬考古发掘工作。在这美丽的草场，考古队于 2017~2018 年两次共发掘墓葬 35 座（图一、二）。

　　古墓葬位于昌吉州阜康市上户沟哈萨克族乡黄山口村以南 4.7 千米的黄山沟内，西北距阜康市直线距离 56 千米。墓葬分布在乡村道路西侧，黄山河西岸二、三级台地上，从南往北可分 4 个片区：第一、二片区位于二级台地上，第三、四片区分位于三级台地。墓葬所在地地势较平坦狭长，东侧紧邻河沟。本地降水量充沛，两侧山梁动植物资源丰富，树木茂盛。

图一　博格达峰脚下的黄山河牧场

图二　考古发掘现场

　　从发掘情况看，墓葬封堆结构除了三座大致呈长方形石堆以外，大多数为圆形，由卵石或山石与黄土混夹堆积而成。大部分墓葬封堆因早期盗掘，中部有明显凹坑。墓室均有填石。墓室结构可分竖穴土坑墓、竖穴洞室墓、竖穴偏室墓、竖穴土坑石棺墓等类型，其中竖穴土坑墓和竖穴洞室墓占多数。

　　出土文物质地不同，有陶器、铁器、铜器、银器、木器、玻璃器、琥珀、贝壳、珊瑚、石器等类。其中生活用具有陶器、铜镜、铁刀、镊子、钱币、木碗、木盘、耳环及各类珠饰等。兵器有箭镞、箭箙。马具有马镫、带具，另有皮具上镶饰的铜饰件。

　　这次发掘，墓葬结构比较特殊的是竖穴洞室墓，共 13 座，主要分布在第三、四片区，编号为 M21、M22、M23、M26~M35 等，均为石堆墓，墓葬由墓道和洞室组成，平面呈"T"形，构建方法为先挖一座东西向，长约 2、宽约 1、深 1~2 米的墓道，后从墓道西壁底部凿出一座南北向的洞式墓室，顶部为弧形。大部分墓葬因早期被盗扰，墓葬的墓道和洞室顶部已被破坏。有些墓道发现陪葬的马，洞室内埋葬头朝南、脚朝北，仰身直肢的墓主人，随葬有铜带饰（皮革带上镶饰）、铜带扣、木碗、木盘、桦树皮箭箙、箭杆、铁刀、铁箭镞、铁马镫等文物。

　　最引人注目的是编号 M26 的墓葬。地表封堆平面大致呈长方形，由土石混合堆积而成，直径约 8.5、高约 0.35 米，中部有深约 0.7 米的盗坑（图三）。墓室位于封堆中下部，墓道及洞室顶部都被盗坑破坏，可见零散的人骨及马骨，墓道头端见一堆散乱的马骨。洞室凿于墓道西壁，呈东北—西南向，平面大致呈椭圆形，内壁与顶部略呈弧状。因墓室早期已被盗扰，头骨、锁骨、股骨、肋骨、盆骨、肱骨、肩胛骨、桡骨、尺骨等散乱人骨堆在墓室西北部，单人葬，墓主人为 50 岁左右女性。墓主人身旁随葬有铜带饰 3 件、残仙人骑兽镜 1 件（图四）、"建中通宝"钱币 1 枚（图五）、铁马镫 1 件、木盒 1 件、木盘残片、铁刀 2 件、铁镊子 1 件、铁环 1 件、铁管形器 1 件、铁箭镞残片、织物和食物（粮食）残片等，出土文物丰富多样，让人兴奋。

图三　M26 墓道与洞室

图四　M26 出土残仙人骑兽铜镜

图五　M26 出土"建中通宝"钱币

　　竖穴洞室墓有殉马习俗，出土遗物以带具、马具和首饰为主，其中"8"字形马镫目前仅在西伯利亚地区有发现，而蹀躞带、蹀躞带上的葫芦形挂饰以及桃心形扣眼则被认为受到了北部欧亚草原同时期游牧文化因素的影响。

　　最令人关注的是，墓葬中出土一枚"建中通宝"，属于唐代中后期在新疆库车周边地区铸造的钱币，多使用于唐建中年间（780~788 年）。应是唐朝军队在西北地区屯田时，下令自铸货币，用于军需。墓葬中还出土一枚唐代中晚期中原地区流行的仙人骑兽镜，仅存四分之一。镜为葵花形，纽无存，中部有人为钻孔，一周凸弦纹把镜背分成两区，内区纹饰为仙人骑兽，外区饰如意祥云，镜缘有凸棱，属于典型的中原风格。这件出土遗物充分说明古代西域与中原地区间的密切联系，也进一步实证了中央政权统一管辖该地区的历史史实。

捍卫祖国统一的西域名将——张雄

孙维国

  1973 年吐鲁番阿斯塔那古墓群 206 号墓出土了一方《唐故伪高昌左卫大将军张君夫人永安太郡君麴氏墓志铭》（图一）。由这方墓志可知，同墓出土的一具高大威猛的男性干尸便是捍卫祖国统一的西域名将张雄。这块墓志，黄灰色砂岩质，边长 74.5、厚 14 厘米，黑色表面阴刻楷书 30 行，满行 30 字。盖为盝顶，长 72、宽 70、厚 13 厘米。细观这方墓志，名义上是麴氏夫人，实则讲述了她的丈夫张雄将军的事迹。该墓志连同 1910 年出土的张雄次子张怀寂墓志与 1972 年出土的张雄之

图一　《唐故伪高昌左卫大将军张君夫人永安太郡君麴氏墓志铭》

孙、张怀寂之子张礼臣墓志，不仅实证了南北朝至唐代时期吐鲁番地区流行聚族而葬的习俗，也无声地讲述着张雄一门忠烈的传奇故事。

张雄（584~633年），字太欢，祖籍河南南阳白水，官至高昌左卫大将军（图二）。张氏为避中原战乱，经河西走廊迁至高昌王国已有数代，堪称高昌的名门望族之一，世与高昌王族麴氏互通婚姻。经考证，张雄的祖父张武（务）忠，曾任侍郎、涝林令、库部郎中等职，追赠宁朔将军、绾曹郎中。父亲张鼻儿（端），曾任田地郡省事、侍郎等职，追赠建义将军、都绾曹郎中[1]。姑母是高昌王麴伯雅的王妃和麴文泰的母亲。妻麴氏出身王族，其祖父、父先后袭任高昌宁朔将军、横截太守。他天资聪慧，孝敬父母，乐于交友，虽"自弱龄袭居荣职，衣冠黼黻"，但"不以地望高人"；熟读礼乐诗书，却"不以才优傲物"。由此可见，他虽出身显赫，但自幼熟读儒家典籍，精于练兵，堪称品行兼备之将才，为日后"功冠却燕，勋隆复郢"的功绩打下坚实基础。

张雄生活在麴氏高昌王国晚期，也是中原地区由南北朝政权割据走向隋唐一统的重要时期。隋大业五年（609年）高昌王麴伯雅在甘肃张掖朝见隋炀帝后，在长安居住，从征高丽，并娶隋宗室女华容公主为妻。大业八年（延和十一年，612年）冬，麴伯雅回到高昌尝试推行"解辫削衽"改革，但反对者利用民众的不满而发动政变，夺得高昌政权。麴伯雅失国丧位出走，张雄率部随行。六年后，张雄率部反击，包围高昌，击败政敌，迎接麴伯雅返国重登王位。高昌王为表其功，任命他为左卫大将军兼都绾曹郎中等职。

麴文泰继位后一改其父与中央政府友好相处的传统做法，一面进京朝见唐太宗李世民，并按期朝贡，博取信任，另一面伙同西突厥垄断丝绸之路的商业贸易，拦阻并扣押西域朝贡者，遏绝商贾，引起西域诸国的不满。唐太宗遣使责问，但麴文泰不思悔改，心存侥幸，妄图凭借绵延无尽的戈壁大漠作为阻止唐军前进的屏障，对抗唐朝中央政令的施行。他还给唐太宗写信说："雄鹰翱翔在蓝天之上，野鸡混入在杂草之中，家猫游走在厅堂之上，老鼠偷安待在洞穴之中。大家彼此之间都得到属于自己的处所，这样不是非常快乐吗？"面对麴文泰对抗唐朝的言行，张雄深明大义，主张国家统一，百般劝谏。但麴文泰不仅拒绝采纳他的建议，还逐渐对他不再信任。期盼国家统一的张雄于633年忧愤而死。从自治区博物馆藏的张雄尸骨（图三）来看，他生前体格魁梧，两腿因长期戎马生涯而变形。这恰恰印证了墓志的记载。

高昌王麴文泰一面敷衍唐朝，一面垄断中原地区与西域各国的经济

[1]
吴震著：《麴氏高昌王国史索隐——从张雄夫妇墓志谈起》，《文物》1981年第1期。

图二　新疆维吾尔自治区博物馆
　　　张雄复原像

图三　张雄干尸

文化联系，逐渐失去了西域尤其高昌各族民众的支持。在高昌城民间流传着"高昌兵马如霜雪，汉家兵马如日月。日月照霜雪，回首自消灭"的童谣，表达了高昌各族人民反对国家分裂、向往太平祥和的美好愿望。贞观十三年（639年），唐太宗下诏以吏部尚书侯君集为交河道行军大总管，率军讨伐高昌。唐军先驻扎哈密，将作大匠姜行本命令随军工匠，在松树塘利用天山上的松树，制造出一批战车、抛石机、云梯等攻城器械（图四）。麹文泰因惊恐而病死。前来救援高昌王国的西突厥军队畏惧唐军威势，在可汗浮图城（今新疆吉木萨尔破城子）投降。继位的麹智盛在唐军的猛烈攻势下，宣布投降。随后，唐朝在汉族民众较集中的新疆东部地区设置伊州、西州、庭州，实行州县制，推行均田制、租庸调制和府兵制等，同时在交河故城设置安西都护府统管以上诸地事务，贯彻执行中央的政令，加强了唐朝对西域各地的管理。

　　张雄夫人麹氏是典型的贤妻良母，在张雄去世以后含辛茹苦地抚养儿子。鉴于张雄主张国家统一，他的子孙在唐朝平定高昌后得到重用。

据墓志所载，长子张定和曾任前庭府折冲都尉，但盛年早逝；次子张怀寂官至中散大夫、行茂州都督府司马、上柱国。"张怀寂承父兄遗志，于唐长寿元年（692年）九月以右玉钤卫假郎将、武威军子总管"之职，随武威军总管王孝杰平定吐蕃叛乱，参加了恢复碎叶、疏勒、于阗、龟兹四镇的军事行动，为维护祖国统一立下了功绩。张怀寂之子张礼臣不辱祖辈的荣耀，曾任游击将军，获上柱国勋官，为唐朝治理西域立有战功。《唐六典》卷二《尚书吏部》记载："四品、若勋官二品有封，母、妻为郡君；……其母邑号皆加'太'字。"可见，张雄夫人麴氏因子而封，于688年死后被唐朝授予"永安太郡君"的封号，以表彰张家两代人对国家的贡献。

张雄及其夫人麴氏相隔55年而合葬，见证了唐朝统一吐鲁番前后的发展历程。张雄夫妇合葬墓，原为斜坡墓道土洞墓室，后在墓道尽头用弧形土坯券起一段甬道，且甬道两侧凿出对称的壁龛。泥木俑、木器、纺织品等遗物的出土，对研究吐鲁番地区的政治、经济、文化等方面具有重要意义。泥木俑包括彩绘骑马武士木俑、彩绘骑马文吏木俑、宦官俑、绢衣木胎女俑等等。以俑代人陪葬是中原地区的丧葬习俗，而吐鲁番阿斯塔那古墓群出土的泥木俑是中原丧葬习俗在西域的延续。张雄夫妇合葬墓众多俑类中最具有代表性的莫过于彩绘绢衣木胎女俑和彩绘驼夫俑。这件彩绘绢衣木胎女俑（图五），头部为木塑彩绘，身躯以木柱支撑，胳膊用纸捻制成，

图四 《姜行本纪功碑》拓片

呈侍立恭候状。发挽高髻，头微向左侧。上身穿窄袖绿绫襦衣，外罩联珠团花纹半臂，肩披白点纹黄地白点帔帛，下身穿红黄相间的竖条纹长裙，腰间丝带固定。女俑粉面浓眉，丹凤眼高鼻梁，面额贴花钿，两颊描面靥，左右脸颊绘有红色如意纹。她同西安永泰公主、韦顼、李寿等唐墓壁画和文物中的女子形象一样，穿襦裙、帔帛等服饰，还采取上腮红、涂鹅黄、画黛眉、涂口红、描面靥、贴花钿等方式打扮自己，这应是中原服饰文化受到了西域各族的喜爱。同墓出土的彩绘胡人牵驼木俑（图六）则展现了唐代男俑的典型风格。这件木俑将人头、躯干、上臂、小臂、双下肢、双脚分段雕刻，然后胶合而成，再施以彩绘。它是一胡人男子形象，深目高鼻、短胡须。头戴白毡尖顶帽，帽沿外翻，露出暗红色帽里，毡帽两侧绘红色四出菱纹图案，身穿齐膝绿色长袍，胸前左侧衣角外翻，露出红色衬里，上绘深红色树草和蜜蜂图案。腰系黑带，脚穿黑色长靴，两臂弯曲向前并紧握双拳，作牵引骆驼状。这两件木俑制作技法精湛，艺术风格鲜明，具有很强的写实性，不仅真实再现了当时的社会生活，更是从侧面展示了唐代西域多元文化并存的历史风貌。

　　总之，张雄夫妇合葬墓不仅向世人讲述了张雄鲜为人知的事迹，还以其丰富的出土文物呈现了唐朝西州与中原的经济文化交流。

图五　吐鲁番阿斯塔那墓地出土彩绘绢衣木胎女俑　　　图六　吐鲁番阿斯塔那墓地出土彩绘胡人牵驼木俑

家书抵万金

张世奇

家书是亲人之间寄托情感、沟通信息的重要文字载体，是维系情感的重要介质。在没有手机电话通信不发达的古代，书信成为人们联系彼此、了解远方亲朋情况的重要途径之一，甚至在中国古代形成了家书文化。

家书文化在历朝各代形成了各自的时代特征：西汉的大一统局面，以及罢黜百家、独尊儒术的思想控制，使得西汉的家书多以敕戒教子为主，内容比较单一，文学性也比较弱；东汉儒家独尊的局面衰颓，加之造纸术的发明，使得纸张开始普及，逐渐形成了多元文化共同发展的局面，这一时期的家书也是充满着个性化的色彩，家书内容较为丰富，对象也变得广泛，并出现了许多名家名篇；魏晋南北朝时期，进入文学自觉的时代，人们不仅仅只关注书信的实用性，也开始关注到书信的文学性，家书内容越来越丰富，上至国家大事，下至平民日常生活的琐事，都通过家书来表现；唐代诗歌高度繁荣，但家书的创作略显落后；宋代家书多见于宋人的各种总集以及别集之中，文字以朴素真挚见长，语言明白浅显，篇幅较前代家书明显增长；明清时期，"由于社会交往频繁，书信更加流行"，家书创作进入了繁荣鼎盛的阶段[1]。

就我国目前出土的考古实物来看，家书最早考古实物是 1975 年出土于湖北省云梦县城关西郊睡虎地 4 号墓的两件木牍，是前线士兵问候母亲及家庭成员并向其母亲报平安的书信，文字都是墨书隶体。

在新疆古代遗址和墓葬中，也出土有若干古人的书信和信札，这些书信和信札不仅有用汉语书写的，也有用其他语言文字书写的，这反映出西域多元文化、多民族共存的史实。

1.《佉卢文书信》残片，1999 年尉犁营盘墓地 66 号墓出土，汉晋时期写本，长 11.5、宽 9.2 厘米（图一）。这是一封儿子用佉卢文写给父亲牟耆·吉尔特的家书，写在麻纸上，一共五行文字。由于残缺过甚，信的内容不十分清楚，也并未留下儿子的名字。佉卢文是一种古代文字，

[1]
张圆培：《宋代家书研究》，西北大学硕士学位论文第 7 页，2019 年。

最早发现于公元前 3 世纪的印度西北部和今巴基斯坦一带，通过丝绸之路向中亚和中国西部流传，3~4 世纪通行于塔里木盆地。这件书信是西域三十六国之一墨山国居民使用佉卢文的重要证据。

2.《唐贞观二十年（646 年）赵义深自洛州致西州阿婆家书》（图二）《唐赵义深与阿婆家书》《唐甄连、武通家书》《唐李贺子上阿郎、阿婆书一》《唐李贺子上阿郎、阿婆书二》《唐李贺子上阿郎、阿婆书三》《唐李贺子上阿郎、阿婆书四》，前三封信为 1964 年吐鲁番阿斯塔那 24 号墓出土，后四封信为阿斯塔那 5 号墓出土。这些均是迁居内地的高昌人寄来西州的家信。阿斯塔那 5 号和 24 号墓出土的家信有助于我们了解入京高昌王及其豪右的地位沉浮、经济生活状况和唐王朝的移民政策等问题。

3.《洪奕家书》，2004 年吐鲁番阿斯塔那 396 号唐墓出土，唐开元七年（719 年）写本（图三）。文书双面书写，正面为一份官文书，背面为一封家书，因其写信人自称"洪奕"，故定名为"洪奕家书"。洪奕是唐代西北边塞士兵，离家来到西州（今吐鲁番）已两年，思乡心切，写信问候家中爹娘起居安好。该家书为研究开元时期西域史事及戍边将士的情况提供了重要参考。

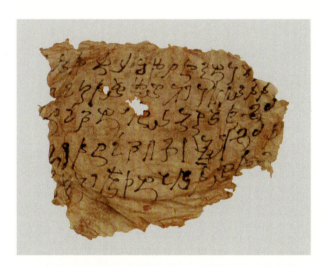

图一　1999 年尉犁县营盘墓地出土《佉卢文书信》残片

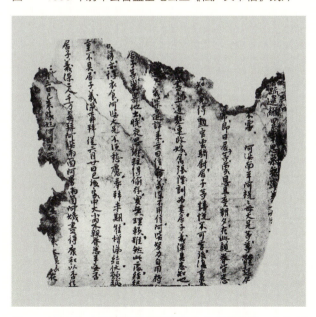

图二　1964 年吐鲁番阿斯塔那墓地出土《唐贞观二十年赵义深自洛州致西州阿婆家书》

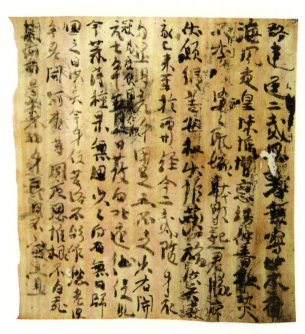

图三　2004 年吐鲁番阿斯塔那墓地出土《洪奕家书》

4.《犹太波斯语书信》，1901年初斯坦因在丹丹乌里克遗址盗掘所得。纸质文献，时代为8世纪后半叶，现藏大英图书馆，编号Or.8212/166（图四）。主要内容是一位犹太商贩在于阗做买卖亏了本，写信给泰伯里斯坦（今里海南岸）的朋友，恳求帮忙处理他收购到的劣质羊群。该文献是目前学术界所知年代最早的希伯来字波斯语文献，也是最早的新波斯语文献。这一书信是犹太人在丝绸之路东段活动的有力证据，为了解学术界所知甚少的东方犹太人提供了第一手材料。

5.《希伯来字波斯语书信》，丹丹乌里克遗址出土，9世纪写本，长40、宽28厘米，存文字38行，保存完好，仅尾部略有破损（图五）。此件文献为一封希伯来字波斯语书信，主要内容包括三部分：首先，向收信人致以问候；其次，讲述写信人为了从地主处得到羊，派人去山上送礼，礼物已经送出去但羊还没有到手；最后，提到他及同伴都接受了收信人关于喀什噶尔如果有事需要出钱不要有所保留的建议。此件文书与Or.8212/166在用纸、书写、正字法、语言、内容等方面都有很强的

图四　大英博物馆藏《犹太波斯语书信》　　　　图五　策勒县丹丹乌里克遗址出土《希伯来字波斯语书信》

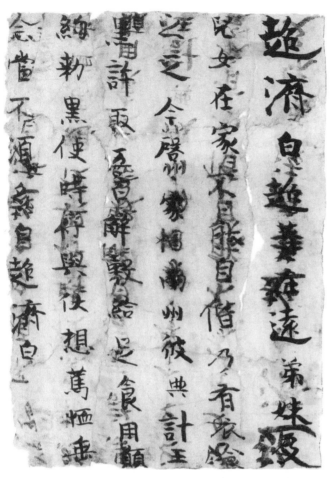

图六　1903年斯文·赫定在楼兰地区盗掘的《张超济文书》
（图片来自网络）

相似性，且其中出现了三个相同或相似人名地名，因此这两件文献当出自同一时代同一地区，且有可能出自同一人之手。

6.《张超济文书》，是1903年斯文·赫定在楼兰地区盗掘的多件与张超济有关的文书（图六）。魏晋时期写本。其中7件为张超济信札。从信的内容看，有的表现出张超济这位长期驻守在楼兰的官员思念家人和对故乡的向往之情；有的是其吊唁去世亲人的书信，揭示了以家室为念的另一个侧面；有的提到"王弥、刘渊□□等无尽"事，表示张超济关心中原时局并流露出担忧的情绪。这些文书对于研究魏晋西域驻屯制度及士兵生活提供了难得的资料，也对研究两晋时代草书的演变以及南北书风的交流有着重要价值。

一纸书信，承载行旅途中的艰辛，寄托对家人的思念、对爱人的牵挂、对故土的挚爱。新疆出土的这些书信和信札是远赴中原的西域居民，驻足西域的胡汉商人、戍边将士，穿梭于丝绸之路的僧侣信徒和各国使节表达真情实感的重要载体。西域各民族文化，实际上自古就是扎根于中华文明沃土，伴随着一个旷日持久的各民族相互融合的文化过程。新疆地区出土的古代各种文字书信，展示了新疆地区多元一体发展的真实存在。

吐鲁番出土文书中的《诗经》

阿迪力·阿布力孜

　　吐鲁番出土文书是研究新疆历史的重要资料，被誉为研究中国古代历史与文化的百科全书，其学术研究价值不可估量，随着吐鲁番出土文书整理、研究工作的不断深入，有些珍贵的鲜为人知的吐鲁番文献也走出象牙之塔，展示在人们面前。如吐鲁番古墓出土的一批古写本《诗经》，虽然保存状况不是很好，有些只剩下残片，但从这些残存的诗句中能感受到晋唐时期博大精深的中原文化艺术对新疆的影响。

　　1902 年 8 月 ~1914 年 5 月，日本僧人大谷光瑞先后三次自己率队或派遣渡边哲雄、橘瑞超、野村荣三郎等人带领"大谷探险队"，深入中国西北地区进行探险考察。仅第三次探险有记载共窃取文物 86 箱，重达 6731 千克，其中在吐鲁番窃取的文物就有 70 箱之多，并将这些出土文书在内的文物席卷回国。大谷光瑞和橘瑞超所盗走的文书已经在日本构成了新的研究体系，称为"大谷文书"。"大谷文书"中收录的有关《诗经》的纸质文书共 5 片，"桃之夭夭""薄伐猃狁""关雎麟趾"[1] 等《诗经》上的文字赫然在列。这些有关《诗经》的文字，与中原流传的文本别无二致。

　　1905 年，德国吐鲁番考察队在吐鲁番鄯善县吐峪沟墓葬里发现了一批纸质文书，其中《毛诗正义》等文书备受学者们的关注。被标注为"NO.54"的写本《毛诗正义·邶风·谷风》，书法遒劲典雅，表现出唐朝前期的风范。《毛诗正义》是关于《诗经》的研究著作，简称《孔疏》，共 40 卷，是唐贞观十六年（642 年），孔颖达、王德昭、齐威等奉唐太宗诏命所作《五经正义》之一，为当时由政府颁布的官书，本书与其他朝廷钦定儒家经典注疏统称为《十三经注疏》。《毛诗正义》的古写本在吐鲁番出土，为了解儒家经典在吐鲁番地域的流传提供了宝贵的线索。

　　1959~1975 年，在吐鲁番阿斯塔那和哈拉和卓两地共发掘清理了晋到唐的墓葬 400 余座，在所获珍贵文物中，有 2700 多件汉文文书。其中与《诗经》有关的文书，写本抄写时间早于敦煌所见的同类文字，因

[1]
《诗经·周南·关雎序》。

而显得十分珍贵。如阿斯塔那 59 号墓出土的古写本《毛诗·关雎序》，根据同墓纪年文书，确定为北凉天玺元年（399 年）至玄始十二年（423 年）之间的文书，判断其为北凉时期的遗物。1972 年阿斯塔那 524 号墓出土一批《诗经》残卷，有《周南·关雎序》《郑风·缁衣》和《小雅》之《湛露》《彤弓》《菁菁者莪》《六月》，与《小雅》相关的文书共 5 纸 72 行。卷书题后有"义熙"字样，为麴氏高昌年号，相当于510~525 年，这批文书距今已有 1500 多年的历史。文书中《菁菁者莪》虽然不是很完整，但"既见君子，我心则喜"等关于爱情的美丽诗句，无不表现出令人怦然心跳的艺术感染力。

> 菁菁者莪，在彼中阿。既见君子，乐且有仪。
>
> 菁菁者莪，在彼中沚。既见君子，我心则喜。
>
> 菁菁者莪，在彼中陵。既见君子，锡我百朋。
>
> 泛泛杨舟，载沉载浮。既见君子，我心则休。

以第一章为例，诗中女子在莪蒿茂盛的山坳里，邂逅了一位性格开朗活泼、仪态落落大方、举止从容潇洒的男子，两人一见钟情，在女子内心深处引起了强烈震颤。这首诗虽然只有短短 16 句，但把一个美妙动人的爱情故事表现得引人入胜。这些动人的诗句在 1500 多年前出现在数千里外的西域边陲小城，感动了当地多少少男少女，不得而知，但可以肯定的是《诗经》这样优秀的文学作品，可以穿越时空和千山万水，传播到祖国的各个角落。

2006 年 10 月，吐鲁番文物局对鄯善县洋海 1 号墓地进行抢救性发掘，出土的纸质文书十分丰富，《论语》《诗经》和户籍类文书，反映了前秦时期吐鲁番高昌经济文化发展的情况。古写本《诗经》，内容分别为《诗经·大雅·荡之什》之《抑》《桑柔》《云汉》等。其中《大雅·桑柔》是反复劝谏君王要安民保民的长诗，相传为周大夫芮良夫因谴责周厉王用奸臣，祸害百姓，陈述救国之道而作。语言朴直而多变化，运用了比喻、反诘、衬托、夸张、对比等多种手法，显示出诗人高超的文字把握能力。

洋海墓地出土文书中出现了"大风有隧，有空大谷。维此良人，作为式谷。维彼不顺，征以中垢。大风有隧，贪人败类。听言则对，诵言如醉。匪用其良，复俾我悖"。这些诗句虽然残缺不整，但墨书的文字清晰可见，1600 多年来能够保存至今，实

1973 年吐鲁番阿斯塔那墓地出土东晋时期《毛诗郑笺》残卷

属不易。专家们对《桑柔》诗文中的内容进行了释读："大风疾吹呼呼响，长长山谷真空旷。想这好人多善良，所作所为都高尚。想那坏人不顺理，行为污秽真肮脏。大风疾吹呼呼响，贪利败类有一帮。好听的话就回答，听到诤言装醉样。贤良之士不肯用，反而视我为悖狂。"1600多年前《诗经》中这些脍炙人口的诗句，流传到地处边远的新疆地区，中原地区治国理政的思想也随之传入新疆地区，反映了中原政治、经济、文化等对新疆地区的影响。

《诗经》是我国最早的一部诗歌总集，春秋战国时期就列入《六经》，为儒家教育子弟的重要课本，《诗经》经历秦始皇"焚书坑儒"后失传，至西汉鲁国毛亨从家宅墙中挖出，始传于世。汉武帝采纳董仲舒"罢黜百家，独尊儒术"的建议，确立了《诗经》的经典地位。隋唐科举考试，《诗经》为必读教本，从而使《诗经》得到了空前的重视和广泛的研究。达官贵人和文人志士以赋诗为雅兴，整个社会形成了浓郁的文化氛围。新疆吐鲁番地区出土有关《诗经》的纸质文书，时代跨越东晋至唐朝时期，这些文献历经1000余年，保存下来实属不易，有些只剩下残片，但我们从这些残存的碎片中，感受到中原文化的辐射力，地处数千里之遥的祖国边陲地区，也能学习欣赏到包括《论语》《诗经》在内的优秀文化艺术作品。《诗经》之所以能够远播到西域地区，除了其艺术魅力之外，诗中关于治国理政、忧国忧民的思想和爱国情怀，触动了人们的心灵，为当地居民所传颂。

吐鲁番出土的唐朝法律文书

阿迪力·阿布力孜

　　吐鲁番出土文书是研究新疆乃至中国古代政治、经济、文化的重要文献，其中有关的法制文书对于了解唐朝法律制度在西域的执行情况具有重要意义。640年，唐朝灭高昌王国建立西州后，西州的政治制度、经济制度和法律都与中原地区相同。而唐朝的法律制度在西州的施行，保障了吐鲁番的社会稳定和经济文化的迅速发展。吐鲁番出土的《唐律疏议》残卷，保存不是很好，只剩下残卷，但反映了唐朝中央政府颁布的法律在西域的贯彻执行情况。

　　1973年吐鲁番阿斯塔那532号墓出土的《唐律疏议·名律例》残卷，现收藏于新疆维吾尔自治区博物馆。长45、宽29厘米，共有文字41行。此卷为《唐律疏议》卷六《名律例》中"称某日年"和"称加减"条疏议中的一部分。在原文的第九、第十和第二十九、第三十一行中部，均钤有朱印，印文为"西州都督府之印"。

　　20世纪初，英国的斯坦因、法国的伯希和、俄国的科兹洛夫和奥登堡、德国的勒克克和格伦威德尔、日本的大谷光瑞探险队等将新疆吐鲁番出

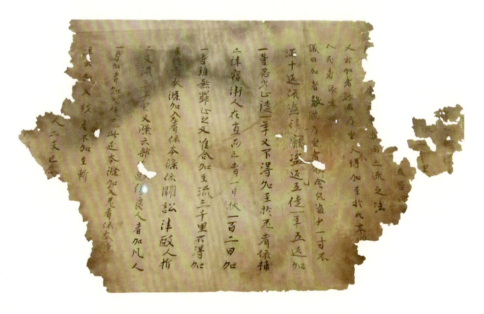

吐鲁番阿斯塔那墓地出土
《唐律疏议》残卷

土文书先后盗往国外，大量珍贵文献散失海外，其中不乏吐鲁番法律文书。如在日本大谷文书中的《永徽医疾令》残片、《永徽丧葬令》残片、《贞观捕亡律》残片；俄国收藏的《永徽檀兴律》残片、《永徽盗贼律》残片；还有辗转留在大连旅顺博物馆的《永徽名例律疏》残片、《永徽断狱律》残片、《永徽户令》残件等。这些法律文书填补了唐朝法律条文实施方面史籍记载不足的空白。

《唐律疏议》是唐朝刑律及其疏注的合编，是中国现存最古、最完整的封建刑事法典，共三十卷。唐朝法律制度基本上沿袭隋朝。唐初以隋《开皇律》为蓝本制定《武德律》，于唐武德七年（624年）颁行。贞观元年（627年），唐太宗李世民令长孙无忌、房玄龄等，参酌隋律，对《武德律》加以修订，于贞观十一年颁行，是为《贞观律》。《贞观律》的刑罚有所减轻，律条也比较完备。永徽元年（650年），唐高宗李治命长孙无忌、李勣、于志宁等修《永徽律》，翌年颁行。《永徽律》凡十二篇五百条：

第一篇《名例律》，相当于现代刑法总则，主要规定了刑罚制度和基本原则；

第二篇《卫禁律》，主要是关于保护皇帝人身安全、国家主权与边境安全；

第三篇《职制律》，主要是关于国家机关官员的设置、选任、职守以及惩治贪官枉法等；

第四篇《户婚律》，主要是关于户籍、土地、赋役、婚姻、家庭等，以保证国家赋役来源和维护封建婚姻家庭关系；

第五篇《厩库律》，主要是关于饲养牲畜、库藏管理，保护官有资财不受侵犯；

第六篇《擅兴律》，主要是关于兵士征集、军队调动、将帅职守、军需供应、擅自兴建和征发徭役等，以确保军权掌握在皇帝手中，并控制劳役征发，缓和社会矛盾；

第七篇《贼盗律》，主要是关于严刑镇压蓄意推翻封建政权，打击其他严重犯罪，保护公私财产不受侵犯；

第八篇《斗讼律》，主要是关于惩治斗殴和维护封建统治的诉讼制度；

第九篇《诈伪律》，主要是关于打击欺诈、行骗的犯罪行为，维护封建社会秩序；

第十篇《杂律》，凡不属于其他"分则"篇的都在此规定；

第十一篇《捕亡律》，主要是关于追捕逃犯和兵士、丁役、官奴婢逃亡，以保证封建国家兵役、徭役征发和社会安全；

第十二篇《断狱律》，主要是关于审讯、判决、执行和监狱管理。

永徽三年，唐高宗又令长孙无忌等对《永徽律》的精神实质和律文逐条逐句进行疏证解释，以阐明律条文义，并通过问答的形式，剖析内涵，说明疑义，撰成《律疏》三十卷，永徽四年颁行。《律疏》与《律》合为一体，统称《永徽律疏》，明末清初始名为《唐律疏议》。《唐律疏议》的律文和疏文反映了唐代社会各阶级、各阶层的法律地位及其相互之间的关系，以及某些政治经济制度，是研究唐代历史的重要文献。

吐鲁番出土文书中发现的法典文书不多，但有大量涉及刑法条文的文书，并多能在《唐律》中找到依据，我们通过对这些文书的研究和分析，可以清楚地看到唐朝法典在西州的执行情况。阿斯塔那 193 号墓出土的《武周智通拟判为康随风诈病避军役等事》中，康随风以胳膊受伤为由，逃避军役。按照《唐律·诈伪》"诈疾病及故伤残"条，要受到杖一百的处罚。

阿斯塔那 509 号墓出土的《唐开元二十二年西州都督府为推勘天山县车坊孽生牛无印案卷》中，作为当时西州天山县的交通运输单位——车坊，出现了孽生牛（死牛），而且死牛的皮上没有官府的烙印。按照《唐律·贼盗》"盗官私牛马而杀"条疏云："马牛军国所有，故与今畜不同，盗而杀者，徒二年半。"对于牛的死亡，要追究车坊有关人员的责任。唐朝对牛马的管理十分严格，政府管理的牛马皮上要烙印记，而且定期进行检查。本案车坊中的死牛经勘验没有印识。《唐律·厩库》"验畜不实"条规定："诸验畜产不以实者，一笞四十，三加一等，罪止杖一百。"按《唐律》规定，由于车坊中牲畜与实际不符，死牛皮上没有烙印，死牛有偷梁换柱之嫌，天山县车坊有关人员至少要受到四十杖的处罚。

吐鲁番考古发现的诉讼法律文书，不仅数量多，而且比较完整。如：《贞观年间西州高昌县勘问梁延台、曹陇贵婚娶纠纷案卷》《武周天授二年安昌合城老人等牒为勘问主簿职田虚实事》《西州寡妇梁氏辩辞事》《西州高昌县上安西都护府为录上讯问曹禄山诉李绍谨两造辩辞事》《宝应元年康失芬行车伤人案卷》等。

《西州高昌县上安西都护府为录上讯问曹禄山诉李绍谨两造辩辞事》，述说了唐高宗时期居住京师（长安）的胡人曹禄山向西州都督府提出申诉，说的是汉人李绍谨在弓月城（今伊宁附近）向其兄曹延炎借两百匹绢，不愿归还。李绍谨与曹延炎同去龟兹（今库车），但曹延炎未到达，不知下落。李绍谨还想赖账，不承认借绢之事，曹禄山因之与李"构架"（打架），追查其兄及财物下落，要求官府解决。

这个案卷分八个残段，虽有残缺，但基本情况是清楚的。此案交由高昌县审理。经两相对质、调查，李绍谨承认曾向曹延炎借绢一事，之前不知曹禄山即为延炎之弟，今已明确，愿意偿还本利二百七十五匹。这个案卷是高昌县向西州都督府报告的文件。这个案卷说明，唐王朝的律法在高昌、弓月都得以执行。当地官府并不因为曹为胡人，偏袒汉人，而是根据律法进行调查对质，给予公正的处理。

唐朝时期发生在吐鲁番的这些案件无不依据《唐律》规定来审理，保障了社会的安定与发展。《唐律疏议》是我国现存最古老、最完善的刑事法典，后世宋、元、明、清历法都以《唐律疏议》为蓝本。宋朝的《宋刑统》，就律文而言，只是唐律的翻版。元朝的《至元新格》20篇、明代《大明律》、清代《大清律例》，都受到唐律影响。另外，《唐律疏议》对于亚洲国家的立法产生了较大的影响，古代日本、朝鲜、越南等国的法典，大都以《唐律疏议》为模板，以健全本国的法制。吐鲁番出土的《唐律疏议》残卷及其涉及刑法条文的文书，表明当时吐鲁番地区实行唐朝中央政府颁布的唐朝法律制度，而且填补了唐朝法律条文实施方面史籍记载不足的空白。唐朝吐鲁番各族人民熟悉这些法律制度，在国家统一的法律制度下生产、生活，保障了社会长期稳定和社会经济文化的繁荣与发展。

石染典过所

阿迪力·阿布力孜

  唐朝对外实行开放政策，与前代相比，无论是陆路交通还是海路交通都比较发达，丝绸之路更加繁荣，来往于西域与中原的商人络绎不绝。唐代对外贸易的政策极为宽松、自由和灵活，但同时唐朝为保证正常的商业贸易往来，稽查行旅，防止偷漏国税、逃避赋役、拐卖人口以至查清来自境外的破坏活动，实行严格的过所制度。

  "过所"一词，从字面上讲是"度过（经过）之处所"，这是广义上对"过所"的解释，狭义的"过所"专指行人度过关津时的凭证，它是从汉朝开始使用的，就是现在的通行证。过所制度开始于西汉武帝太始时，《汉书·匈奴传》卷下云："明年（甘露二年）呼韩邪单于款五原塞，愿朝三年正月。汉遣车骑都尉韩昌迎，发过所七郡，郡二千骑，为陈道上。"汉唐时期，凡到各地进行贸易或其他活动的商人等都要持过所，否则便是非法通行，要受到缉拿。因此，"过所"对国内人员来说，大致相当于身份证加通行证，对外国人来说，则相当于护照。汉唐时期的丝绸之路上，实行着严格的过所制度，过所制是丝绸之路管理的核心。

  过所在不同的时代有不同的称谓，商周称符节，战国、秦朝称传，西汉一度传与过所并行，汉晋形成过所制度。《周礼·郑玄注》说："传，如今移过所文书。"东汉刘熙所撰辞书《释名》是这样解释过所的："过所，至关津以示之也。"也就是说，过所是通过关戍、渡口时需要出示的文件。汉朝以来过所一直被严格执行。

  到了唐代过所制度已十分完备，今吐鲁番一带就出土过大量的过所文书原件。1959年新疆吐鲁番阿斯塔那509号墓出土的纸质文书《石染典过所》，就是一件唐朝时期使用的典型过所。

  《石染典过所》由3张纸粘接而成，长78、宽28.5厘米，前后残缺，但内容清楚，存文24行。文书中有朱印5处，首印为"瓜州都督府之印"，中间三印为"沙州之印"，结尾处为"伊州之印"。过所是为通过各种关卡而向官府申领的通行证，此件是石染典从瓜州和沙州户曹处领取的

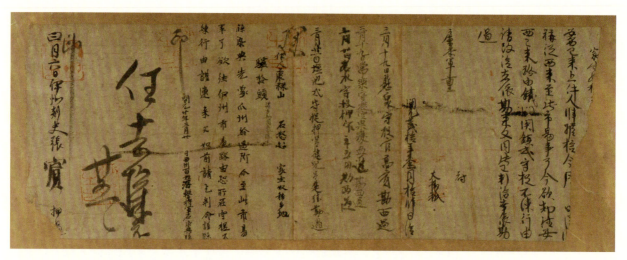

吐鲁番阿斯塔那墓地出土唐《石染典过所》

过所。石染典携带着安西都护府颁发的过所，从安西到瓜州经商，"市易"后，为返回安西，又请求瓜州都督府发给回去的过所，因此瓜州给他签发了过所。由于从瓜州到安西要经过铁门关（今焉耆与库尔勒之间），所以在过所里特别注明此关。

根据《唐六典》的记载，过所在中央由尚书省发给，尚书省主管过所事务的是刑部司门郎中和员外郎，由刑部司门司主管，都官员外郎协管。在地方则由都督府或州发给，由户曹参军主管，谘议参军协管。过所申请人在申请过所时要呈交申请文书，按照规定一一说明各种有关项目，诸如申请理由、人数、身份以及所携带物品的数量品色等，必要时还要附交有关证件。这些证明有时要附在过所正文后，过关、过城时也要验看。负责审查的官员要一一核实，有关审批人员都要签名。

正式过所一般是一式两份，一份正本，由官方加盖官印发给申请人；一份是副本，与正本相同，也要经过主管官员与协管官员签名，作为刑部司门司或州户曹档案。唐代法律对于没有过所、公验而私自出入关津的行为，制定了相应的惩罚措施："凡水陆等关，两处各有门禁，行人来往皆有公文，谓驿使验符券，传送据递牒，军防、丁夫有总历，自余各请过所而度。若无公文，私从关门过，合徒一年。"对于不符合度关手续而发给过所，或冒名申请过所而度关的行为，唐律规定"各徒一年"。

申请人领到过所后，须妥加保管，万一丢失，就要被扣留，查清身份后再酌情处理。1973年吐鲁番阿斯塔那出土的《开元廿一年正月—二月西州都督府勘问蒋化明失过所事案卷残卷》，就是一件唐代地方官府审理丢失过所案件的行政诉讼文书。该文书经过刘俊文先生整理，内容大体如下：京兆府云阳县嵯峨乡人蒋化明，为敦元暕充当脚夫，自凉州向北庭运输。行至金满县，恰逢括户，遂附籍为民。后因饥贫，又为北庭子将郭林驱驴，送和籴米入伊州仓。到西州时驴病死，练用光，过所也不慎丢失，被郭林派傔人桑思利捉送官司。经法曹司勘问，判付桑思利领蒋化明往北庭。路过酸枣戌，因无过所，又被捕回，交功曹司审讯。

从本案件的卷宗来看，既有被告丢失过所的辩词，又有功曹、法曹参军的审问记录，最后是地方主管官员的判决意见和户曹参军为蒋化明补发行牒。整个案件程序复杂有序，说明唐代官府对于通行证的管理是非常严格的。

吴承恩在《西游记》中说，唐僧是由唐太宗亲自任命去西天取经的。临行前，唐太宗亲自将通关文牒交给唐僧，还与他结拜为兄弟，对他非常支持。唐僧出发时身上带了三样东西：锦斓袈裟、九环锡杖和通关文牒。在后面的故事中我们不难看出来通关文牒的实际作用就和今天的签证是一样的。在女儿国的时候国王不给唐僧倒换文牒，唐僧便不能离开女儿国。然而，真实的玄奘在西行伊始，最主要的障碍却来自朝廷。

初唐时期，国家初定，边界不稳，国人不允许出境。贞观元年（627年），玄奘几次三番申请"过所"，以西行求法，但未获唐太宗批准。此事并没有打消玄奘西行求法的念头，他决心寻找机会西行。根据当时规定，私度边关比私度内地关隘惩罚更重，所以他的这个决定非常危险。贞观三年（629年），长安遭遇大灾，政府允许百姓自寻出路，玄奘借机混入灾民中偷渡出关。那年，玄奘刚好二十七岁。

新疆出土的古扇

阿迪力·阿布力孜

中国是世界上最早使用扇子的国家，扇子的历史源远流长。新疆虽处祖国边陲，也出土了有关扇子的文化遗存，对中国扇文化的研究提供了十分珍贵的考古资料。

新疆考古发现的扇子屈指可数，但保存状况较好。1998年新疆维吾尔自治区博物馆考古队在且末县扎滚鲁克1号墓地142号墓中，发现了一把用毛布制作的扇子。当年自治区博物馆研究馆员王博主持了这次考古发掘，他认为该扇子是春秋时期的文化遗存，

图一　1998年且末县扎滚鲁克142号墓出土春秋时期毛布扇

距今2700年左右（图一）。该扇子的扇面略呈长方形，是用原色毛布缝制，毛布长38.4、宽29.4厘米，用红柳削制而成的扇把长50、粗1厘米。该扇子结构简约，扇把的选择比较随意，扇面也不够平整，略显粗糙，但该扇实用性强，保存较好。

扎滚鲁克墓地位于新疆且末县托格拉克勒克乡扎滚鲁克村西2千米处绿洲边缘地带的台地上，距离且末县城西5千米，是全国重点文物保护单位，20世纪80年代以来新疆考古工作者多次对该墓地进行了考古发掘，出土大量的木器、毛纺织品、丝绸、陶器、皮革、骨器、角器等文物，时代从距今3000年至汉晋时期，特别是这里发现的毛布缝制的帽子、长袍、裤装、裙装等服装服饰，不仅数量多，而且色泽鲜艳，反映出春秋战国时期新疆毛纺织业发展的高水平，因此这把毛布缝制的扇子出土于扎滚鲁克墓地绝非偶然，说明2700年前且末古代居民就能因地制宜制作出简单实用的扇子。

1984年，自治区博物馆考古队在和田地区洛浦县山普拉墓葬中发掘出土了一把用毛布缝制的扇子，时代为东汉时期（图二）。该扇用圆木棍做柄，柄长52.1厘米，扇面呈长方形，用毛毡做里子，原白色平纹毛布做扇面，红色平纹毛布饰镶边，扇面长17.6、宽12厘米。山普拉墓地位于和田地区洛浦县城西南14千米的戈壁台地上，是西域三十六国之一的于阗古国居民的公共墓地，为全国重点文物保护单位。20世纪80年代以来新疆考古人员对该墓地多次进行考古调查和发掘，出土了大量的木器、陶器、毛织品、丝绸、铜镜等文物。扇子等富有生活气息的文物在汉代于阗

人的墓葬中出土，从一个侧面反映了于阗古国人丰富多样的生活习俗。

1964 年吐鲁番阿斯塔那 13 号墓出土的东晋时期《墓主人生活图》，是中国现存时代最早的纸画，画中绘有一位头戴高冠身着袍服的男子席地而坐，正在摇动着一把团扇，反映了 1500 多年前吐鲁番居民使用团扇的习俗。甘肃河西墓室壁画中也有很多使用扇子的人物形象，其人物相貌、服饰等艺术风格与吐鲁番《墓主人生活图》相似，扇子的特点也比较相同，说明东晋十六国时期吐鲁番与河西地区生活习俗的相互影响。

1973 年，自治区博物馆考古队在吐鲁番阿斯塔那墓地 501 号墓发掘出土的扇子，是仅存的唐代扇子实物（图三）。该扇为木质，直径 3.9、柄长 9.5 厘米，是长柄绢扇。根据其尺寸，该扇应是明器。扇面形似团圆满月，小巧精致，色泽艳丽而细腻，画师巧妙地利用贯穿扇面的木柄为轴线，在扇面上作画，绘出两面相对的山峦、花卉、小鸟、蝴蝶，小鸟在空中自由飞翔，蝴蝶在花卉中双双飞舞，整幅书画表达了一种温馨、浪漫的情怀。一般是侍女手持，为主人扇风，折射出流行于唐代的社会生活和文化素养。作为随葬的明器，团扇制作小巧、精致，方寸中的图案充满生活情趣。但现实生活中使用的扇子要比这件明器大得多，而且极其轻薄，可扇风取凉。

从考古发掘资料中得知，阿斯塔那 501 号墓葬有一男两女。该墓采用斜坡墓道，墓道长 19、宽 1.4 米，墓室长 4、宽 3.5 米，墓室带有一个天井和两个壁龛，具有中原墓葬的特点，出土很多武则天时期的纸质文书、木器、丝绸、泥俑和生活用品等文物。从墓葬规模、形制和大量随葬品来看，墓主人应该是一位盛唐时期吐鲁番的上层贵族，合葬的两位女子应该是墓主人的妻妾，而这件随葬的小团扇，

图二　1984 年洛浦县山普拉墓地出土东汉时期毛布扇

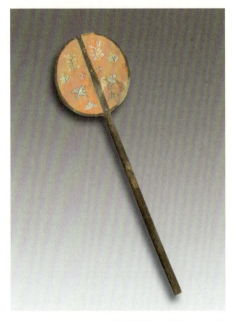

图三　1973 年吐鲁番阿斯塔那墓地 501 号墓出土唐木团扇

似乎希冀这一家三口在另一个世界里也能享受清凉舒适的生活。

团扇是唐宋时期仕女们常用的扇子，既可扇风取凉，又可遮蔽脸面，如同唐代诗人王建诗词所云："团扇，团扇，美人病来遮面。"团扇注重装饰性，中唐时期的人物画家周昉的绘画作品绢画《簪花仕女图》中，可以看到一位妇女手执绘有牡丹图案的长柄团扇，与阿斯塔那 501 号墓出土的木团扇十分相似，反映了唐朝时期中原文化对西域的影响。

新疆吐鲁番出土的饺子、点心和馕

阿迪力·阿布力孜

饺子历史悠久，传说众多。据说东汉时期，著名医学家张仲景从长沙告老还乡，看到许多百姓穷困潦倒、饥寒交迫，耳朵都冻烂了。他目睹此景，非常难过，发明了"祛寒娇耳汤"，就是将羊肉、辣椒和一些祛寒药材包在面皮里，捏成人的耳朵状，放进锅里煮熟，分发给穷困的病人。张仲景关爱病人，大年三十还在为患者送医送药。为了纪念他，后人在喜迎新年的同时，按照"娇耳"的样子制作面食，大年初一早上煮了来吃。人们称这种食物为"饺耳""饺子"。

饺子在新疆的流传也有上千年的历史。1959年，新疆考古工作者在吐鲁番阿斯塔那唐墓里发现了饺子（图一）。饺子长约5、宽1.5厘米，保存得比较完好。这些饺子的形状与现在的饺子相同，只是小了一些。饺子的历史十分悠久，根据古籍记载和出土文物，至少在东汉末年，饺子就已成为当时人喜食的佳品了，不过那时还不叫饺子，而叫"馄饨"，当时蒸着吃，类似今天的蒸饺。

图一　吐鲁番阿斯塔那墓地出土饺子

这些新疆吐鲁番出土的饺子，其形状和今天北方的饺子一模一样，证明早在一千多年前，饺子不仅已在中原成为"天下通食"，而且随着丝绸之路传到了西域，成了当地人的美食。

除饺子外，阿斯塔那唐墓还出土了七瓣夹心面点、菊花式点心、麻花、宝相花纹月饼等花式繁多的点心（图二、三）。这些点心是一千多年前的休闲食品。当时的人对面点的要求已不限于好吃，还要好看，足以吊人胃口。面点用手捏制或模制成形，然后烘烤而成，有花式、面卷、叶片形等不同的形状。

唐代已有"点心"一词，当时有一个叫郑修的人当了"江淮留后"，一日，家人为其夫人准备了"晨馔"，夫人正在化妆，便对她自己的弟弟说："治妆未毕，我未及餐，尔且可点心。"文中的"点心"是作动词用的，有先吃一点食物以充饥的意思。至迟到了北宋，"点心"已作为名词。《东京梦华录》中，就记有一些店家开门营业，"并饭、粥、点心"。

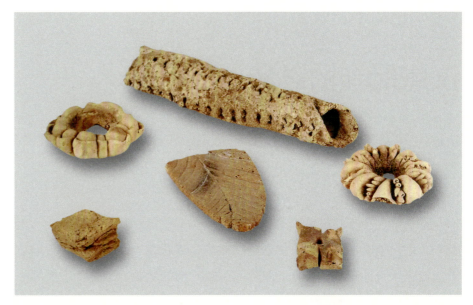

图二　吐鲁番阿斯塔那墓地
　　　出土点心（一）

麻花

宝相花纹月饼

图三　吐鲁番阿斯塔那墓地
　　　出土点心（二）

菊花式点心

七瓣夹心面点

　　除了饺子、点心，1972年考古工作者在吐鲁番阿斯塔那唐墓中发现了一个直径19.5厘米的馕，呈圆形，出土时碎为12块，土黄色，已经脱水干化。其原料为小麦粉，是在馕坑中烤制而成的，它中心薄，边缘厚，中央戳有花纹。

　　新疆干燥的气候使吐鲁番阿斯塔那墓地出土的饺子、点心和馕得以保存下来，让人们对当时的面点工艺有了直观的了解。这些面点也再现了西域先民丰富多样的饮食构成，既受到了中原饮食文化的深刻影响，又形成了具有自身鲜明特点的饮食体系和风味，对后世产生了深刻影响。

汉唐时期的鞋履

阿迪力·阿布力孜

　　鞋子是人类生活中的必需品，发展到今天已经有数千年的历史。由于干燥的气候环境，新疆出土的古代鞋履保存较好，特别是红地晕间缂花靴、"富且昌、宜侯王、天延命长"织成履、变体宝相花云头锦鞋、麻线鞋、蒲鞋等汉唐时期的鞋靴，蕴含着浓郁的中原文化风格，是我国古代鞋靴中的珍品。

　　从考古出土情况看，汉代以前新疆古代居民的鞋靴以皮革为主，至汉代西域鞋靴制作工艺比前代有了很大的进步，不仅有毡鞋、毡靴、皮鞋和皮靴，还有多种材料缝制而成的鞋靴。例如精绝国人的鞋履就重视装饰效果。1995 年民丰县尼雅一号墓地 3 号墓出土的一双红地晕间缂花靴的样式十分独特（图一）。此靴长 29、高 16.5 厘米，形制为短腰，整个靴子用皮、毛褐、绢、毡等多种材料缝制，特别是靴面中央在白地上织有并蒂花卉图案，起到了锦上添花的装饰效果。靴子构思巧妙，形制新颖独特，是新疆古代鞋靴中的精品。

　　1995 年考古人员在民丰县尼雅遗址出土的一双钩花皮鞋，皮底、皮帮、矮腰，红色毛罽为面，罽面上用丝线勾结几何花纹，看起来显得十分华贵；后跟皮帮外缝贴"承福受右（佑）"文字织锦，鞋腰上口用宽 3 厘米的绿绢绲边，并用绿色绢带缠扎三道。底长 24、腰高 15 厘米。"足下蹑丝履，头上玳瑁光"，这是汉乐府《孔雀东南飞》中的诗句。丝履为古代男女日常生活中常用的一种鞋子。吐鲁番阿斯塔那古墓出土的东晋时期的一双"富且昌、宜侯王、天延命长"织成履，就反映了当时较高的制鞋工艺水平（图二）。墓中同时出土的东晋太和二年（367 年）和升平十四年（370 年）的文书，可知它是东晋时期的遗物。履长 22.5、宽 8 厘米，履底、帮、里是用麻绳编织的，鞋面由褐、红、白、黑、蓝、黄、金黄、绿八种颜色的丝线织成各种花纹和云纹，帮面上还有"富且昌、宜侯王、天延命长"10 个隶书汉字。这双织成履流露出中原鞋履的风范，履底、履里、帮面编制得都非常精致，不仅是我国古代鞋履中的瑰

图一　1995 年民丰县尼雅一号墓地 3 号墓出土汉晋时期红地晕间缂花靴

宝，还反映了中原地区服饰文化对西域地区的影响。

北朝时期的靴子实物见于尉犁营盘古墓之中。营盘出土的一双彩绘刺绣靴子，靴底为皮革，靴面是麻布质地，靴内衬柔软的毛织物，使整个靴子显得比较厚实，靴面、靴筒绣有红、青、黑、蓝等色彩的云朵纹样，像这样具有强烈装饰风格的靴子，在我国唐代以前实不多见。考古工作者还在南北朝时期的阿斯塔那古墓中，发掘出土了用棉布和麻布缝制的裤子、短衣和袜子，以及用黄绢缝制的手套，有的保存不是很完整，但流露出浓郁的生活气息。

从考古发现资料来看，唐代西域女子的鞋履可分为高头和平头两种形制。高头履又称翘头履，阿斯塔那230号墓出土的屏风画《仕女图》中的女子，所穿的鞋子就是翘头履，鞋头上翘，并饰有花纹。这种前端上翘的高头履，可以承托曳地长裙，以便行走。阿斯塔那唐墓中亦有翘头履出土，如1969年阿斯塔那墓地381号墓出土的一双唐代变体宝相花云头锦鞋（图三），长29.7、宽8.8、高8.3厘米。这双云头锦鞋的鞋面、鞋头、鞋里都采用了高级面料，特别是鞋里是用蓝、绿、绯红、绛色、蛋青、白、黄七色织成彩条花鸟流云等纹饰的经锦，其中蓝、绛、绯红、蛋青四色彩条晕间。这是目前唐代彩条中显花最华贵的晕间彩锦品种。鞋面是华丽的变体宝相花纹，鞋头用一种由大红、粉红、白、墨绿、葱绿、黄、宝蓝、墨紫八色丝线织成的斜纹锦，图案为红地五彩花，以大小花朵组成团花中心，绕以珍禽异兽、卷云行霞，间以瑞草散花，外侧又杂置折枝花和山石远树。鞋头呈高耸的云头状。这双云头锦鞋充分显示了唐代中期织锦、配色、显花三者结合的显花艺术成就，是唐代衣物中极为罕见的精品之一。

图二 吐鲁番阿斯塔那墓地出土东晋时期"富且昌、宜侯王、天延命长"织成履

图三 1969年吐鲁番阿斯塔那墓地381号墓出土唐代变体宝相花云头锦鞋

西域女子的鞋有麻鞋、蒲鞋、皮鞋多种质地。用麻线编制的鞋子称作麻鞋，又称线鞋，如阿斯塔那唐墓出土的一双麻鞋（图四），用粗麻绳编织成厚底，由细麻绳编织鞋面。鞋面结构疏朗，中间编织成镂空状，与现代的凉鞋比较相似。阿斯塔那187号墓出土的《弈棋仕女图》中的几位侍女也穿了这种麻鞋，说明麻鞋是唐代西域居民普遍穿着的鞋子。麻鞋并不是西域的传统鞋履，应是从中原输入的。但中原的线鞋不同于《弈棋仕女图》画面地位低下的

侍女所穿的麻鞋，而是京城里贵族妇女时尚的奢侈品。如《旧唐书·舆服制》载："武德来，妇人着履，规制亦重，又有线靴。开元来，妇人例着线鞋，取轻妙便于事。侍儿乃着履。"穿麻鞋的形象在唐代绘画作品中有诸多的反映，画家阎立本的《步辇图》中的宫女们，全都穿着麻鞋。此外陕西长安唐韦顼墓出土的石刻以及西安唐李爽墓的壁画上都有穿麻鞋的形象。考古工作者还在阿斯塔那唐墓中发现了蒲草编织的蒲鞋，这种鞋子也是由中原传入的，多为百姓暑天所穿（图五）。如《梁书·张孝绣传》称："孝绣性通爽，不好浮华，常冠谷皮巾，蹑蒲履。"五代画家顾闳中所绘的《韩熙载夜宴图》中也可以看到当时蒲鞋的具体形象。皮鞋与麻鞋、蒲鞋相比，十分耐穿，阿斯塔那唐墓出土了8双皮鞋，鞋底用粗麻线编织，鞋面用皮革，鞋内衬毡，用麻线缝缀，显得结实耐用，应是由当地工匠制作的。

图四　吐鲁番阿斯塔那墓地出土唐麻鞋

图五　吐鲁番阿斯塔那墓地出土唐蒲鞋

　　唐代西域靴子实物十分少见，多见于绢画、石窟壁画和草原石人，如现藏日本东京国立博物馆、出土于吐鲁番古墓的《树下人物图》中的女主人，脚穿的就是一双黑皮靴。西域女子舞蹈时也穿皮靴，唐杜佑《通典·乐志》："高昌乐舞二人，白袄锦袖、赤皮靴、赤皮带、红抹额。"受西域文化的影响，唐代中原妇女也有穿靴子的习俗，特别为宫廷舞女所青睐，将这种靴子叫"蛮靴"，如舒元舆的《赠李翱》中云："湘江舞罢忽成悲，便脱蛮靴出绛帷。"穿靴子的妇女形象，在唐人的绘画中也有反映，和这种靴子配套，身上都穿着胡服。

唐朝时期中原茶叶就已输入西域

阿迪力·阿布力孜

　　我国是世界上最早发现和利用茶树的国家。我国茶史的起源，众说纷纭，有先秦说、西汉说、三国说。茶以文化面貌出现，是在两晋北朝，最早喜好饮茶的多是文人雅士。唐代开元以后，我国的"茶道"大行，饮茶之风弥漫朝野，宋承唐代饮茶之风，日益普及。宋吴自牧《梦粱录》卷十六"鲞铺"载："盖人家每日不可阙者，柴米油盐酱醋茶。"自宋代始，茶就成为开门"七件事"之一。茶是生长在热带和亚热带地区的一种植物，受自然地理环境的影响，我国北方和西部疆域都不种植茶树，从古至今，新疆都是从内地输入茶叶，以满足各民族对茶的饮食需求。

　　文献记载和考古发现表明，唐朝时期茶就被输入到新疆地区，而且出现了茶马贸易，丰富了西域各族人民的饮食文化，推动了中原与西域之间的经济、文化交流。饮茶风俗和文化的普及，加速了西域对中原文化的体验和认同。新疆吐鲁番阿斯塔那墓地出土的屏风画《弈棋仕女图》中一部分《托盏侍女图》，就是唐朝饮茶习俗流传到西域的重要例证。

一　吐鲁番是新疆最早使用茶叶的地区

　　唐朝时中原地区茶文化发展到了一个新的高度，而且远播西藏、西域等边疆地区，对西部民族地区的饮食文化产生了重大影响。

　　茶叶最早传入西域的地区是吐鲁番。1972年出土于吐鲁番阿斯塔那187号墓的屏风画《弈棋仕女图》，画面以弈棋贵妇为中心人物，围绕弈棋又有侍婢应候、儿童嬉戏等内容，反映了唐代西域女子充满闲情逸致的休闲娱乐生活。其中，《托盏侍女图》是《弈棋仕女图》的一部分，图中的奉茶侍女，头梳丫鬟髻，额间装饰花钿，身着蓝色印花圆领长袍，双手托盏，表现了侍女为弈棋的主人进茶的情景。

　　唐朝以前，茶大多为上层贵族所享用；到了唐代，饮茶之风才扩散至民间，成了人们日常生活的一部分。在当时，人人饮茶成为社会风尚，正如《旧唐书·李钰传》中所提到的："茶为食物，无异米盐，于人所资，

图一　吐鲁番阿斯塔那墓地出土唐绢画《托盏侍女图》

远近同俗。既祛竭乏，难舍斯须，田间之间，嗜好尤切。"

当时，不少城市已出现了专门卖茶的茶馆，还出现了专门用于饮茶的器具——茶盏。在唐代，茶具常被称为"茶碗（盌）""茶瓯"；在宋代，"茶盏"是最为普遍的说法，但"茶瓯""茶碗"依然被继续沿用；进入明清之后，"茶杯"逐渐成为茶具的主要称谓。

吐鲁番阿斯塔那墓地出土的唐代绢画《托盏侍女图》中的女子，小心翼翼地将茶盏托于右手掌上（图一）。茶盏由茶托与茶杯组合而成，茶托为高足盘形，茶杯置于茶托的中央部位。从绢画中不好确定茶盏的质地，有可能是釉陶器或木制。

20世纪50年代以来，吐鲁番唐墓中出土了大量的彩绘木杯、陶杯，都是可以用于饮茶的器具。1972年，吐鲁番阿斯塔那230号墓出土了一件彩绘小木盒，高5厘米，制作小巧精致，盒身以精美的花纹装饰，是可以用来存储茶叶的精美器皿（图二）。

二　回鹘与中原的茶马贸易

茶有生津止渴、帮助消化的功效，对于

图二　吐鲁番阿斯塔那墓地出土唐彩绘小木罐

喜欢肉食和食酪饮乳的西域各少数民族来说，茶叶消费需求强烈。同时，中原地区希望获得西域的马匹等战略物资。在内地与边疆生产结构、消费结构互补的前提下，以物易物性质的开边互市在唐代发展起来。

据文献记载，生活在漠北的回鹘人与唐朝进行过茶马贸易。回鹘人是维吾尔族的古代先民，与唐朝关系十分友好，唐太宗更以"天可汗"的地位受到回鹘等各族的拥戴。特别是回鹘出兵帮助唐朝平定"安史之乱"后，漠北回鹘受到唐朝政府的重视，与唐朝的关系日益密切。

在回鹘长期与唐朝的频繁交往中，中原先进的文化不断传入回鹘地区，中原的饮茶习俗也不例外，回鹘与中原之间出现了茶马贸易。《新唐书·陆羽传》中载："其后尚茶成风，时回纥入朝，始驱马市茶。"这是我国历史上有关茶马互市的较早记载。唐人封演所著的笔记小说《封氏闻见记》记载："（饮茶）……始自中地，流于塞外。往年回鹘（纥）入朝，大驱名马市茶而归，亦足怪焉。"唐代中后期割据政权林立，战无宁日，唐王朝为了平定各路叛乱，亟须马匹。这样，唐王朝便主动利用茶叶与回鹘民族进行马匹交易。

840 年，回鹘大规模西迁至西域之后，把饮茶习俗也带到了丝绸之路上，饮茶的习俗随之扩散到中亚各地，茶的需求也逐步增多起来。从宋、元、明以来的文献中可见，茶叶成为输入新疆的大宗商品。

新疆古代女子的簪与钗

阿迪力·阿布力孜

　　簪与钗是用于固定或装饰头发的一种首饰，是中国古代妇女常见的发饰。先秦时期簪称之为笄。中国封建时代，女孩未满 15 岁，发式是丫髻，头上不插笄。女子年满 15 岁，要举行笄礼，表示已成人。古代男子用发簪，是起到固冠的作用。如《释名·释首饰》记载："笄，系也，所以系冠，使之不坠也。"到了汉代以后，发笄逐渐被发簪所代替。《史记·滑稽列传》里说："前有堕珥，后有遗簪。"簪在中国新石器时代遗址中有大量的发现，当时的发簪以骨簪和木簪为主，此外还有玉簪、蚌簪、石簪等。商周时期骨簪还占据重要地位，两汉以后，铜、金、银、玉、琉璃等质地的发簪逐渐增多起来。

　　从考古发现的资料来看，新疆各地墓葬中都发现了簪与钗，特别是簪，不仅数量可观，质地多样，有骨、木、铜、铁、金、象牙等，不同时代不同地域的簪都各具特色，精彩纷呈。钗与簪相比，出现晚，为女性专用，这种具有东方特色的妇女发饰，汉代从中原传入西域地区。新疆考古发现汉至唐朝时期的钗，虽然数量不多，但反映出中原内地发饰在内的服饰习俗对新疆古代女子的影响。

一　精彩纷呈的铜簪、金簪

　　有研究认为，从新疆考古发现来看，发簪最早发现在罗布泊地区孔雀河下游的古墓沟墓葬里。新疆文物考古研究所收藏的一件骨簪，保存较好，长 8.2 厘米，球形柄，出土于若羌县孔雀河古墓沟墓地第 20 号墓，距今 3800 年，是新疆境内迄今发现时代最早的簪子（图一）。2010 年 6~8 月，新疆文物考古研究所为配合新疆特克斯县库什塔依水电站工程建设，对阔苏克西 2 号墓葬群进行抢救性发掘，出土了两件骨簪。一件呈锥体，长 13.1、粗 0.7 厘米，首端扁平，两端微弯，后端腐蚀。另一件骨簪通体光滑，通长 15.4、粗 0.6 厘米。考古人员还在该墓地发掘出土了骨梳、骨针、骨镞、骨觿等骨器，发掘者推测这批骨器的时代为公元前 8~ 前 4 世纪。

距今 3000 年左右，新疆古代居民开始使用铜簪，新疆各地墓葬遗址中发现了很多从西周至汉晋时期的铜簪。2011~2012 年，新疆文物考古研究所对和静县莫呼查汗水库所涉及的墓葬进行了抢救性发掘，共发掘 250 座墓葬，M128 号墓出土的铜簪保存完整，长 26.4、直径 0.7 厘米（图二）。铸造而成。细长圆柱体，中部稍粗，圆尖，一端铸立马一匹，表现出浓郁的游牧草原文化风格，时代为距今 3000 年左右的青铜时代。

2011 年 4~6 月，为配合布尔津县也拉曼水库建设，新疆文物考古研究所对水库所涉及的 6 处墓地进行了考古发掘，在博拉提三号墓地 6 号墓里发掘出土一枚鸡首铜簪，通长 17.7、簪首长 6.5 厘米（图三）。圆柱形铜条制成，在簪顶部有直立的鸡形图案，阴线刻有羽毛和尾部。鸡形纹饰下有圆锥状饰件，饰件上阴线刻有猛禽捉羊、兔的图案。发掘者认为该鸡形铜簪是春秋中期的文化遗存。

2014 年 8~9 月下旬，新疆文物考古研究所对尼勒克县乌吐兰墓地进行抢救性考古发掘，共发掘 8 座墓葬，M2 号墓出土的铜簪，簪首为花瓣形，背面内凹，长 7.9 厘米，时代为战国至汉代。

2003 年 3~4 月新疆文物考古研究所和西北大学文博学院在尼勒克县加勒柯斯卡茵特山北麓墓地进行考古发掘，M6 号墓发掘出土的一件鸟形铜簪保存完好，长 17 厘米，簪首为一展翅飞翔的

图一　若羌县古墓沟墓葬出土距今 3800 年骨簪

图二　2011~2012 年和静县莫呼查汗墓葬出土距今 3000 年马形首铜簪

图三　2011 年布尔津县博拉提三号墓出土鸡形铜簪

小鸟。M6 号墓还出土了一件人形铜簪，长 17 厘米，簪首为人面形。这两件铜簪的年代大约为汉晋时期。

2010 年 10 月，新疆文物考古研究所为配合伊犁州新源县新源镇开发建设，对别斯托别墓进行了抢救性考古发掘，发掘墓葬 3 座，发掘出土了一件铜簪和一件铁簪。M2 号墓出土的铜簪呈钉状，一端为球形柄，通长 26、粗 0.3 厘米。M2 号墓出土的铁簪残长 5.4 厘米，一端为球形柄，其上包金。别斯托别墓 M2 号墓出土的女性装饰品十分丰富，有铜镜、眉笔、眉石、金手链、绳状金箔条等。据发掘者研究推断，这批装饰品是 2200 年前乌孙人的文化遗存。

2004 年新疆文物考古研究所在伊犁州巩留县山口水库墓地进行考古发掘，出土了一件铁簪，M60 号出土的这件铁簪锈蚀严重，但依然可以看出其形制，长 12.5、直径 0.3 厘米，一端呈圆球状，一端呈尖状。巩留县山口水库墓地还出土了一件包金簪头，直径 2.1 厘米，呈圆球状，用黄金模压而成，装饰着花瓣纹和交错的弧线纹。簪体残破缺失，从断口看簪体为铜质。考古人员还在巩留县山口墓地发现用于化妆的石眉笔、眉石、三羊纹金耳环、金饰件、玻璃珠、玛瑙、珊瑚珠等。这些散发着浓郁生活气息的装饰品，与簪一起构成了新疆古代女子生动立体的生活画面。

1976 年自治区博物馆考古队在尼勒克县哈拉图拜墓出土的一件金簪，全长 12.5 厘米，簪杆为铜质，鹤体高 0.5 厘米，鹤首用金打制而成，似鹤形，作展翅飞状，这种金簪表现出一定的中原风格。专家们通过对墓葬的形制和出土的陶器进行研究，认为哈拉图拜墓出土金簪在内的文物，是汉朝时期乌孙人的文化遗存，这件鹤首金簪有可能是中原王室赠送给乌孙贵族女子的礼物。

1972 年吐鲁番阿斯塔那 230 号墓出土的一件象牙簪，长 18.8、粗 1.1 厘米，从该墓出土文书中得知象牙簪的年代为唐长安三年（703 年），属国家一级文物。唐至宋，簪花在西域十分流行，除了出土文物之外，石窟壁画中也有上层贵族妇女插满花簪的形象。如吐鲁番柏孜克里克第 20 窟壁画里两位回鹘贵族妇女，脸部丰腴，细眉，丹凤眼，鼻梁挺直，小口朱红，身着华丽无比珠宝装饰的红色连衣裙，高耸浓密的发髻上簪满了各种鲜艳夺目的花朵，反映了西域女子以簪花为时尚。吐鲁番高昌故城遗址出土的一幅绢画，反映了唐代女子的簪花习俗。绢花中的女子面目清秀，五官端庄，文静，身着红衫，头发上簪满了花朵与珠饰，十分引人注目。

二 风情依旧的宝钗

发钗和簪在功能上是相同的，但两者的结构有所不同：发簪通常为一股，而发钗则做成双股。最早的"钗"字被写作"叉"，因为它的造型如同枝杈。《释名》曰："叉，枝也，因形名之也。"《中华古今注释·钗子》："钗子，盖古笄之遗象也，至秦穆公以象牙为之，敬王以玳瑁为之，始皇又金银作凤头，以玳瑁为脚，号曰凤钗。"钗不仅是一种饰物，它还是一种寄情的表物。古代恋人或夫妻之间有一种赠别的习俗：女子将头上的钗一分为二，一半赠给对方，一半自留，待到他日重见再合在一起。辛弃疾词《祝英台近·晚春》中的"宝钗分，桃叶渡，烟柳暗南浦"，即在表述这种离情。现在发现的最早的钗出现在春秋时代，是用一根完整的动物肢骨做成的，上面还有烙印的图案。用各种宝物镶嵌或做成的钗叫作"宝钗"，名贵的宝钗价值连城，花费千金，只为耀首。

与那些名贵的宝钗相对比的就是"荆钗"了，最初的荆钗的确是用荆条做成，后来铜铁之类的发钗也都叫作"荆钗"。《列女传》中，梁鸿的妻子孟光，就是荆钗布裙。到了后来，人们还用"荆钗"来代称贫苦妇女。在新疆考古发现的文物中，很难找到用荆条做成的荆钗，铜钗相对多见。2016 年 10 月，新疆文物考古研究所在罗布泊地区进行考古调查，新发现重要文物遗存点 2 处，标定文物点 81 处，出土的一件铜钗保存完好。呈"U"形，长 5.8、粗 0.3 厘米。由细铜条弯曲而成，双头较锐利。时代为汉晋时期。

1997~1998 年，巴音郭楞蒙古自治州博物馆为配合罗布泊地区的石油勘探开发，对楼兰古城周边地区进行考古调查。考古人员在罗布泊西岸采集到一件铜钗，保存完好。铜钗长 11、粗 0.6 厘米，钗头宽扁，有三道凸棱，之间有一细柱连接。时代为魏晋时期。

1988~1997 年，中日双方联合组成考察队对民丰县尼雅遗址进行了长达 10 年的考古调查发掘，共调查古城、聚落、墓地等 11 类遗址 215 处。1997 年在尼雅遗址采集到一件铜钗长 15.8、钗头直径 1、钗身单股直径 0.25 厘米，钗身细长，双股平行。钗头上装饰一圆形暗红色玛瑙，注重装饰性。尼雅遗址采集的一件铜钗，造型独特，用一根铜条弯曲而成，一端为四股，连续弯出 4 个"S"形，这种造型的铜钗十分少见。时代为汉晋时期（图四）。

晋唐时期的西域高昌女子大多使用铜钗、银钗和金钗。1960 年吐鲁番阿斯塔那 336 号墓出土了两件唐朝时期的铜钗，其中一件使用过的铜钗保存完好，素面，"U"形，两端均圆钝，长 8、径约 0.2 厘米。1972 年阿斯塔那 148 号墓出土的一件银钗保存较好，长 10.8 厘米，上端宽扁，下端细长，变形，是麹氏高昌王国时期的遗物（图五）。目前新疆境内很少发现唐以前（包括唐代）的金钗实物，但吐鲁番文书中有关于金钗的记载："金钗一双、团花一枚、胭脂、胡粉、黑黛……"

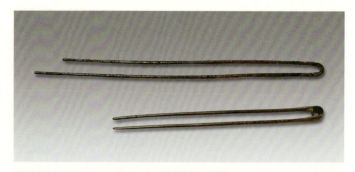

图四　若羌县楼兰古城遗址出土汉晋时期铜钗

新疆古代簪与钗的历史悠久，而且质地多样，式样繁简不一。总体上讲，在数千年的历史长河中，簪与钗都经历了从简单到复杂的过程。新疆青铜时代和早期铁器时代簪的质地以骨、木、铜等质地为主，到了汉唐时期，簪上的装饰也日趋华丽，变化多样。除了铜簪之外，还出现了金簪、银簪、象牙簪等。

图五　吐鲁番阿斯塔那 148 号墓出土北朝时期银钗

北疆地区墓地遗址出土的铜簪的簪首，装饰着动物和禽类图案，表现出浓郁的草原游牧文化特色。汉代以后，随着西域与中原政治、经济、文化交流的日益频繁，西域女子也开始梳发髻，钗这种中原风格的头饰也传入西域地区。唐朝时期，中原的发髻对吐鲁番西州妇女的发式产生了较大的影响，中原的锥髻、堕马髻、低髻、鸟髻、鬟髻、刀髻、乌蛮髻等发型传入吐鲁番高昌，这些千姿百态的发式都需要用簪、钗等来固定，使当地女子的三千发丝不致散乱。从石窟壁画等图像资料来看，唐末、宋朝时期高昌回鹘贵族妇女的服饰不仅华贵典雅，她们的发型受中原文化的影响也梳起了发髻，而且发髻上簪满了花朵和珠饰。

风从帝乡来

——岑参与吐鲁番阿斯塔那 506 号墓出土文书

何 晓

  唐天宝九年（750年），是岑参来到安西的第二年。一年来，边塞无事。不同往日的烈日炎炎和狂风大作，今日的和煦、暖风穿堂，令岑参恍然回到从长安出发的那一日。与初来的满怀激情相比，此刻的岑参，东望长安，想到离家万里、壮志未酬，提笔写下了思乡的惆怅：

   家在日出处，朝来起东风。风从帝乡来，不异家信通。

   绝域地欲尽，孤城天遂穷。弥年但走马，终日随飘蓬。

   寂寞不得意，辛勤方在公。胡尘净古塞，兵气屯边空。

   乡路眇天外，归期如梦中。遥凭长房术，为缩天山东。

  （《安西馆中思长安》）

  岑参，这个唐朝著名的边塞诗人，千百年来，家喻户晓。一提起他的名字，估计很多人脑海中都会冒出他脍炙人口的诗句："忽如一夜春风来，千树万树梨花开。"

  岑参生于唐开元三年（715年）的河南仙州（今河南许昌附近），后迁居江陵（今属湖北）。说起来他有一段显赫的家世：曾祖岑文本、伯祖岑长倩、伯父岑羲都以文墨位至宰相。但长倩因祸被杀，五子同赐死，羲亦伏诛，身死家破，岑氏亲族被流徙的数十人。他的父亲植曾做过仙、晋二州刺史，但在岑参10岁左右，父亲去世，家境日趋困顿，以致岑参幼时孤贫，从兄就读，但书香门第的影响已深入骨髓。他天资聪慧，5岁读书，9岁赋诗，遍览史籍。唐玄宗天宝三年（744年）进士，初为率府兵曹参军。后两次从军边塞，先在安西节度使高仙芝幕府掌书记；天宝末年，封常清为安西北庭节度使时，为其幕府判官。代宗时，曾官嘉州刺史（今四川乐山），世称"岑嘉州"。大历五年（770年）卒于成都。

  岑参生活的大唐，已是四海宾服，八方来朝。唐朝以海纳百川的胸襟在与周边各民族频繁交往中成为世界文化中心。而在近三百年的统治中，也是各种战事不断。在那个时代，投笔从戎成为文人的风尚，建功立业是有志男儿的理想。"功名只向马上取，真是英雄一丈夫"（《送李副使赴碛西官军》），满怀壮志的岑参不屑在京城做一个安稳的小公务员，在颜真卿的引荐下，随安西节度使高仙芝来到安西。

"为言地尽天还尽，行到安西更向西。"一路向西，一路艰辛，也曾有过动摇："悔向万里来，功名是何物！"（《日没贺延碛作》）但是西域的烈焰、狂沙、苍茫、妖娆，无不刷新着这个年轻诗人的视角，一刻是"三军大呼阴山动"，一刻又看到"美人舞如莲花旋"，被西域的独特魅力点燃激情的岑参，忽略了环境的艰苦、思乡的寂寞，从军西域的六年经历，让他的人生熠熠生辉。

岑参一生到过两次边塞，时间加起来，不过六年。可正是这短短六年的时间，使他的生命在历史的长河里发光、发亮。他一生写诗 400 多首，关于边塞的诗有 70 余首。他第一次出塞是从34 岁到 36 岁（天宝八年冬至十年春，749~751 年），赴安西，为安西节度使高仙芝度的僚属。初次出塞，满怀报国壮志，在戎马中开拓前程，但未得意。第二次是从 38 岁到 42 岁（天宝十二年春秋间至至德二年春，753~757 年），又充安西北庭节度使封常清判官，再次出塞，报国立功之情更切，边塞诗名作大多成于此时。

关于岑参赴安西一段历史，在 1973 年出土于阿斯塔那 506 号唐代古墓中的文书《长行坊支贮马料文卷》中，得到了证实（图一、二）。

吐鲁番以东 42 千米的阿斯塔那古墓群是当年高昌国民众寻求死后安乐的幽静之地，在方圆10 多千米的戈壁沙丘之中，堆积着密密麻麻的古冢。这里埋葬的既有达官贵族、威武将军，也有平民百姓、下层兵士，因而被当今学者称为"高昌的历史活档案，吐鲁番的地下博物馆"。中华人民共和国成立以来，考古工作者在这里先后进行了多次发掘，出土了数万件文物，仅文书一项，整理拼合出总数 2700 多种。文书上的纪年，最早是西晋泰始九年（273 年），最晚的是唐大历十三年（778 年），前后历时五百余年，文书内容涉及政治、经济、军事、思想、文化等各个方面。内容所及，大到典章制度、重大历史事件和历史人物的活动，小到纯属私人生活的琐事，为研究

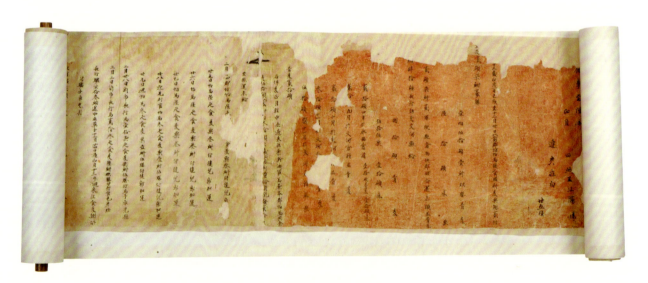

图一　1973 年吐鲁番阿斯塔那 506 号墓出土《长行坊支贮马料文卷》

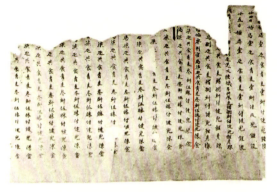

图二　1973 年吐鲁番阿斯塔那 506 号墓出土《长行坊支贮马料文卷》（局部）

这段历史提供了第一手材料。

其中《长行坊支贮马料文卷》，经考古专家整理修复后，现存 180 页，记载了唐玄宗天宝十三年至天宝十四年（754~755 年）每天往来于驿站和长兴坊之间的马匹以及草料的消耗情况。

贞观十四年（640 年），唐朝统一了新疆地区，在这里建立了各级地方政权。与此相适应，还建立了各级交通组织，配备了交通工具。形成了较完善的交通网。长行坊，也称马坊，唐代与馆驿并存的交通机构。供官吏及一般人员乘载，因由起点至终点中途不换乘，而称长行。坊内置长行牲口，以长行马为主。坊内对牲口实行严格管理，标明等级，打烙印记。文卷中第一卷西州（今交河故城）等驿站的马料出入账上有一笔清楚地记载着："岑判官马柒匹共食青麦三豆（斗）伍胜（升）付健儿陈金。"

经查史料，天宝末年，在驻节西州的北庭都护、伊西节度使封常清幕府中当判官且姓岑的只有一人，那就是岑参。所以史学家断定这里的"岑判官"就是岑参。这笔账说的是，岑参等人的七匹马在驿站用了若干马料，把马料钱付给了驿卒陈金。第十五卷中也有类似的记载。

一千多年前这位著名的诗人戎马倥偬、转战大漠时的形象，透过这些斑驳了墨迹的原始记录，跃然浮现眼前。年轻的诗人岑参，意气风发、胸怀壮志，他征战驰骋在大漠边关，往来于轮台、交河等地之间。"平明发轮台，暮投交河城。"（《使交河郡》）他驾马而来，在驿站稍事休整，备足粮草，又跨马匆匆而去。路遇返京使者，想到家乡的娇妻，也曾泪流满面地写道："故园东望路漫漫，双袖龙钟泪不干。马上相逢无纸笔，凭君传语报平安。"（《逢入京使》）满怀豪迈与柔情，却没有半点矫情。

岑参的诗想象丰富，意境新奇，气势磅礴，他的边塞诗成为风格独特的重要流派。爱国诗人陆游曾称赞说："以为太白、子美之后一人而已。"（《跋岑嘉州诗集·〔南宋〕陆游》）

艺术的内在精神，就是那个时代的精神。大唐的文化在大一统的格局下蓬勃发展，带着统一国家的宏伟和兼容的气度，造就了一代代胸有家国、心怀抱负的杰出诗人。也可以说，是西域的苍茫大地、边塞烽烟让岑参融山水气象于胸中，驱万丈豪情于笔下，书写着大唐的恢宏。

牛上唱歌牛下坐，夜归还向牛边卧

——牛和文物的故事

叶尔米拉

　　牛是中国传统六畜之一，是最早被人类驯服的家畜之一，在十二生肖中位居第二。"吃的是草，挤出来的是奶""俯首甘为孺子牛""牛上唱歌牛下坐，夜归还向牛边卧"等名言诗句体现了牛默默为人类奉献的精神。植根于我国数千年农耕文明的丰厚沃土，牛与中华先民结缘深厚，在历代社会生活、信仰崇拜、文学艺术作品中都不乏牛的身影。对人类而言，牛既是工具、财富，也是食材、祭品；既是凡间伙伴，又是辟地的神兽；偶尔也会化身妖魔鬼怪，蛮横倔强，但始终掩不住力量无穷、勤勉敦厚的本色，其脚踏实地、无私奉献的精神特质，总能给人以启迪和激励。

　　在新石器时代末期的遗址中发现了不少破碎的牛骨，说明古人可能已经开始食用牛肉、敲骨吸髓。史书中关于食用牛肉的记载始见于《礼记·内则》，后世称之为"周八珍"，讲到了淳熬、淳母、炮豚、炮羊、捣珍、渍、熬、肝膋八种烹饪肉类的方法。其中的渍，就是用刚刚宰杀的新鲜牛肉，切成薄片，浸渍一天一夜，以肉汁和梅子酱调味，然后食之。在商代，牛肩胛骨是占卜用的主要材料，在流传至今的甲骨中尤为多见。而在周代的祭祀中，牛羊猪三牲俱全方称太牢，如缺少牛牲，则只能称少牢。正所谓"诸侯之祭，牲牛，曰太牢"，意思是诸侯一级的祭祀用牛，称之为太牢。可见最高等级的祭祀是必须用牛的。在三牲之中，牛最珍贵，非一般人所能享用。牺、牲、牿等与祭祀有关的文字，都以牛作为部首。在十二生肖中，牛对应着地支中的"丑"，寓意勤奋与力量。《吕氏春秋·古乐篇》记载："昔葛天氏之乐，人操牛尾，投足以歌八阕。"三人手里拿着牛尾巴，手舞足蹈而歌，大概就是早期的春牛舞吧。出于对牛的喜爱，古人选取牛的艺术形象，广泛应用在器皿、兵器、工具、用具、乐器、装饰品上。丰彩多姿的牛文物，为我们了解农业、宗教、贸易、民俗提供了重要的实物资料，也为我们探讨文化交流开辟了广阔的视野。

图一　阿勒泰市发现的先秦时期墩德布拉克岩画

图二　若羌县小河墓地出土青铜时代牛头

新疆考古遗址中出现的以"牛"为形象的文化遗存不少，形式也非常多。如早期岩画中的牛元素、小河墓地中无处不在的与牛有关的陪葬习俗、汉唐时期墓葬出土的各类牛形象的文物，佛教壁画中也屡屡出现的牛形象。通过对这些遗迹中牛形象的分析，可以将其功能大致分为早期宗教崇拜对象、交通工具、财富象征、衣食来源等等。在阿尔泰山和天山等山脉及其支脉中的岩画中，动物题材居多。其中牛在这些岩画中以不同的形态出现，数量巨大，形态迥异，栩栩如生（图一）。新疆地区发现的随葬牛头骨的现象，大多出现在史前时期的墓葬中。其中，以小河墓地最为突出。小河墓地有将牛头悬挂于棺前木柱上的习俗（图二），也有随葬牛耳朵尖的葬俗，此外死者的棺木都蒙盖有牛皮，而且从牛皮的数量上看，有的棺木由三张牛皮包裹，由此可以推测每埋葬一个人至少要宰杀三头牛。

新疆考古发现的牛形象文物中，乌苏市四棵树墓地出土先秦时期金牦牛（图三）、吐鲁番交河沟西墓地出土汉代镶嵌绿松石金耳饰（图四）、拜城县克孜尔石窟（第163窟）南北朝时期佛度恶牛缘壁画（图五）、吐鲁番阿斯塔那墓葬出土唐代彩绘泥牛俑（图六）、和田县约特干遗址出土唐代人首牛头陶饮器（图七）等都极具代表性。金牦牛时代为先秦时期，出土于乌苏四棵树墓地，这两件金牛形象逼真，体现了当时人们对牛的认知程度，也折射出先秦时期人们高超的金器加工技艺。此外，吐鲁番交河故城出土了一件汉代的镶嵌绿松石金耳饰，整体为一个抽象的牛头形象，金耳饰呈现出金、绿、白的颜色，色彩层次丰富，

图三　乌苏市四棵树墓地出土先秦时期金牦牛

图四　吐鲁番交河沟西墓地出土汉代镶嵌绿松石金耳饰

图五　拜城县克孜尔石窟（第 163 窟）南北朝时期　　佛度恶牛缘壁画

图六　吐鲁番阿斯塔那墓葬出土唐代彩绘泥牛俑

图七　和田县约特干遗址出土唐代人首牛头陶饮器

造型极富想象力。彩绘泥牛俑和卧牛俑作为唐代泥塑中的代表，不但色彩逼真，而且活泼可爱。工匠们抓住了牛的动态特点，用流畅简洁的线条表现四肢的形态，通过对牛的面部及眼神的刻画，表现出牛温顺的习性，静中有动、神态自若。人首牛头陶饮器出土于和田地区，时代为唐代，有专家认为是通过丝绸之路传入新疆地区的希腊酒器，它的价值在于实用器与雕塑艺术的巧妙结合。该饮器从器形上看类似牛角，其上端为长胡男子的形象，下端是牛的形象，是一件难得的唐代艺术珍品。无论是什么样的牛形象，都折射出人们对牛这种动物的厚爱。

历代文人以牛为题材创作的诗词歌赋不胜枚举，唐代的李白、杜甫、白居易、杜牧，宋代的陆游、王安石等都有脍炙人口的咏牛诗，给人以启迪和美的享受。一代文豪鲁迅先生以"横眉冷对千夫指，俯首甘为孺子牛"作为自己的座右铭。可见牛不仅是农事生产的得力助手，更寓意着厚德载物、负重致远、五谷丰登、国泰民安。

新疆博物馆藏唐墓生肖俑

周　宁

　　十二生肖也称"十二支神俑"，是代表地支的十二种动物。东汉王充《论衡》"子之禽鼠，卯之兽兔"，"禽"与"兽"并举，说的就是生肖。《中国历史大辞典》对十二生肖的定义为，十二种用作纪年标志的动物，与纪年的十二地支相配属，多用以记录人的生年。十二生肖自古以来就与人们的生产生活、衣食住行紧密相连，寄托了人们对自然界的崇敬和美好愿望。

　　"十二属相"的说法最早起源于东汉，但到了隋代之后，才作为随葬品在墓葬中普遍出现。考古资料表明，十二生肖俑在隋代至初唐主要流行于两湖（湖南、湖北）地区，这一时期的生肖俑主要为坐姿兽首人身俑，头为生肖动物，身体为人身。唐高宗、武则天时期，墓葬中开始出现站姿兽首人身生肖俑[1]。这一类型的生肖俑呈站姿，头部为生肖动物，身体为人身。在今陕西西安、新疆吐鲁番等地的唐代墓葬中，均出土有此类型的十二生肖俑，不过，在吐鲁番阿斯塔那墓地出土的生肖俑仅为单件或多件，未发现十二尊同时出现于一座墓葬的情况。

　　新疆维吾尔自治区博物馆收藏的 5 尊生肖俑，是研究新疆古代生肖文化重要的实物资料。其中的猪首人身俑和鸡首人身俑保存较为完整，于 1972 年在吐鲁番阿斯塔那 216 号墓出土。由于阿斯塔那 216 号墓并无墓志和随葬衣物疏，所出文书有明确纪年的是唐载初元年（689 年）、天宝元年（742 年）和天宝十年（751 年）[2]。由此推断，这两尊生肖俑的大致年代应在盛唐晚期到中唐时期。这两尊俑均为木心泥塑。猪首人身俑，通高 79 厘米，猪的头部在写实中又有适度的夸张，脸型瘦，猪鼻前伸，鼻孔大，嘴里左右有两颗獠牙把上唇部分顶起了褶皱，双耳直竖，眼睛大并夸张成弯月形，整个头部除了眼仁为白色外，其余都被涂成了黑色；直颈，胸微袒露；上身着橘黄色交领宽袖长袍，衣领、袖口及下摆边缘均镶以宝相花纹锦边；双手齐胸作恭揖状；下身穿棕褐色红蓝点小团花长裙，裙长曳地；足穿方头鞋，亦站立于长方形底板上。

[1]
张丽华：《十二生肖的起源及墓葬中的十二生肖俑》，《四川文物》2003 年第 5 期。

[2]
唐长孺主编：《吐鲁番出土文书［肆］》，文物出版社，1996 年。

图一　新疆维吾尔自治区博物馆藏唐墓生
　　　肖俑——猪首人身俑

图二　新疆维吾尔自治区博物馆藏唐墓生
　　　肖俑——鸡首人身俑

　　鸡首人身俑，通高80厘米，鸡头栩栩如生，鸡冠略高且坚挺有力，状似母鸡，鸡喙呈圆尖形、鸡眼圆睁、双耳侧竖；直颈，胸微袒露；上身穿绿色交领宽袖长袍，衣领、袖口及下摆均镶以卷草纹锦边；双手拱于胸前；下身着褐色花长裙，裙长曳地；足穿花锦鞋，站立于一长方形底板上；鸡首、脖颈、胸及双手均绘橘黄色彩。两件生肖俑全身比例匀称适度，雕塑手法十分细腻，神态端庄肃穆，衣纹线条流畅，彩绘精细，形象逼真，具有很强的写实韵味。一般认为，墓葬中的生肖形象主要是用来表示方位、记载年月的，旨在用十二神轮流守护墓主人，求其平安吉祥，并为其驱邪辟凶。

　　用十二生肖像来辟邪，作为墓中随葬俑的同时，还有用十二生肖的属相来作纪年的。这就是人们习惯把某年出生的人冠以某年的属相，如子（鼠）年出生者属鼠，亥（猪）年出生者属猪。因此在一些古代文书中常记以"龙"年、"蛇"年的年号。这不仅在我国古代的汉族地区盛行，而且在古代的少数民族中也被广泛地应用。如古代新疆地区的高昌回鹘就广泛地使用，出土的回鹘文经卷中，常标有"鸡"年、"龙"年等年号。同时，在新疆吉木萨尔发掘北庭高昌回鹘佛寺遗址的壁画墙面上也发现有"牛"年等年号。以后，这种习俗一直延续到元代。在回鹘文书写的《善斌卖身契》上就写有"龙年八月二十六日"的纪年。据发掘者介绍，在此墓中，只发现了"鸡"俑和"猪"俑，未发现全组十二生肖俑像，因此，有学者推测墓葬中出土的单个生肖俑可能与墓主人的生肖属相一致，也有可能是墓主人出生与死亡年份相对应的属相，但笔者认为，从该墓葬的形制属于夫妻合葬墓来看，阿斯塔那 216 号墓中的鸡俑和猪俑代表的是墓主夫妇的属相这种说法更为合理，即夫妇二人分别生于酉年和亥年，男性属鸡，女性属猪。

生肖俑作为随葬品，自隋代以来就成为汉民族丧葬习俗之一。对于这种葬俗的流播地区、时间及影响，就目前考古资料来看，十二生肖俑，南方最早见于隋墓，西安见于盛唐前期墓葬，吐鲁番地区见于盛唐后期墓葬。西安唐墓是受了南方的影响，而吐鲁番唐墓当是受了西安唐墓的影响。

新疆出土的唐墓生肖俑为研究中原和古代西域文化和习俗提供了珍贵的实物资料，同时也从侧面反映出中原文化对西域文化的影响之深。

眉宇华彩

——从新疆出土文物看唐代女子花钿装饰艺术

高愚民

花钿作为古代女子的装饰技法，在唐代十分盛行，新疆考古出土唐代女俑及仕女画中的女性形象可见花钿装饰，这些特色鲜明的花钿装饰记录并展示了唐代的装饰艺术。

花钿也称为花子，是盛行于唐代的一种女子装饰技法，一般施于眉心。作为装饰的花钿，主要是由金、银、纸、翠等剪刻加工制成的薄片状饰物，常见点、花、唇、扇等形状，装饰时将它贴在额头、眉心等，粘贴材料主要为阿胶及鱼鳔胶。关于花钿装饰艺术的起源，众说纷纭。有学者认为起源于秦始皇时期，从实物资料来看，在唐代以前已经形成了花钿艺术。

新疆地区因气候干燥，保存了大量的唐代文物。这些文物真实地记录并反映了当时的民俗风情。新疆考古出土唐代女俑及仕女画中女性形象，多见花钿装饰，常见唇形、梅花形、燕形等，其色调以红色为主，也有绿色、蓝色、黑色等。

弈棋图（图一），于1972年出土于阿斯塔那187号墓，画面残损，仅能看到一位弈棋仕女的形象。图中弈棋女子头梳高髻，发髻中穿一精致簪花，黛眉浓硕。其额头花钿颇具特色，花钿整体为黛色桃心状，以七枚红点勾勒出一朵盛开的桃花形象，其中心较大红点为花蕊，与周围六枚花瓣相映成趣，仿佛额头绽放的桃花，为女子增色不少。这种复色花钿也较为少见，反映了此女子独特的审美取向。女子上身穿蓝白印花的宽大绯色上衣，上衣中还挂有透明白纱，残存的下身似穿一条绿色长裙，端坐在围棋盘前，右手腕佩戴金色手镯，中指和食指夹着一枚棋子，正布入棋盘。图中妇女浓妆艳丽，肌肤丰腴，具有典型的唐代艺术审美特色。该画作工笔重彩，人物形象生动逼真，充分体现了盛唐时期绘画艺术的特点。这幅弈棋图为围棋史的研究提供了珍贵资料。

双美人图（图二）为屏风画弈棋图中的一部分，绘于对弈者的右侧。

图一　阿斯塔那墓地出土弈棋图

画中两位女子，前者为雍容华贵的仕女，其身后为正当妙龄的侍女。仕女发束高髻簪花，阔眉，额间饰花钿，面颊绯红，小嘴。其身穿绿衣绯裙、帔帛，足穿翘头履，左手上屈轻拈帔帛。身后的侍女发髻饰簪花，额间饰红绿花钿。身穿圆领印花袍，腰间系黑带，下穿晕裥裤，足穿丝帮麻底鞋。此图中两名女子的花钿形象不尽相同，前者为红底中部留白的唇形，后者以红底绿彩勾绘为椭圆形。不同的花钿装饰表现了两位女子不同的审美取向，同时也展现出唐代花钿装饰的成熟与兴盛。

树下美人图（图三）绘于对弈者的左侧，是站在一旁的观棋者。美人束簪花高髻，浓眉顾长，面饰红粉妆，樱嘴红唇，面容饱满。其花钿为红底唇形，中部绘以白蕊黛青色小花，整体造型大方且富有时代气息。身着印花蓝衣绯裙，足穿白底蓝边云头锦鞋，展现了唐代女性大气的时代之美。

侍女俑（图四）为阿斯塔那墓地出土，整体造型简约朴素，但面部装饰艺术也很有特色。其两颊涂红腮妆，额头的暗红色花钿由眉心自上而下一笔绘成，这一妆饰彰显出其朴素秀丽之美。

图二 阿斯塔那墓地出土双
美人图

图三 阿斯塔那墓地出土树
下美人图

图四　阿斯塔那墓地出土侍女俑

图五　阿斯塔那墓地出土双侍女图

双侍女图（图五）中的两位女子，端庄大气，面容饱满。左侧侍女发式为丫鬟髻，头发由红绳系挽成环状，垂于左右两鬓，脸颊施红彩，黛眉秀目，樱桃小嘴，身穿黛色圆领宽袖长袍，其额头花钿由暗红、浅红、黄三色叠绘而成。右侧侍女头束簪花低髻，面饰红粉妆，身穿米白底宝相花纹圆领宽袖长袍，其额头花钿由深浅绿色的同心圆叠绘而成。两位侍女均为垂立捧手恭命状，但其发式、衣着及花钿装饰各有风韵，再现了唐代女子自信大气的多元审美取向。

唐代彩绘贵妇头像（图六）为阿斯塔那 188 号墓葬出土，该头像由木雕塑泥彩绘而成。贵妇面相饱满，柳叶俏眉，朱唇微抿，造型端庄典雅。其头戴金色振翅欲飞的凤鸟冠，面施唐代最为流行的红粉妆，两腮绯红，煞是好看，两鬓绘朱色月牙状斜红。最有特色的是其额头的梅花形花钿，

图六　阿斯塔那墓地出土贵妇木雕头像

此花钿整体为圆形，花朵中由四道对称留白表现出花瓣的形制，花钿整体为红色，好似怒放的梅花，与其面部的红粉妆相得益彰，更加展现出妇人的典雅与妩媚。

绢衣舞伎俑（图七），1973年出土于阿斯塔那206号墓。该俑躯干由木雕而成，其双臂由纸捻成后插入肩部两侧的小孔内，纸臂绢衣便于表现各种舞蹈动作。其发髻为惊鹄髻，呈两扇羽翼状，似鹤鸟振翅欲飞。舞伎面相丰满，双眉浓密上扬，炯炯有神，樱嘴朱唇，嘴角为黛色面靥。其额头为较为抽象的红色飞燕状花钿，整体造型灵动而飘逸，富有朝气。

仕女绢画（图八）出土于阿斯塔那230号张礼臣墓。舞伎发束螺髻，面颊绯红，杏唇微抿。其额头的花钿为一只飞翔的燕子形象，活泼而飘逸。身着黄蓝相间的卷草纹白底上衣，下穿飘逸的拖地红裙，足穿翘头高履。左手扶肩帔，右手背于腰间，一副悠然闲适的样子。该女子身材清俊修长，展示了初唐的审美时尚。人物面部运用了晕染技法，表现出娇嫩的肤色。这是目前我国发现最早有确切年代的妇女生活绢画作品。

舞伎俑（图九）出土于阿斯塔那墓葬，其身材比例修长，面部淡抹胭脂，绘斜红面靥，点朱唇。双臂均用纸捻成，外穿彩色窄袖绢衣，下

图七　阿斯塔那墓地出土绢衣舞伎木俑

图八　阿斯塔那墓地出土仕女绢画

身着红黄相间的彩条裙，腰系花锦宽带，帔帛绕肩，衣裙曳地，宛若真人。这尊女俑的花钿造型较为复杂，整体由上中下三部分组成，其上部为草叶纹，中部为中空的桃形，而下部则为上扬的飘带，这种繁复的花钿较为罕见。

从社会背景来看，唐代政治形势稳定清明，社会经济发达，妇女在这种生活安逸、心情舒畅的情况下，才有心思去追求美和表达美，这样就建立了唐代女性花钿妆饰丰富的社会心理基础。唐代的统治阶层都有较好的文化素养，拥有浪漫主义的生活情怀，这就促使了整个社会的装饰风气的形成，为妇女的花钿妆饰提供了较好的社会背景。从文化角度来看，唐代多元文化长期交融、多样文明长久渗透，唐王朝以开放的胸怀、兼收并蓄的态度，促使多元文化结构的社会心理、价值取向和审美行为占据支配地位，这给当时女性构思、设计各种花钿形象提供了文化依据。从信仰角度来看，唐代佛教盛行，认

图九　阿斯塔那墓地出土绢衣彩绘舞伎俑

为在额头点红、贴花，是智慧的象征，寓意吉祥，唐代的花钿盛行与佛教的兴盛有很大关系。此外唐代开放的服饰风格，促使花钿装饰有着独特的审美动机，有意识地用涂、绘和贴花的方法，以遮掩面部的缺陷。以上这些因素都促成了花钿装饰的盛行。

唐代女子的花钿装饰，以其独特的审美视角、精美的装饰艺术，在我国女性装饰史上留下浓重的一笔，展现出一系列与众不同的视觉效果，当然唐代花钿的起源与流行是根植于唐王朝深厚的文化底蕴和浪漫的生活情怀的。唐代女子对花钿的追求是其爱美的天性的流露，同时也展现了唐代女性所处的社会地位、价值取向和审美观念等。

衣袂翩翩，舞动千年

——吐鲁番出土绢衣彩绘舞女木俑

周 宁

　　这是一位来自唐朝的美丽舞者，只见她身材姣好、体态轻盈。女舞者头梳回鹘高髻，粉脸，描着当时入时的桂叶眉，面如冠玉，艳若桃花，樱桃小嘴涂以红色，面颊两酒窝，左右两颊绘有红色如意纹，唇点朱，眉中有钿花，非常典型的唐代女子妆容。她身着襦裙装，上身穿淡黄色窄袖绢衣，下身着红黄相间的间裙，肩披绛红色印花罗，帔帛绕肩，长裙曳地。那飘逸凝重的神态，令人遐想。舞者亭亭而立，双手自然置于身体两侧，帔帛轻飘，似乎方才一曲舞毕，那含蓄优美的舞姿定格在1300多年前的唐代……

　　她，其实是一件1973年出土于吐鲁番阿斯塔那墓地的绢衣彩绘舞女木俑。由于吐鲁番得天独厚的地理及气候的条件，这件舞女俑如此完好地保存至今，才让我们有幸重温历史、感受舞者给我们带来的无穷魅力。

　　唐朝国力强盛，在唐中央王朝的有效管理下，当时的西域地区在政治、经济、文化等各方面都有较大发展。吐鲁番地处新疆中东部，是古丝绸之路上的重镇，自两汉以来，一直是我国西域地区的政治、经济、文化中心。阿斯塔那素有"吐鲁番地下博物馆"之称，古墓群位于吐鲁番高昌北郊火焰山南麓戈壁荒滩上。墓葬年代从西晋到唐代中叶（公元2世纪下半叶到9世纪初）。墓主以汉人为主，同时葬有车师、突厥、匈奴等民族。宋代以前，高昌地区是西域东部著名的中原文化传播中心，中原汉地文化在这一地区的影响是显著的，阿斯塔那墓葬中出土的大量造型各异、色彩斑斓的俑即代表，它们既是唐代俑像及绘画艺术风格西传的佐证，也蕴含并体现了古代西域女性独具特色的妆容服饰。阿斯塔那墓葬出土的这件绢衣彩绘舞女俑既反映出了唐代西域女子的生活面貌，同时也再现了古代西域歌舞的无穷魅力。

一 服饰与妆容

这件舞女木俑身着典型的唐代女式裙装，主要由襦、裙和帔帛组成，襦就是比较短小的衣服，裙就是长裙，一般裙子的腰较高，几乎在腋下，这样的服饰穿着起来极富美感，使得女子曼妙的身姿展现无遗，或动或静都充满婀娜多姿的女性魅力。这件女俑再现了唐朝盛寿乐舞的盛况，盛寿乐舞是唐武则天时期的创新，在相同时期，西域地区也出现了同样的装束，可见中原文化强大的辐射力。唐代女装千变万化，但是不外乎三大类型：一种就是这件女俑所穿着的窄袖衫、襦配长裙的裙装，一种是胡服，也就是翻领的窄袖，还有一种就是圆领的男装。胡服和男装之所以在唐代盛行，究其原因，一是当时社会的开放，女性着装的自由度大，二是受到外来服饰的影响，再者就是唐代女子猎奇和求异的着装心理的作用。

丰腴雍容中的雅致，正是盛唐女性所独有的。社会的繁荣，绽开在那些花样面容上，流光溢彩，令人沉醉。从这件舞女木俑的妆容，我们可以看出，唐代女性化妆是浓艳、大胆、奢华且标新立异的。

阿斯塔那墓地出土绢衣彩绘舞女俑

唐代西域女子对于化妆的重视也是前所未有的，她们一方面保持着本地区的风格，另一方面也受中原文化的影响。阿斯塔那这件舞女木俑，再现了唐代西域女子五彩缤纷的化妆习俗。敷粉、抹胭脂、画黛眉、贴花钿、贴面靥、描斜红、涂唇脂……每一个细节都在妆容中体现出来，充分显示了唐代西域女子所独有的高雅庄重的气质和多姿多彩的风貌。

二 乐舞文化的影响

自汉代张骞出使西域以来，西域就与中原地区在政治、经济、文化等方面开始了密切的交往，相互产生了重大影响，特别是音乐舞蹈艺术方面的相互交流。西域舞乐自古闻名于世，唐宫廷十部乐中就有高昌、龟兹、疏勒等三部，同时，胡腾舞、胡旋舞、苏幕遮等舞蹈传入中原，对中原舞乐艺术的发展注入了新的活力、产生了深远影响，这种相互交流影响促进了文化的融合与发展。唐代著名诗人岑参、杜甫等留下了"美人舞如莲花旋，世人有眼应未见""此曲只应天上有，人间能得几回闻"等许多描述西域歌舞的诗篇，成为中原与西域舞乐文化交流的真实写照。

吐鲁番阿斯塔那墓葬中出土的这件绢衣彩绘舞女俑，从舞姿和服饰装扮上看，就具有一定的中原风格，显然是受到中原乐舞文化的影响。乐舞作为一种独具魅力的艺术表现形式，是音乐与舞蹈的紧密结合，其本身就蕴含着丰富的精神和文化内涵，是了解一个民族文化及审美观念发展演变的重要窗口。绚丽多姿的西域乐舞的传入和兴盛，促进了各民族之间的文化交流融合，为中原乐舞注入了新的生命力，并成为丰富灿烂的华夏文化中不可或缺的组成部分。

唐朝，最昌盛的国度、最旖旎的时节、如日中天的国力和八面来风的宏大气度，共同绽放出一朵让后世瞠目结舌的靓丽的女性时尚之花。在一千多年后的今天，当我们回望历史，回到盛世大唐，拂去历史的尘埃，重新展现那些出土文物尘封的美丽，我们似乎看到了唐代女子的浓艳、奢华，听到了宫廷大殿回荡的乐舞声声。

西域粟特人的鸵鸟纹银盘

马艺璇

粟特很早就见于汉文载籍，《后汉书》作"栗（粟）弋"，《三国志》作"属繇"，此外还有"窣利""速利"等异译。在唐代，粟特主要是指热海以西，波斯以东，楚河以南，铁门关以北，以锡尔河和阿姆河为中心的地区及生活在这一地区或曾经生活在这一地区的人民及其后裔。

由于特殊的地理位置和民族文化传统，粟特人很早就以经商为业，"善商贾，争分铢之利。男子年二十，即远之旁国，来适中夏，利之所在，无所不至"。与犹太民族在西方历史上承担的作用类似，粟特人在东方古代社会的经济生活中也同样扮演了负责贸易买卖的商业民族的角色。粟特人经商的范围遍及中亚及东亚、北亚各地，为了保障商队的安全，为经商活动提供便利，他们在交通要地设立了驼队棚舍和一些自我保护性的组织，后来随着时间的推移，初期临时性的过客变成了停居的侨民，而驼队棚舍的所在地也就相应地成了粟特侨民的聚落。20世纪初以来，在新疆各地发现的粟特语、于阗语、中古波斯语和"据史德语"以及汉语、藏语、佉卢文尼雅俗语等资料表明，至少在公元七八世纪时，在今新疆境内塔里木盆地周围的于阗、且末、若羌、据史德、拨换、龟兹、焉耆等地，都普遍有粟特人存在。根据近年对吐鲁番出土文书的研究，公元六七世纪时，在高昌就已经有了着籍的粟特人。

在公元8世纪中叶，虽然农业生产在他们的生业中已很重要，但是商业活动仍然占相当的比重，而他们从事的最重要的工作，就是作为商业交易的中介人来维护粟特人的利益。

中亚粟特胡人在丝绸之路沿线建立居民点并逐渐定居，与当地居民和谐相处，参与当地的社会管理，说明自汉代丝绸之路开拓以来，中原地区与西域的商业贸易已经成为一种稳定的经济构成，使中亚的粟特胡人感到从事联络中国中原地区到中亚、西亚乃至更远区域的商业贸易，是一种长期获利的事业。再者，汉唐王朝的强大、西域社会的稳定及规范的商业环境，使他们能够安心从事贸易活动。这些都是粟特人融入西域，并逐渐成为西域定居居民的大的社会环境和背景，当然与此同时他们也成为促进古代西域社会文化发展的一支重要力量。

近年在各地发现的粟特金银器皿，为粟特人在丝绸之路的活动提供了实物证据。1963年春，在西安东南郊沙坡村出土了一批银器，其中有一件"圈足，圆口，腹部十二曲"的银碗，碗底正中有阴雕长角鹿图案。这种图案在公元七八世纪粟特器物上较为常见。更重要的是，在银碗的口沿下有一行粟特文铭文，意为"祖尔万神之奴仆"，可知是粟特拜火教和祆教徒使用的器物。1990年在新疆焉耆七个星乡老城村出土了6件银器，其中有一个碗上的铭文被识别为粟特文，意为"这件器物属于得悉神……达尔玛特神，银重30斯塔特"。1975年，在内蒙古昭乌达盟敖汉旗1号墓发现了一批金银器，其中有鎏金银壶1件、鎏金银盘1件、椭圆形银杯1件、带柄银杯1件、银勺1件。这是有组合关系的一套餐具，在唐代金银器皿中，目前还没有发现同类器物。这组器物中，最有特点的是带柄壶和带柄杯。带柄壶捶揲成形，壶身扁圆，口部有流，略似鸟形；束颈，鼓腹；圈足呈喇叭形，底缘以联珠环绕；壶柄上端起自口部，下端止于中腹，呈弧形。最奇特的是，壶柄上端与口缘相接处立一胡人半身像。带柄杯呈扁圆形，口部两端上翘；束颈，鼓腹，圈足外侈；腹部有环形柄，上加椭圆形指垫。在中国传统器形和唐代金银器中还没有发现完全相同的器物。据研究，这组器物属于粟特银器，时代在公元7世纪下半叶到公元8世纪上半叶，较墓葬年代为早。这组器物的发现为研究草原丝绸之路和粟特人的活动提供了宝贵的实物资料。

1990年在新疆焉耆七个星乡老城村出土了6件银器，其中一只银盘十分具有代表性，它的纹样透露出了粟特本土文化与其周边文化的交融

鸵鸟纹银盘

焉耆粟特银碗上的鸵鸟纹

互通及其在丝路文化交流中所发挥的独特作用。最有特点的是银盘的花纹和造型，银盘开口大，微深，内壁平整，内壁及盘底錾刻七只鸟形，后确定为鸵鸟纹。盘底中央，一鸵鸟单腿伫立，头颈下垂，鸵鸟喙衔住抬起的另一条腿，造型立意独特；环绕着中央的这只鸵鸟，其他六只鸵鸟或昂首奔走，或低头觅食，形态各不相同。不看时代，鸵鸟的造型放在现在都十分精致，只只神采奕奕，神态自若，整体画面自然优雅，让人观看许久依旧越发能体会到图案的韵味。粟特银碗当然不止一只，但通过银碗的制作可以发现粟特已经具有精美的金属錾刻工艺和自然优雅的图像表现风格，透露出粟特人高尚的艺术修养。

综上所述，粟特人因丝绸之路的开拓和畅通，在其沿线建立集聚点，逐渐发展到定居，参与当地社会管理事务。在西域各地的社会经济发展、文化艺术创作、宗教信仰的交流和沟通等方面，都发挥了特殊的作用，为西域多元文化的发展作出了不可磨灭的贡献。

新疆出土文物中的儿童形象

——萌娃嬉嬉　文物藏趣

朱　虹

　　新疆出土了丰富的历史遗存，千年炫彩的织物蜚声世界、千姿百态的泥塑闻名遐迩、千变万化的符号多元交织……其中，有关儿童形象的遗存则以通俗易懂、生动传神、妙趣横生的特点引人注目。

一　音乐娃娃载歌舞

　　1903 年，库车县苏巴什佛寺遗址出土了一件木质舍利盒，盒身直径 37.3、高 31 厘米。其盒身通体着红、灰白、深蓝三种颜色，并镶贴着一些方形金箔（图一）。半个世纪后，人们才发现舍利盒外层颜色的"背后"还绘有精美的龟兹乐舞图。

　　舍利盒盖儿上有 4 个联珠纹组成的环状图案，每个"环"中都有一个正在奏乐的"有翼童子"。这种带翅膀的娃娃形象，与若羌县米兰遗址的佛寺壁画上的"有翼天人"类似，可能是佛教中迦陵频伽演化的形象。这 4 个娃娃分别演奏着筚篥、竖箜篌、琵琶和一个难以辨认的弹拨乐器。舍利盒盖儿上的这组绘画，不仅具有浓厚的佛教色彩，还反映了龟兹乐舞的实况，表现出鲜明的龟兹世俗生活的图景。

图一　库车县苏巴什佛寺遗址出土彩绘苏幕遮舞乐木舍利盒（唐代）

绘于舍利盒身的是一幅典型的龟兹"苏幕遮"（古代新疆各地流行和传播的一种大型歌舞戏，后传入中原）乐舞图：首先是一男一女手持幡幢先导，接着是6人手牵手，然后是2人持棍独舞和11人的表演组。他们头戴面具扮演将军、武士、动物等形象，有的击掌、耸肩、端腿，动作各异，有的边歌边舞，气氛热烈。其中还有5个娃娃分外抢眼——他们光腿赤足，前两个卖力地抬着大鼓开道，后三个则欢快地拍手助兴。而这也是龟兹当地气候干燥和儿童素有一年四季光腿赤足习惯的生动写照。

二 竿上娃娃技艺高

杂技表演历来广受人们喜爱，千年杂技俑更是"吸粉"无数。这件顶竿倒立俑，残高26.5厘米，1960年新疆吐鲁番阿斯塔那336号墓出土。由顶竿人、顶竿和竿上的倒立娃娃三部分组成。顶竿人是一位头系巾帽、体格粗壮的青年男子，上衣扎在裤中，腰间系带，两臂平伸，两腿分开，神态聚精会神；竿上的倒立娃娃则仰着头，一手支撑、一手伸出保持平衡，他裸露着上身，只穿了一条红色三角裤，露出了结实的小屁股和微屈的双腿（图二）。

直到今天，顶竿、倒立依然是杂技表演的经典节目。这件千年杂技俑雕刻得栩栩如生，特别是竿上的倒立娃娃，小小年纪就有如此高超技艺，必是日日勤学苦练的结果，也反映了少儿从艺的生活艰辛。

三 "时髦"娃娃忙嬉耍

"双童图"运用简练的粗细线条描绘了"绿草叠青石，俩娃忙嬉耍"的情景：图中的两个娃娃头发黑亮亮、脸蛋红扑扑、身材胖乎乎，还穿着同款彩条背带裤和红鞋（图三）。左边的娃娃昂首朝天，高举的右手好像正在放飞什么，另一边的臂弯怀抱着一只黑白相间的卷毛狗；右边的娃娃神情专注，似乎发现了什么，摆着小手引起同伴的注意。

图二 吐鲁番阿斯塔那墓地出土唐顶竿倒立俑

图三 吐鲁番阿斯塔那墓地出土唐彩绘双童图绢画

整幅图画以明媚鲜妍的童装色彩对比敷染赭石青绿的岩石小草，给人留下了深刻的视觉印象。画面虽为平面线描，却蕴含着写实人物的立体之感，两个娃娃稚拙可爱的模样跃然纸上，传递出了童真、童趣、童心的真挚情感。

这幅图不只描绘了无忧无虑的童年世界，还有诸多的趣味"焦点"：一是时髦彩条背带裤。在我国古代服饰历史中，背带裤的款样十分少见，因此今天的人们看到唐代的两个娃娃身着背带裤，感到颇具时尚潮流感。图中的背带裤色彩丰富多样，背带为红色织物，裤身的竖条纹由红、黄、绿、白、蓝等颜色组成，充满了自然与生活的气息；二是卷毛狗的故乡在哪里？据专家考证，这种卷毛狗的故乡在唐代称为"大秦"或"拂菻"的东罗马帝国，故称拂菻狗。《旧唐书·高昌传》记载：唐武德七年（624年），"文泰（指高昌王麴文泰）又献狗，雄雌各一，高六寸，长尺余，性甚慧，能曳马衔烛，云本出拂菻国。中国有拂菻狗，自此始也。"这种来自东罗马帝国的卷毛狗，经由西域高昌进入中原，迅速受到当时贵族的喜爱，后来逐渐由贡品演变成民间的宠物。它们可爱的形象有的被塑为"唐三彩"（洛阳市西部新安县出土），还有的出现在著名的《簪花仕女图》上（图四）。

这些有关儿童形象的新疆出土遗存，其中妙趣横生的历史信息，不仅形象地展示了古代新疆的社会生活和民俗风貌，还生动反映出中原和西域的文化交流、融合与发展，这也正是中华文化自古百花齐放、多元一体的有力见证。

图四　《簪花仕女图》中的拂菻狗（图片来自网络）

漫谈吐鲁番阿斯塔那墓地出土的交通工具

孙维国

俗话说："千里之行，始于足下。"那么，我国古代居民出行除了步行外，还有哪些交通出行工具呢？正如荀子在《劝学》所说，君子生非异也，善假于物也。意思是说君子的资质秉性与一般人没有什么区别，只是善于借助外物罢了。这是告诫人们要善于利用现有的条件，去取得最大成功。由文献记载和考古实物可知，载人出行的代步工具有马匹、牛车、骆驼等。

吐鲁番处于古代东西方丝绸之路交通要道，历史悠久，是多元文化荟萃之地。其干旱少雨的气候环境，使得这里保存了大量的古城遗址、烽燧等军事建筑遗址、石窟佛寺等宗教遗迹和墓葬等文化遗存，阿斯塔那墓地便是其中典型代表之一。阿斯塔那墓地位于吐鲁番东南约40千米，是一处晋唐时期高昌城居民的公共墓地。自1959年以来，考古工作者在这里进行十余次发掘，出土了纺织品、木器、文书、俑塑、陶瓷器等文物，是了解当地政治、经济、文化等方面的重要实物材料。这里出土的马俑、木牛车、骆驼俑等交通出行实物及相关文书，为我们了解唐代吐鲁番居民的交通出行提供了难得的窗口。

一 驰骋千里——骏马

马是人类亲密的朋友，是唐代吐鲁番地区居民主要的交通出行工具之一和将士征战沙场的极为重要的代步工具。体格健硕、四肢修长的骏马，很早就是新疆各地岩画创作的主要动物形象之一。考古工作者在和静县察吾呼墓地、洛浦县山普拉墓地、木垒哈萨克自治县平顶山墓群、哈巴河县喀拉苏墓地、阜康市白杨河墓群等春秋战国至汉代时期墓葬中发现了整马或马骨殉葬的现象。阿斯塔那唐墓出土的泥塑马俑，做工精细，造型优美，具有很强的写实性，实证了唐代文学作品的西域骏马形象。

吐鲁番阿斯塔那墓地 187 号墓出土彩绘鞍马俑（图一），长 83、高 75 厘米，泥塑而成，通体施淡青彩，体形匀称，面部清秀，两耳竖立，双眼有神，头向左微斜，脖颈厚实有力，前胸宽阔，躯干雄壮，臀尻圆实，短尾后翘，四肢强健有力，作张嘴嘶鸣状。颈部悬挂的一串火焰般的红璎珞引人注目。马俑虽不见笼头，但背上的鞍、鞯和泥障一应俱全，装饰精美，色泽艳丽。马俑形象逼真，极具力度感，充分显示了西域马的雄风，也为我们了解古代的马具和马饰提供了实物资料。无论是文质彬彬的骑马文官俑（图二）和威武凛凛的骑马武士俑（图三），还是户外出游的骑马戴帷帽仕女俑（图四）和彩绘骑马戴幂䍦仕女俑（图五），都是唐代吐鲁番地区古代人们真实生活的再现，也体现了唐代西域工匠的精湛技艺。

由阿斯塔那墓地出土的唐代馆驿文书可知，唐朝政府在西州除了在镇戍军队配有大量的军马外，还设有众多的馆驿和长行坊，且都配有相当数量的马匹，为络绎不绝的官使、商旅提供方便。其中，关于驿站的规模、配备马匹的数量，《唐六典》卷五"驾部·郎中员外郎"条云："量驿之闲要，以定其马数：都亭七十五匹，诸道之第一等减都亭十五，第

图一　阿斯塔那墓地出土彩绘鞍马俑（图
　　　片采自《大漠文明　丝路遗韵——
　　　新疆出土文物精粹》）

图二　阿斯塔那墓地出土骑马文官俑
　　　（图片采自《大漠文明　丝路
　　　遗韵——新疆出土文物精粹》）

图三　阿斯塔那墓地出土彩绘
　　　骑马武士俑（图片采自
　　　《大漠文明　丝路遗
　　　韵——新疆出土文物精
　　　粹》）

图四　阿斯塔那墓地出土骑马戴帷帽仕女俑（图片采自《新疆文物的文创元素》）

图五　阿斯塔那墓地出土彩绘骑马戴幂䍠仕女俑（图片采自《新疆文物的文创元素》）

二、第三皆以十五为差，第四减十二，第五减六，第六减四，其马官给。"但从出土的文书来看，驿站所配备的马匹多少不等，应与当地官府配置的人力、物力有关。西州设立的长行坊，既有官马——长行马，提供给出差的官吏、使者及部分家属骑乘，又有函马，负责文书传递，并设专人领送。

二　悠然前行——牛车

木车是古代居民出行的主要工具之一，有马车和牛车之分。牛车多用于载人和运货。魏晋至唐代，士大夫以乘牛车为荣。阿斯塔那唐墓曾出土多辆木牛车。其中一辆木牛车（图六），长 61.5、宽 46.4、高 41.5 厘米，采用木材分段削、刮、刻等技法组合拼接成整体；双辕，双轮，车前端有横栀，便于搭在牛背上；车厢呈长方形，前后均有开口的门，前门两侧附有窗纱的小窗；车厢顶部有用麻布和纸粘接而成的黑色幔子。厢体连着三个较大的木架，分别置于顶部中央、前门和车辕的上方，且

图六　阿斯塔那墓地出土木牛
车（图片采自《大漠文
明　丝路遗韵——新疆
出土文物精粹》）

图七　阿斯塔那墓地出土庄园生活图壁画（图片采自《中国出土壁画全集》）

木架之间用绳索相连。值得注意的是，这三个木架，可以在车厢上再张
开一张大幔子，罩在车厢上。这张大幔子，在文献中称为幰，只遮车厢
前半部的叫半幰，整个遮住车厢的叫通幰。这辆车虽然是件明器，但由
于整体构造仿的是真车，可与该墓地西区 605 号墓发现的庄园生活图壁
画（图七）和 6 区 3 号墓出土的纸画（图八）中的牛车互证，也能找到
甘肃省酒泉市果园乡丁家闸 5 号墓十六国时期牛车的痕迹。

　　另一件木牛车（图九），长 60、高 25 厘米，双辕，双轮，方形车厢，
车身用不同色彩绘出小窗及装饰图案。车厢上盖有黑色车顶，前后高而
中央低，呈马鞍状。车内端坐一位女子，发束高髻，上身穿低胸长袖红衣，
下身穿蓝色长裤，呈驾车前行状。拉车的牛通体涂黑，四蹄着地，目视

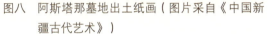

图八　阿斯塔那墓地出土纸画（图片采自《中国新
　　　疆古代艺术》）

图九　阿斯塔那墓地出土木牛车（图片采自《吐鲁番文物精粹》）

前方，拉车前行。整体形象生动，栩栩如生，充满着浓郁的生活气息，为我们研究唐代木车的形制提供了不可多得的珍贵实物资料。

长运坊，因主要靠牛车又称牛坊，在伊州（今新疆哈密）称为转运坊，承担大量官府的物资运输任务。从阿斯塔那墓地出土《唐开元二十一年推勘天山县车坊翟敏才死牛及孳生牛无印案卷》等文书可知，州县车坊的牛都有牛籍，记录每头牛的毛色、岁齿、体肤状况等，并盖有属于该坊的印记，还可以定期申请饲养官牛的草料。如出现死牛或滋生牛的现象要上报官府备案。除了官牛外，每坊配有一定数量的官车。长运坊的车牛，都要经过当地州府的批准才能执行发送物资的任务。此外，牛车也是吐鲁番古代居民日常出行和运送货物的代步工具。

三　漫步沙海——骆驼

骆驼以其坚韧不拔的毅力和吃苦耐劳的精神，成为沟通东西方陆上丝绸之路的主要运载工具。出土的骆驼有单峰骆驼和双峰骆驼。阿斯塔那509号墓出土一件彩绘单峰骆驼俑（图一〇），长16.4、宽6.4、高7厘米，四蹄蜷在身下，呈卧状，彩绘红褐色，驼背下的肋骨刻画得清晰可见，再现了骆驼途中休憩的形象。泥塑双峰驼，有的体形高大，有的小巧细致，或昂首挺胸，奋蹄前行，或卧坐休憩。阿斯塔那216号墓出土一件彩绘双峰骆驼俑（图一一），长72、宽26、高76厘米，彩绘泥塑，

图一〇　阿斯塔那墓地出土彩绘单峰骆驼俑（图片采自
　　　　《丝路瑰宝》）

图一一　阿斯塔那墓地出土彩绘双峰骆驼俑（图片采自《大
　　　　漠文明 丝路遗韵——新疆出土文物精粹》）

通体土黄色，脖颈底部、四肢关节、驼峰等处敷黑彩。脖颈长而弯曲，呈优美的弧形曲线，仰首张嘴呈嘶鸣状，似乎在呼唤远方的同伴。两个驼峰犹如两座小山丘，前后矗立于驼背上。站立挺拔有力，精神抖擞。作者采用写实的手法，塑造了沙漠旅途中的骆驼形象，造型生动逼真，比例均匀，十分优美，是件不可多得的古代雕塑艺术品。

　　总之，吐鲁番阿斯塔那墓地出土的彩绘鞍马俑、木牛车以及彩绘骆驼俑，为我们认识古代新疆地区尤其是吐鲁番地区的居民交通出行提供了难得的实物材料。

浅议阿斯塔那 336 号墓出土的乐舞类文物

牟新慧

1959~1960 年，新疆博物馆考古队对吐鲁番阿斯塔那古墓群进行了发掘，其中 336 号墓出土了较为丰富的唐西州时期的乐舞类文物，其中有"踏谣娘"俑 2 件、"大面"舞俑 1 件、狮子舞俑 1 件、马舞俑 1 件、顶竿倒立木俑 1 件、黑人舞俑 1 件，此外还有吹奏乐俑、舞俑 7 件和摇鼓、琵琶等乐器[1]。

一　阿斯塔那 336 号墓出土的乐舞类文物的类型

中国古代的乐舞经过漫长时期的发展和演变，到唐代已臻于完善。唐代的乐舞是我国文化史上的一朵奇葩，种类繁多，雅俗并存。本文试从宴乐、散乐、歌舞戏、鼓吹乐、乐器这五类分析探讨。

（一）宴乐

"所谓'宴乐'，其含义就是指人们在宴飨时所用的音乐，这一概念不仅包含了宴乐中所展示的多种音乐表达方式和表现形态，并且从其动态的和完整的意义上讲，宴乐就是指在宴飨活动中展开的人的音乐活动，是一种音乐文化的行为方式。"[2]唐代许多乐舞，多在宫廷宴会中表演，同时也在民间演出，且艺术性较强，属于表演性，供观者欣赏娱乐。宴乐是唐代社会音乐活动中的一种最主要的活动。唐代的宴乐活动有大型与小型之分，小型宴乐也被称为家宴乐。阿斯塔那 336 号墓出土有一批乐舞俑，有站立的、盘坐的，还有吹奏和弹奏的男女乐舞俑。

吹奏男泥俑（图一），高 8.5 厘米，全身彩绘脱落。头戴幞头，身穿长袍，盘腿而坐，双臂置于胸前呈吹奏状，乐器已缺失。

弹奏女泥俑（图二），高 9.5 厘米，彩绘，头挽发髻，上身穿圆领窄袖绿衣，下身着束腰橘红色长裙，盘腿而坐，双臂置于身体前侧，左

[1]
新疆博物馆考古队：《阿斯塔那古墓群第二次发掘简报》，《新疆文物》2000 年第 3、4 期合刊。

[2]
曾美月：《唐代宴乐活动类型考》，第 1 页，2004 年河南大学研究生硕士学位论文。

图一　吹奏男泥俑

图二　弹奏女泥俑

手似在扣弦，右手似在拨弄琴弦。

彩绘男舞泥俑（图三），高 13.6 厘米，头戴黑色幞头，身穿橘色圆领长袍，脚蹬黑靴，系黑色腰带。右臂弯曲平放在胸前，左臂侧垂摆于身后，手中有一小孔洞，应插有物品，俑上半身向前半躬，作舞蹈状。此俑面部特征最为明显和特殊，尾毛粗浓，深目大眼，阔口浓髯，为胡人形象。

唐代，王公贵族文人举办宴会活动，必以歌舞相伴，因而当时歌舞乐伎遍及社会各阶层，养官伎、营伎和家伎之风很盛行。336 号墓因遭盗扰，陪葬物品大多缺失，但从上述的乐舞俑来看，表现的是达官贵人家中的歌舞表演，属于家宴乐。这些乐舞俑给我们传递了唐代宴乐在高昌流传的真实信息。再现了一千多年前，高昌的封建统治阶级宴请宾客之时，于厅堂雅室中轻歌曼舞的场景和唐代乐舞的风采。

图三　彩绘男舞泥俑

（二）散乐

"百戏"又称"散乐"，在我国历史悠久，流传广泛，是民众喜欢的表演艺术形式。隋朝"散乐"取代了"百戏"这个名称。散乐就是我们今天通称的杂技。唐代的散乐，内容丰富，是宫廷和民间的庆典、宴饮活动中不可缺少的助兴娱乐节目。336 号墓出土有 3 件百戏俑。

图四　顶竿倒立俑（唐代）

图五　彩绘黑人泥俑

图六　狮舞泥俑

顶竿倒立俑（图四），木质，顶竿者身穿短衫短裤，腰间系带，头顶一竿，目前视，双脚叉开站立，双臂水平伸直，以保持身体平衡。竿上一孩童左手撑竿、右手悬空作单臂倒立状，双脚并拢直立，孩童全身赤裸，形象逼真，栩栩如生地反映了高昌百戏技艺的高超和精彩。唐代高昌尤其盛行缘竿之技。

彩绘黑人泥俑（图五），系男性形象，短发卷曲，嘴唇粗厚，脸及全身为黑色，上身赤裸，下身着橘红色短裤，双手执棍，右腿微微屈膝独立，左足向前抬起，赤露双足，两脚相交，身体侧立，目光斜视，作舞蹈动作，是昆仑奴的形象，可能是牵"狮"或引"狮"人。

狮舞泥俑（图六），由人装扮成狮子，狮假形下是两个穿靴的人腿，狮形张嘴仰头，憨态可掬，装饰质朴，与后世中原流行的狮舞形态相近。唐代"立部伎"中的《太平乐》也叫《五方狮子舞》。人们披着缀毛的假狮皮，装扮成五只不同颜色的狮子，另有二人扮成"昆仑象"（即黑人）牵绳，拿着拂逗弄狮子。唐代的"狮子舞"广泛流传在民间、宫廷和军中，是中原汉族和居住在河西走廊及西域的兄弟民族所共同喜爱的民间舞蹈。

（三）歌舞戏

歌舞戏属早期戏剧形式，唐代的歌舞戏有《大面》《拨头》《踏谣娘》《傀儡子》等。336号墓也出土有歌舞戏俑。

彩绘"踏谣娘"泥俑（图七、八），男女各1件。男俑为丈夫，穿宽大肥厚的长袍，面色微红，为醉酒状。女俑为妻子，头上包巾，臀部后翘，双臂前后作摆动状，扭腰踏足，似在一摇三叹，与且步且歌、每摇顿其身的"踏谣娘"相吻合。夸张的舞姿表现了人物满腔苦痛的凄惨景象。女俑身着女装，但唇上稍凸，隐约可见短鹰，为男扮女装"弄假妇人"者，是以"合生"形式表演"踏谣娘"的戏俑[1]。《踏谣娘》既在民间演出，又是宫廷乐舞百戏上演的节目。

大面舞泥俑，泥塑，头裹包巾束顶，穿窄袖白衣绿色战袍，着乌皮靴，右腿斜伸、左腿下蹲、左手作推掌状，挺胸。深目高鼻，多髯须，双眼圆睁，面部表情生动。大面又称"代面"，有的戴面具表演，有的涂画脸谱不戴面具，以狰狞威严、形象夸张的面目表现角色的勇猛威武，以增强戏剧效果。

（四）鼓吹乐

"广义上的鼓吹应是指一种打击乐和吹奏乐的合奏形式。"[2]自汉及清历代都设有管理鼓吹的机构，由政府对其实行严格的等级管理。唐代宫廷鼓吹乐由太常寺的鼓吹署管理。鼓吹乐的用途相当普遍，被广泛用于仪仗、军乐和各种仪式中。通常骑马吹奏之乐属于鼓吹乐。336号墓出土有此类骑马吹奏俑。骑马吹奏男泥俑（图九），长28、高35厘米，人物面部丰满，头戴幞头，穿长裤，双臂举至嘴部作吹奏状，乐器缺失。乐人的神态专注，造型生动，是当时社会生活的真实再现。

图七　彩绘"踏谣娘"泥俑

图八　彩绘"踏谣娘"泥俑

[1]
曹凌燕：《歌舞百戏话高昌》，《上海艺术家》2007年第1期。

[2]
杨浩：《文物考古资料所见古代之"鼓吹"》，《南方文物》1992年第3期。

图九　骑马吹奏男泥俑

图一〇　泥腰鼓模型

（五）乐器

唐代的乐器数量繁多，有典型的中原传统乐器琴、瑟、筝、箫、钟、磬等，随着异域乐舞在中原的兴盛，众多来自域外的特色乐器也得到极大发展。西域乐舞中使用的五弦琵琶、曲颈琵琶、阮咸、箜篌、羯鼓、腰鼓、筚篥等传入中原，逐渐成了唐代音乐的主奏乐器。336 号墓不仅有乐舞俑出土，还有随葬的乐器类明器。

木琵琶模型，长 17.5、宽 6 厘米，涂红漆，木制。音箱呈半梨形，箱面饰土黄色，中部饰宽 2 厘米的红色横条。音箱侧面、背面皆为红色，琴颈两侧开孔 6 个，以置琴轸，现存轸 4 个。根据此琵琶形制及史料记载，笔者认为其是五弦琵琶。

泥腰鼓模型（图一〇），长 5.1、宽 4.4 厘米。泥质，黑色，为注（细）腰鼓，两端粗，中间稍细（现在的腰鼓一般是形似圆筒，两端略细，中间稍粗。鼓框上有环，用绸带悬挂在腰间，演奏时双手各执鼓槌击奏，并伴有舞蹈动作）。

二 中原乐舞文化对高昌的影响

文化的交流是双向的、互动的。西域文化在接受中原文化的同时，亦对中原文化的发展产生了巨大而深远的影响。高昌以汉文化为主导的历史源远流长，自高昌郡时期，到唐朝统一高昌设立西州后，"文化的统一实际上也同时展开"[1]，"高昌之地，汉晋以来，便以汉族移民为主构成了汉族社会，其文化也是出自中原汉文化母体。唐平定高昌之后，实施与中原一体化的军政体制"[2]，促使中原文化在吐鲁番的积极传播。同时，唐代的礼仪、典章等制度的实行，也促使设

[1]
孟宪实：《汉唐文化与高昌历史》，第 15 页，齐鲁书社，2004 年。

[2]
孟宪实：《汉唐文化与高昌历史》，第 20 页，齐鲁书社，2004 年。

立为西州的高昌追随中原风气。唐代各民族交往频繁，高昌乐舞吸收、融合中原乐舞的趋势更为明显。从 336 号墓出土的乐舞俑的服饰与舞姿来看，它们均具有浓厚的中原风格。特别是骑马吹奏仪仗式表演，是唐代中原传统乐舞之风。中原的官僚士族家中表演时，竞相沿袭宫中形制。336 号墓出土的乐舞伎俑、舞狮俑、彩绘黑人俑、顶竿倒立俑、大面舞俑、"踏谣娘"俑等包含"坐部伎"、散乐、歌舞戏等，也正好说明唐西州时期，中原的这种家宴乐的表演体制在高昌的传播和发展。336 号墓出土的几件彩绘男舞俑，所穿的服装衣袖窄，双臂高举，有的一臂下垂，一臂高举，扬头抬眼，表情开朗明快，这种舞姿有些近似现今的新疆民间舞蹈。

无边瀚海人难渡，端赖驼力代客船

——阿斯塔那墓地和约特干遗址出土的骆驼

孙维国

新疆，自汉代至清代中晚期，包括天山南北在内的广大地区统称为西域，位于中国西北，地处亚欧大陆腹地、丝绸之路要冲，是东西方文明交流传播的重地，更是中华文明向西开放的门户。这里拥有独特的历史文化遗产资源，向世人展示了古代新疆居民非凡的文化创造力和丰富多彩的精神世界。隋唐时期，新疆以其特殊的地理环境，促进了东西方经济贸易交流，推动了新疆各民族文化艺术的交流发展，在东西方物质与文化交流中处于至关重要的地位。作为沟通东西方经济贸易的使者和丝绸之路文化的载体之一，骆驼无疑在其中扮演着不容忽视的作用。

骆驼的形象，在新疆史前的岩画中找到不少痕迹。阿勒泰市骆驼峰岩画和额敏县哈拉乔克岩画的双峰骆驼图案惟妙惟肖，栩栩如生（图一、二）。从目前考古发现来看，轮台县群巴克墓地出土公元前800年前后的骆驼遗骸，是目前中国最早的家养双峰骆驼的确凿考古证据。随后，

图一　阿勒泰市骆驼峰岩画的双峰骆驼

骆驼不仅作为财产和坐骑被当作新疆吐鲁番交河故城沟北墓地的殉葬对象，还是铜器、金器、纺织品、雕塑等器物常见的动物题材之一。交河故城沟北墓地出土的骆驼形金牌饰（图三）和洛浦县山普拉墓地出土的饰骆驼纹缂毛带彩条裙（图四），便是汉晋时期骆驼纹样的典型代表。

自西汉张骞受汉武帝派遣两次出使西域，正式搭建起沟通东西方经济文化的桥梁以来，骆驼便以西域诸国贡献物品的身份进入了中原地区人民的视野。《史记》是较早记载骆驼的汉文文献之一，此后历代史籍多有提及，但唯有《北史·西域传》对骆驼的习性有详细的记载："风之所至，唯老驼预知之，即嗔而聚立，埋其口鼻于沙中。人每以为候，亦即将毡拥蔽鼻口。其风迅速，斯须过尽，若不防者，必致危毙。"新疆吐鲁番阿斯塔那墓地及和田市约特干遗址出土的以骆驼为题材的雕塑和纺织品，是隋唐时期丝绸之路商贸频繁和文化交流的历史见证。

1972年，吐鲁番阿斯塔那墓地216号墓出土的唐代彩绘泥塑双峰骆驼俑（图五），长72、宽26、高76厘米；通体土黄色，脖颈底部、四肢关节、驼峰等处敷黑彩；脖颈长而弯曲，呈现出优美弧线，仰首张嘴呈嘶鸣状，似乎在呼唤远方的同伴；两个驼峰犹如两座小山丘，前后耸立于驼背上；站立挺拔有力，精神饱满抖擞。另一件泥塑单峰骆驼俑（图六），高约71.5厘米，原来四体残缺，经补塑修复。远观那伫立的四

图二　额敏县哈拉乔克岩画的双峰骆驼

图三　吐鲁番交河故城沟北墓地出土骆驼形金牌饰

图四　洛浦县山普拉墓地出土饰骆驼纹缂毛带彩条裙

图五　1972 年吐鲁番阿斯塔那墓地 216 号墓出土唐代彩
绘泥塑双峰骆驼俑

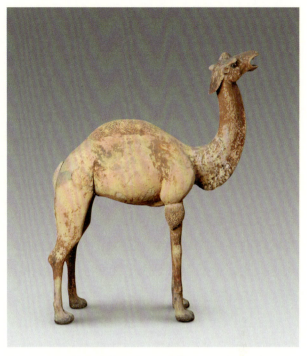

图六　1972 年吐鲁番阿斯塔那墓地 216 号墓出土唐代泥
塑单峰骆驼俑

图七　吐鲁番阿斯塔那 18 号墓出土隋朝"胡王"锦

肢、悠然微仰的头颅，静中有神，将那匀称有致的结构与淡淡的色调融为一体。细看那修长的脖颈向上扬起，双耳贴在脑后，嘴巴微张，鼻翼下垂，眼睛炯炯有神，凝视远方。如此精湛的制作技艺丝毫不逊色于咸阳契明唐墓出土的三彩单峰骆驼俑。作者采用写实的手法，巧妙地塑造了素有"沙漠之舟"美称的骆驼形象，造型逼真，比例匀称，线条优美，是不可多得的古代雕塑艺术品。这些阿斯塔那墓葬出土的泥塑骆驼俑，虽然与洛阳、西安同时期出土的三彩骆驼俑材质和制作工艺不同，但都形象生动地展现了丝绸之路上默默无闻的骆驼形象。

　　阿斯塔那 18 号墓出土的隋朝"胡王"锦（图七），将骆驼与西域胡人紧密联系在一起，赋予了骆驼更新的文化内涵。这件"胡王"锦为覆面锦料，长 19.5、宽 15 厘米，呈不规则的长方形。锦面以黄色为地，红色、绿色等颜色显花。现存纹样为联珠纹内织出胡人牵骆驼图案。胡人头戴平顶帽，身穿紧袖束腰长袍，脚蹬高靴，一手悠闲地牵着骆驼，一手挥着马鞭，呈回首吆喝状。骆驼为双峰骆驼，紧随其后，四肢稍微弯曲，迈步行进的姿态跃然锦上。双峰间的方格纹坐毯，做工精美，供乘骑所用。胡人和骆驼间织出"胡王"二字。织锦图案巧妙之处在于骆驼过河时的情景：牵驼者正牵引着骆驼走在没足的溪水中，清澈的溪水倒映出胡人牵骆驼的情景，就连"胡人"二字都呈现出倒影。因此，无论是从上看还是从下看，都会有一正一反完全相同的胡人牵骆驼图案。该墓地出土的另一件同样题材的织锦，除了胡人牵双峰骆驼的图案外，还有呈卧伏状的狮子图案。值得一提的是，同墓地 206 号墓出土一件彩绘胡人牵驼木俑（图八），头戴白色尖顶毡帽，红色帽沿上卷，身穿绿色翻领长袍，翻领处红底绣花，腰间束带，脚着黑色长靴。深目高鼻，上嘴唇和下颌处留着胡须，双臂前伸，双手呈握物状。它与同墓出土的体形相当的骆驼俑放在一起，俨然一幅胡商在丝绸之路上牵驼前行的情景。洛阳、西安唐墓发现大量以胡人牵骆驼为题材的墓室壁画、俑塑等。

　　和田市约特干遗址出土唐代双峰骆驼陶俑（图九），体型矫健，以划刻技法刻画骆驼的面部特征，以竖刻、点刺等针剔技法生动地刻划出骆驼的体毛。骆驼背上均细致地刻划出背负的货物，体现了骆驼在丝绸之路上的运输作用。这种负重驮货的骆驼形象在河北、山西、河南、陕西等省北魏至唐代的墓葬中极为常见，既是对骆驼在丝绸之路商贸交往中所发挥作用的充分肯定，又是东西方丝绸之路繁盛之时商业贸易往来和文化交流的历史明证。

　　由此可见，隋唐以开放的胸怀和包容的精神，容纳四方来客，广泛吸纳外来文化，丰富和发展了中华文化。丝绸之路的繁荣使隋唐的世界影响力不断提升，新疆不仅农业、畜牧业和手工业得以繁荣发展，商贾云集，还进一步增进了同中原地区的经济文化交往。

图八　吐鲁番阿斯塔那 206 号墓出土彩绘胡人牵驼木俑

图九　和田市约特干遗址出土唐代双峰骆驼陶俑

第四章　徕远静塞

龙女今何在，悬崖问柳君

——"柳毅传书故事镜"中的人龙传说

郑惠婷

在源远流长的中华文化中孕育了众多充满神奇色彩的神话爱情故事，将人们对美好爱情的向往和追求表现得淋漓尽致。比如流传至今的《白蛇传》《柳毅传》《牛郎织女》等古代神话故事以及《张羽煮海》《天仙配》《西厢记》这些迄今仍在传唱的戏剧经典，都深受人们喜爱。

古人追求爱情的表现形式还有很多，从《诗经》"关关雎鸠，在河之洲，窈窕淑女，君子好逑"到卓文君的"愿得一心人，白首不相离"，再到元稹的"取次花丛懒回顾，半缘修道半缘君"，可以看出爱情是人类永恒的主题。今天就让我们通过铜镜从不同的角度来感受古人对美满爱情和幸福婚姻的追求。

古人云："以铜为鉴，可正衣冠；以古为鉴，可知兴替；以人为鉴，可明得失。"从中我们可以得知，铜镜不仅是古人照面饰容的用具，同时还被人们赋予了丰富的文化内涵。比如说我们耳熟能详的"明镜高悬""破镜重圆""镜花水月"，更是从文学艺术的角度映射出铜镜与人们的日常生活有着密切的关系。

考古资料记载，铜镜的出现最早可追溯到齐家文化，距今已有4000多年的历史。铜镜的发展经历了战国时期、两汉时期、隋唐时期三个关键时期。它在不同的发展阶段，有着不同的时代特征。

春秋战国时期，铜镜开始出现精美的纹饰，以植物纹和动物纹最具代表性。作为供器、法器和礼器的铜镜，拥有神权，充满神秘、神圣之感，只有皇室及达官贵族享用，普通人无法使用。随着社会的不断发展进步，到西汉末年铜镜纹饰出现了变化，铜镜背面的纹饰发展成蟠螭纹、博局纹、草叶纹、星云纹、连弧纹，还出现大量铭文镜，常见的有见日之光、长毋相忘、家常富贵等。铜镜从神坛走向民间，更贴近生活，成为人民大众生活中广泛使用的必需品，照面饰容，正人衣冠。

盛唐时期，铜镜发展达到鼎盛时期。这一时期铜镜在造型上突破了汉代传统的束缚，创造出了多种花式镜，如菱花形、葵花形等。纹饰除了延续之前的植物类纹、动物类纹外，还出现了海兽葡萄纹。背面的镜纽除了圆形之外，还出现了龟纽、兽纽、树形纽等。

宋朝是中国历史上经济和文化高度发展的时代，其制铜业也有了很大的发展。宋代铜镜镜面纹饰除了花卉、龙纹、禽鸟纹、铭文还有神仙人物故事等，它真实地反映了宋代的社会面貌、风土人情、宗教信仰等，具有明显的时代特色，在中国铜镜发展史上占有一席之地。清代末年，玻璃镜走进我们的生活，铜镜也就退出了历史的舞台。

古人将无尽的审美情怀寄托于铜镜之上，在方寸之间大展拳脚，或雕饰铭文寄托对美好生活的祝愿，如洛浦县山普拉墓葬出土的"宜家常贵"铜镜以及民丰县尼雅遗址出土的"君宜高官"铜镜，还有1973年乌鲁木齐征集的"金榜题名"铜镜（图一）；或出于闺阁小姐们的情感需要刻画神话和爱情故事，如吐鲁番出土的"许由巢父故事镜"和阜康三宫乡出土的"柳毅故事镜"。相信当时生活在西域的闺阁小姐们除了日常听一下《西厢记》的戏曲外，也一定很向往一把背面刻有爱情故事的铜镜吧。

下面，就以新疆文物考古研究所收藏的一面宋代"柳毅传书故事镜"（图二）为例，让我们一起穿越时空看一下藏在铜镜里的"人龙之恋"。

新疆文物考古研究所收藏的宋代"柳毅传书故事镜"，画面感很强，镜背上方是一棵大树，树上枝叶茂盛。铜纽左侧为龙女和婢女的画像，只见临别之际龙女表情凝重，发髻端庄，身着长衫，踩莲花于水上，双

图一　1973年乌鲁木齐废品站征集明"金榜题名"铜镜

图二　新疆文物考古研究所藏宋柳毅传书故事镜

手叠交向前，仿佛是对柳毅诉说着自己的不幸遭遇；铜纽右侧为柳毅，头戴幞头，身着长袍，正在与龙女拱手告别。

该镜取材于唐代李朝威的爱情传奇小说《柳毅传》，一位名叫柳毅的湖南书生，赴京城长安参加科举考试落榜，在取道泾阳返乡途中，他遇见一位容貌非常美丽的姑娘在荒郊野外孤零零地放羊，经过询问得知，这位姑娘是洞庭湖龙王的三公主，远嫁到此做了泾河龙王的儿媳。然而，丈夫终日寻欢作乐，对妻子薄情寡义，龙女无法忍受这般虐待，她请求柳毅帮她送书信到洞庭家中。柳毅非常同情龙女的不幸遭遇，怀揣书信，日夜兼程，将龙女托书亲手转交给了洞庭龙王。龙王得知爱女受难，非常伤痛，他弟弟钱塘君，立刻诛杀了泾河逆龙，救出了龙女。最后柳毅和三公主互生爱慕之情，喜结良缘，夫妻相敬如宾，白头偕老。该镜讲述的是故事的前半部分，树下男女形象就是表现龙女遇柳毅倾诉的情景。

以"柳毅传书"这类神话故事为题材的铜镜在宋金元时期相当流行，除此以外还有曹植邂逅洛神和唐明皇夜游月宫也是当时流行的题材。这种再现古人追求美好爱情故事情景的故事镜，分布地域十分广泛，不仅在甘肃、宁夏、陕西、湖南、黑龙江等地留存，在新疆地区也同样有所发现。这说明人们对爱情的憧憬和向往不分地域、不论民族，作为爱情信物的铜镜在古代被广泛使用，即使是处于祖国最边远的西域地区也深受中原文化影响，同时也是中原文学在古代新疆传播的又一表现，可见中华文化始终是新疆各民族的情感依托、心灵归宿和精神家园，新疆与祖国的发展一脉相承，密不可分。

斯城与斯民

——西辽时期的西域城市景观

侯知军

公元 12 世纪初，立国两百余年的辽王朝濒于覆灭，契丹贵族耶律大石率部西走，经十余年，在包括新疆在内的广大西域地区建立了幅员不下 400 万平方千米的政权，沿用"辽"的国号，后世汉文典籍称之为"西辽"（1124~1218 年）。

西辽与辽一样，在政治、经济、文化诸方面具有深厚的中华文化底色。"辽家遵汉制，孔教祖宣尼。"史载辽太祖耶律阿保机在建国之初就曾祭祀孔子、修建佛寺和道观以招徕汉人，辽圣宗"好读唐《贞观政要》"，辽世宗"慕中华风俗，多用晋臣"，辽道宗认为契丹"文物彬彬，不异中华"。作为"辽太祖八代孙"的耶律大石，更是深受中华文化熏染，不仅"通辽、汉字"，而且"登天庆五年进士第，擢翰林……承旨"，其表字为汉式"重德"而非传统的契丹语第二个名字，表明了他是一个高度汉化的契丹贵族。因此，当其入主西域后，虽然入乡随俗地采用了"葛儿罕"（又记作"菊儿汗""古尔汗"，"伟大的君主"之意）的称号，但仍"上汉尊号曰天祐皇帝，改元延庆"，去世后，"庙号德宗"。其后的西辽统治者也坚持了这一中原传统。2008~2012 年，在包括西辽都城虎思斡耳朵旧址在内的中亚楚河流域的四处地点曾发现 4 枚"续兴元宝"圆形方孔铜币，即被认为是耶律大石子夷列在位时所铸，也是西辽曾在其直辖领地铸造中原式钱币的明证。

对于庞大帝国的治理，西辽一方面沿用辽的"南北面官"制，另一方面除中亚腹地直辖外，对其余附庸多采取"因俗而治"的中原式"羁縻"政策，"对待属国王，极有恩惠，凡附属于他的，只要用一个银牌系于腰带上，表明是他的臣属就够了"。再加上西辽所采取的轻徭薄赋和宗教信仰自由政策，无疑极大解除了割据林立、宗教冲突的局面，自唐末五代以来一度萧条的陆上丝绸之路重新得到联通与开拓，西域地区迎来了难得的和平发展期，这些都为元代丝绸之路在更大范围内的繁荣打下了坚实基础。

城市是社会经济发展的重要表现。西辽时期的城市在前代的基础上得到了较大发展，不仅数量增多，城区规模扩大，而且工商业特征凸显。除虎思斡耳朵外，处于丝路要道的阿力麻里、别失八里、喀什噶尔、孛罗等城均为重要的区域中心城市与贸易重镇。城内除设有专供商旅的客栈和市场外，来自中原的丝绸、茶叶、工艺品等物与来自欧洲、中西亚的棉布、珠玉、香料等物以这些城市为节点互相转卖。1219~1223年随成吉思汗西征的耶律楚材在其《西游录》中曾言"（抟城）城中多漆器，皆长安题识"。具"长安题识"的还有孛罗城旧址博乐市达勒特古城所出的一面背有"长安王家清铜照子"铭文的宋代铜镜，该城所出的其余宋、金铜镜和瓷器以及伊犁三宫乡发现的辽金时代"柳毅传书"故事铜镜从一个侧面反映了西辽时期的繁荣商贸交流。

对于西辽时期的城市景观，我们可以从耶律楚材《西游录》与1221~1223年陪同西觐成吉思汗的丘处机门人李志常所著《长春真人西游记》中窥见一斑。他们赴西域时去西辽灭国不远，因此所记城池景观大体可看作西辽时即有。《西游录》中记"阿里马城……附郭皆林檎园……多葡萄、梨果。播种五谷，一如中原"，"苦盏（《西游记》作"忽

达勒特古城（孛罗城）

阐"，《元史》作"忽毡"）城多石榴"，"芭榄城边皆芭榄园"，"寻斯干（《西游记》作"邪米思干"）……环城数十里皆园林，飞渠走泉，方池圆沼，花木连延"。《西游记》中谓"阿里马城……多果实……其地出帛。农者亦决渠灌田，土人惟以瓶取水，戴而归。及见中原汲器，喜曰'桃花石诸事皆巧'。桃花石谓汉人也""邪米思干大城……因沟岸为之……国人疏二河入城，分绕巷陌，比屋得用……其中大率多回纥人，田园不能自主，须附汉人、契丹及河西等……汉人工匠杂处城中……郭西……花木鲜明，随处有台池楼阁，间以蔬圃"。另一稍晚的刘郁《西使记》也可为此提供旁证，该书所记为1259~1263年西觐旭烈兀汗的常德之行程。文中谓"阿力麻里城，市井皆流水交贯。有诸果，唯瓜、葡萄、石榴最佳。回纥与汉民同居，其俗渐染，颇似中国。又南有赤木儿城，居民多并、汾之人"，"挦思干城，城大而民繁。时群花正开……城之西，所植皆葡萄、粳稻。有麦亦秋种"。可以看到，即便是西辽灭国四十余年后，西域城市仍是一派田园风格，不仅取水便利，而且繁花锦簇，瓜果飘香，各族群众共处。另外，《西游录》仅点到有"附庸之邑三五"的孛罗城，在《西使记》中着墨稍多，记其"所种皆麦稻……城居肆囿间错，土屋窗户皆琉璃"，说明中亚广泛使用玻璃的习俗已波及新疆。而无论是丘处机对西瓜"香味盖中国所未有"的感慨，还是耶律楚材"琉璃锺里葡萄酒，琥珀瓶中杷榄花。万里遐荒获此乐，不妨终老在天涯"的抒怀，都映照了西辽的承平景象。

"后辽兴大石，西域统龟兹。万里威声震，百年名教垂。"耶律大石率众西迁，本是"期复大业，以光中兴"，东归失败后也曾感叹："皇天弗顺，数也！"但他的有效治理却赢得了人心，以至于"大石林牙已死，子孙相继，西方诸部仍以大石呼之"。西辽时期不仅是亚欧大陆一次空前的文明交流与融汇，也是中华文化向西传播的又一高峰，"西域至今思之"。

平定准噶尔勒铭格登山碑

安英新　乌云其米格

　　"平定准噶尔勒铭格登山之碑"（以下简称"格登碑"）（图一），
位于新疆伊犁哈萨克自治州昭苏县城西南 50 多千米边境线上的格登山
上。山脚下蜿蜒流淌的苏木拜河是中哈两国边境界河，远处哈萨克斯坦
的村庄依稀可见。

　　"格登"为蒙古语，意为"凸起的后脑骨"。格登山是清乾隆二十
年（1755 年）清政府平定准噶尔之乱的决胜地。为纪念平定准噶尔之乱
的最终胜利，乾隆皇帝亲撰"平定准噶尔告成太学碑文"，勒石太学；"平
定准噶尔勒铭格登山之碑"勒石格登山。据清代傅恒《平定准噶尔方略》
记载："格登山立碑纪功……令主事富魁驻札料理。""谕驻札辟展副
都统定长，刻石纪功各事宜。上谕军机大臣，曰定长奏称，前奉谕旨来
春于伊犁之格登山刻石纪功，顺便搜捕吗哈沁，请将阿定保所领之兵选

图一　平定准噶尔勒铭碑

派百名，并恳请效力之舒景阿前往。等语。昨据努三等请，派阿定保兵丁过岭追贼，已谕将此等在军营年久之索伦、吉林兵，仍遵前旨撤回。又谕兆惠等，酌派官兵一千，来春往伊犁巡查，则刻石之事，自可兼办。今定长处既有工匠，着即发往叶尔羌，先行刻石纪功。俟工竣后，再同发往官兵，前往伊犁，于格登刻石。"

格登碑高 2.95、宽 0.83、厚 0.27 米。碑额镌刻盘龙浮雕，正面刻有"皇清"，背面刻有"万古"；碑座是大海日出的浮雕图案；碑身正面刻满、汉两种文字，背面刻蒙、藏两种文字的碑文（图二）。

御制"平定准噶尔勒铭格登山之碑"碑文：

图二　平定准噶尔勒铭格登山纪功碑正面

> 格登之崔嵬，贼固其垒。我师堂堂，其固自摧。
> 格登之巉巀，贼营其穴。我师洸洸，其营若缀。
> 师行如流，度伊犁川。粤有前导，为我具船。
> 渡河八日，遂抵格登。面淖背岩，藉一昏冥，
> 曰捣厥虚，曰歼厥旅。岂不易易，将韬我武。
> 将韬我武，诇曰养寇。曰有后谋，大功近就。
> 彼众我臣，已有成辞。火炎昆冈，惧乖皇慈。
> 三巴图鲁，二十二卒。夜斫贼营，万众股栗。
> 人各一心，孰为汝守。汝顽不灵，尚窜以走。
> 汝窜以走，谁其纳之。缚献军门，追悔其迟。
> 于恒有言，曰杀宁育。受俘赦之，光我扩度。
> 汉置都护，唐拜将军。费略劳众，弗服弗臣。
> 既臣斯恩，既服斯义。勒铭格登，永诏亿世。
> 乾隆二十年　岁次乙亥　夏　五月之吉　御笔

乾隆帝在碑文中详细记载了清军平定准噶尔的作战经过和辉煌战绩，追述汉唐时期中央政权对西北边疆地区"汉置都护，唐拜将军"的历史和国威盛况。

准噶尔部是我国卫拉特蒙古的一个分支，明末清初，准噶尔部逐步控制了天山以北，西临巴尔喀什湖，北越阿尔泰山，东到吐鲁番，西南达吹河、塔拉斯河的西部边疆地区，建立了准噶尔部贵族的封建统治。

卫拉特蒙古准噶尔部上层集团的叛乱活动，对于清王朝来说可谓世患。"卫拉特"是清代对西蒙古的总称，即明代的瓦剌。明末清初逐步形成准噶尔、杜尔伯特、和硕特、土尔扈特四部，以及附牧于杜尔伯特的辉特。清初，准噶尔部在其首领巴图尔珲台吉和噶尔丹统治时期，势力逐渐强盛，统辖卫拉特各部。康熙年间，噶尔丹在沙俄的策动和支持下，发动了武装叛乱，进攻漠北喀尔喀蒙古土谢图汗部，并向内蒙古进犯，进逼北京。为了严惩准噶尔部上层叛乱集团，维护国家的完整统一，康熙皇帝三次亲征噶尔丹叛乱集团，并取得了乌兰布通和昭莫多之战的胜利，

噶尔丹兵败，服毒自杀，清朝得以初步巩固了对西北地区的统治。然而，准噶尔部在策妄阿拉布坦、噶尔丹策凌时期相继发动叛乱，倚强凌弱，不但蹂躏了西北广大地区，而且进扰青海和西藏等地，严重威胁了国家的统一。

到乾隆年间，准噶尔部上层发生内讧，达瓦齐攻伐阿睦尔撒纳，阿睦尔撒纳不敌，要求内附。此时的准噶尔部内部已分崩离析，各主要将领都先后降清。

乾隆皇帝为根治"相廷以世"的准噶尔之乱，于乾隆二十年分西北两路向伊犁地区进军平叛。准噶尔叛军首领达瓦齐率兵近万人，扼守格登山。清军以翼长阿玉锡为首的二十五名勇士，夜袭达瓦齐军营（图三、四）。

阿玉锡原是准噶尔部一名骁勇善战的下级官员，在即将遭受断臂之酷刑时逃脱，于雍正十一年（1733 年）投奔清朝乌里雅苏台军营从戎。乾隆帝曾亲自召见，任为侍卫。后授四品翼长，担任先锋，乾隆二十年五月十四日（1755 年 6 月 23 日）夜，阿玉锡等三巴图鲁率二十二骑前往侦察，他们利用在服饰、语言等方面的有利条件，顺利到达山顶，在夜色的掩护下，直捣达瓦齐大营。阿玉锡等擒获台吉 20 人、宰桑 4 人、宰桑子弟 25 人，降者 6500 人。达瓦齐率百余人南逃乌什，后被乌什阿

图三　乾隆西域战图：格登鄂拉斫营图

图四　阿玉锡持矛荡寇图

奇木伯克霍集斯擒获，献给清军。乾隆帝宽大为怀，将押解入京的达瓦齐赦免，封为亲王，留居京城。

这次战役的胜利，对以后彻底平定准噶尔残部的叛乱和扫除南疆大小和卓的割据势力、制止沙俄鲸吞我国西北边疆的罪恶阴谋，都具有极其重要的历史意义。

格登山战役胜利之后不久，又发生阿睦尔撒纳之乱和南疆大小和卓之乱，至乾隆二十四年（1759 年）南疆战事平定。乾隆二十五年春，建格登碑。

格登碑，1974 年由新疆维吾尔自治区革命委员会公布为自治区级文物保护单位（由自治区革委会公布，不在自治区人民政府公布的文物保护单位批次里，与当时的国际关系有关）；2001 年 6 月 25 日，由国务院公布为第五批全国重点文物保护单位，定名为"平定准噶尔勒铭碑"。

伊犁与平定准噶尔之乱有关的碑铭有三通，分别是"平定准噶尔勒铭格登山之碑""平定准噶尔勒铭伊犁之碑"和"平定准噶尔后勒铭伊犁之碑"，其中，格登碑立于格登山之役的发生地，两通伊犁碑则立于宁远城（今伊宁市）东门外的高埠上。1984 年伊宁市出土"平定准噶尔勒铭伊犁之碑"残片两块。

乾隆皇帝出兵平定准噶尔部上层集团叛乱的胜利，巩固了西北边疆的统一，对西北边疆经济和文化的发展起到了积极的作用。

"平定准噶尔勒铭碑"，对维护祖国统一、反对民族分裂、增强民族团结、开发建设边疆具有重要的意义。

话说伊犁将军

安英新

清乾隆年间，在平定新疆地区的准噶尔和大小和卓之乱统一新疆之后，面对边疆地区的实际和边外对我领土虎视眈眈的沙皇俄国及浩罕等中亚封建汗国，采取了适应新疆现状和社会发展的一系列卓有成效的军事、政治、经济和民族关系方面的措施。在军事上就是实行军府制，即设"总统伊犁等处将军"，简称伊犁将军。

伊犁将军，乾隆二十七年（1762年）设立，是清朝中央政府管理今新疆天山南北包括巴尔喀什湖以东以南及帕米尔高原广大地区的最高军政长官（图一～三）。清代伊犁为"新疆都会"，伊犁将军府衙就设置在伊犁惠远城，自此伊犁成为新疆的军政中心。

伊犁将军的设立，是我国最后一个封建王朝——清朝行政管理新疆地区的重要标志和象征。

伊犁将军的设立，对于巩固西北边防、抵御沙俄侵略、稳定社会秩序、防止分裂割据、维护国家统一发挥了重要作用，奠定了现代我国西北版图的雏形。

伊犁将军的设立，增强了中华各民族间的凝聚力，保证了新疆广大地区相对安定的政治局面，为各民族开发建设新疆创造了有利条件。

伊犁将军是清朝各驻防将军中设立时间最晚的。乾隆年间全国共设驻防将军十四个，分别是盛京、吉林、黑龙江、绥远、乌里雅苏台、西安、宁夏、成都、荆州、江宁、福州、杭州、广州、伊犁诸将军。伊犁将军为"总统伊犁等处将军"，其管辖地域之广、管辖事务之繁、管辖权力之大，在当时全国驻防将军中首屈一指。

在伊犁将军之下设都统、参赞大臣、办事大臣、领队大臣等职，分驻全疆天山南北各地，管理本地军政事务。北路设伊犁参赞大臣二员、塔尔巴哈台参赞大臣一员；南路设喀什噶尔参赞大臣一员，亦称总理回疆事务大臣，管理叶尔羌、英吉沙尔、乌什、阿克苏、库车、和阗、喀喇沙尔等城办事大臣或领

图一　首任伊犁将军明瑞

图二　伊犁将军阿桂

图三　伊犁将军志锐

队大臣及各城阿奇木伯克；东路设乌鲁木齐都统，管理古城、巴里坤、哈密、吐鲁番、库尔喀喇乌苏等城办事大臣或领队大臣。

伊犁将军在全疆范围内采取"因俗而治"的管理方式，在伊犁及蒙古各部采取八旗制和札萨克制，在天山以南的回部实行伯克制，在乌鲁木齐以东地区采取郡县制的行政体制。

伊犁将军不仅是清朝统治新疆的最高军政长官，也是清朝经营新疆政策的决策者与参与者。有清一代，伊犁将军一职均由满蒙大员担任。在清朝中后期的一个半世纪间，有41人71人次担任伊犁将军一职。

乾隆年间，清政府以伊犁将军驻地惠远城为中心，建立八座城池，史称"伊犁九城"。从甘肃凉州、庄浪、热河以及西安抽调满洲、蒙古八旗官兵，编设满营分驻惠远、惠宁两满城；同时，从陕西、甘肃等地抽调绿营官兵携眷移驻伊犁，分别驻守绥定、广仁、瞻德、拱宸、熙春、塔勒奇六城，设置总兵一员，其衙署在绥定城；从天山以南地区迁移维吾尔民众到伊犁屯田，时称"塔兰奇"，管理回屯事务的阿奇木伯克驻宁远城。

为加强对西北边疆的管控，清政府在伊犁驻扎重兵震慑全疆。除伊犁两满营外，从黑龙江抽调鄂温克、达斡尔官兵，编设索伦营；从辽宁抽调锡伯官兵，编设锡伯营；从张家口外察哈尔八旗抽调官兵，编设察哈尔营到伊犁驻防；此外，招抚原新疆厄鲁特蒙古流散人众，并迁移早期归附清朝后安置在热河的部分厄鲁特达什达瓦部众以及随土尔扈特东归的沙比纳尔部众，编设厄鲁特营。这些驻防各营分地驻守，史称"伊犁四营"。

在伊犁将军驻地惠远亦相应建立了一套完备的管理体系，惠远城内建有规模宏大的将军府、参赞大臣衙署、领队大臣衙署、绿营总兵公署、理事同知和抚民同知等大小七十二个衙署。城内各条大街上，京津等地的客商开设的店铺林立，百货云屯，市场繁华，一时有"小北京"之誉。

屯垦是历代中央政府治理新疆的重要国策，清代大规模的移民实边屯田活动在伊犁大地上全面展开，挖渠浚河，开垦土地，屯田种植。屯田形式分为旗屯、兵屯、回屯、民屯、遣屯。这些屯田者有绿营、锡伯营、察哈尔营、索伦营、厄鲁特营和满营兵丁，还有塔兰奇、民人、商人、遣犯等。

祭祀坛庙、旌表先贤是中国历朝政治活动的一项重要内容，清朝统一天山南北各地后，就在各地修建大量的坛庙，并指定名山大川作为祭祀对象，以顺"天意"，借此增强社会各界对中华传统文化的认同感。

清代形成以伊犁为中心辐射全疆范围的驻守卡伦，换防喀什噶尔、塔尔巴哈台的换防体制，同时每年秋天，由伊犁将军和塔尔巴哈台参赞大臣分别派出领队大臣带领数百名官兵分路巡查伊犁西部地区，巡查自伊塞克湖之南由巴尔浑岭至塔拉斯、楚河地方；沿伊犁河由古尔班阿里玛图到楚伊犁山一带；越阿勒坦额默勒，巡查勒布什、招摩多，巡查线路均在今巴尔喀什湖以东、以南地区。

伊犁将军不仅承担着抗击外敌入侵、捍卫国家主权完整的重任，还负有维护新疆社会稳定、保境安民的职责。

清朝统一新疆之初，哈萨克、布鲁特、浩罕均为其藩属，各部间发生政治、经济纷争时，均由伊犁将军或者由喀什噶尔参赞大臣派人调解定夺。随着俄国对新疆经济渗透的深入，伊犁将军有时还负责与俄国交涉双方之间的贸易事宜。

晚清时期，伊犁开始推行"新政"，将绿营兵改编为新军，调湖北新军至伊犁，伊犁等地设高初两等学堂，选派留学生赴俄国学习，设宪政筹备处，建制革厂等。调入惠远的湖北新军中杨缵绪等多位同盟会会员，创办《伊犁白话报》，宣传共和，鼓吹革命。1912 年 1 月，伊犁辛亥革命爆发，处死末任将军志锐，成立新伊大都督府。随着清帝退位，"中华民国"肇建，伊犁将军的历史使命亦随之宣告终结。

惠远新老古城及伊犁九城

安英新

清代前期，伊犁在准噶尔部统治之下。明代中叶以后，瓦剌蒙古翻越阿尔泰山进入准噶尔盆地，亦力把里歪思汗后裔被迫退入南疆沙漠绿洲建立叶尔羌汗国；至明末清初，瓦剌逐步形成卫拉特四部，即准噶尔、和硕特、杜尔伯特、土尔扈特。康熙年间，准噶尔部首领噶尔丹将其政治中心从准噶尔盆地的和布克赛尔转移到伊犁河谷。

乾隆年间，准噶尔部贵族陷入争夺汗位的内讧，多年的内乱使准噶尔部经济凋敝，人心离散，准噶尔部贵族、民众纷纷归顺清朝。乾隆帝决定不失时机出兵平定准噶尔之乱，乾隆二十年（1755 年）派遣大军进军伊犁，讨伐准噶尔部首领达瓦齐，取得格登山之役的决定性胜利。至此，自康熙、雍正、乾隆以来，历时半个多世纪的准噶尔部上层集团的叛乱终告平定。

清朝政府平定新疆地区的准噶尔和大小和卓之乱，统一了新疆，面对边疆地区的实际和边外对我领土虎视眈眈的沙皇俄国及浩罕等中亚封建汗国，采取了适应新疆现状和社会发展的一系列卓有成效的军事、政治、经济和民族关系方面的措施。在伊犁河以北地区兴建惠远城等伊犁九城是其重要举措之一。

惠远城有新、老之分。据档案记载，乾隆二十八年（1763 年），首任伊犁将军明瑞在伊犁河北岸度地建城，"城周九里三分"，乾隆帝亲赐"惠远"，意即"大清皇帝恩泽惠及远方"之意（图一、二）。到乾隆五十八年（1793 年），由于人口增加，伊犁将军保宁奏请向东扩展至"十里六分三厘有零"。清代以惠远城为中心，建立八座城池，史称"伊犁九城"。从甘肃凉州、庄浪、热河以及西安抽调满洲、蒙古八旗官兵，编设满营分驻惠远、惠宁两满城（图三）。同时，从陕西、甘肃等地抽调绿营官兵屯田伊犁，伊犁绿营屯田始于乾隆二十五年（1760 年），屯田兵丁原为五年轮换，至乾隆四十三年（1778 年）改为携眷驻屯，设伊犁镇总兵统辖。总兵驻扎绥定城，主要职责是屯田，屯地分布在今天的

图一　惠远老城航拍图

图二　惠远老城遗址

图三　惠宁城遗址

伊宁、霍城、霍尔果斯一带，清代伊犁九城居其六，即绥定、广仁、瞻德、拱宸、塔尔奇、熙春。从天山以南地区迁移维吾尔民众到伊犁屯田，时称"塔兰奇"，管理回屯事务的阿奇木伯克驻宁远城。

惠远老城的废弃，伊犁河水的侵蚀是一个原因，更重要的原因则是同治初年伊犁动乱和俄国的入侵占领。据《新疆图志》载，在同治初年的边疆危机中，俄国趁清廷无力西顾之际，以"代收代守"为名，悍然出兵侵占伊犁。宁远城（今伊宁市）成为俄国殖民统治伊犁的政治中心，俄国为达到长期占领伊犁的目的，在宁远城大兴土木并对伊犁九城进行有计划的破坏，"将大城西北三城毁其庐舍，迤东清水河（瞻德）、塔尔奇、绥定三城居以汉回，芦草沟（广仁）、城盘子（熙春）等处均弃而不守，惟取各城堡木料于金顶寺，营造市廛几二十里。察俄人用心尽欲踞伊犁为外府……"至此，伊犁九城的命运可想而知。

清光绪年间收复伊犁后，伊犁将军金顺与伊犁参赞大臣升泰等进驻伊犁绥定城（今霍城县治）并到惠远老城查勘，发现该城西南角因伊犁河水冲刷已成沟壑，城内一片荒芜，已无法继续使用。奏报改建惠远新城，新城是按照惠远大城"城周九里三分"的规模，即按惠远城最初修建时的规模兴建的。

惠远新城建设自光绪八年（1882年）动工兴建到光绪十八年（1892年）九月，经金顺、锡纶、色楞额、富勒铭额、长庚五任将军，历时十余年初告完成。光绪十九年（1893年）八月，伊犁将军长庚率领文武满汉官兵自临时驻跸的绥定城将军行营移驻惠远新城。

惠远城为伊犁将军府衙所在，城中驻扎有满蒙八旗，其衙署、庙宇、民居、市肆等规划严格按照《周礼·考工记》"左祖右社""前朝后市"的规制设计建造。按照清制，伊犁将军将伊犁各个城池的舆图上报皇帝御览。现据中国第一历史档案馆藏惠远城（老城）舆图比对现存惠远新城建筑，不难发现，惠远新城各个衙署的位置、建筑规模都大体相当。光绪二十四年（1898年）五月，具体负责承建惠远新城建设工程的甘肃新疆巡抚饶应祺奏报，惠远新城修建的建筑有将军府，副都统衙署，老满营协领、佐领、防御、骁骑校、主事、理事同知衙署，以及兵房八百四十院、营务处、户兵司各公所、粮仓、驼马局、火器营、步军营各公所、印房公所、大档房、军器局、火药局、总学堂、演武接官各厅、八旗公所并各街档房、万寿宫、文庙、武庙、城隍庙、龙神祠、昭忠祠、钟鼓楼等（图四）。

图四　晚清惠远新城鼓楼

当然，新老惠远城之间的职官体系、衙署数量等还是有些变化的，如光绪十三年（1887年）伊犁参赞大臣改为伊犁副都统，伊犁满营协领也由八员变成左、右两翼两员（另外两员为新满营左、右翼），增加了新满营以及晚清时期的湖北伊犁新军、伊犁养正学堂、两等学堂、武备学堂、伊犁皮毛公司等等，城内各条大街上，京津等地的客商开设的店铺林立，百货云屯，市场繁华，一时有"小北京"之誉。

兴建惠远新城后，为重整惠远新城的驻防，将流落各地的孑遗满营兵丁组成"老满营"，分为左右两翼，各由协领一员统管。由于多年的动乱满营兵力已严重不足，为此，经伊犁将军金顺奏请又从驻防伊犁河南的锡伯营抽调锡伯族官兵充实到惠远城，组成"新满营"。据锡伯族老人介绍，惠远城中老满营和新满营各有分地，其中老满营驻扎在钟鼓楼南北大街以东区域，新满营驻扎在北大街以西区域。

伊犁九城的兴盛衰落与祖国的命运息息相关，一部清代伊犁史就是浓缩了的清代新疆历史。伊犁九城见证了各族人民戍边屯垦、建设美好家园的历史过程，见证了各族人民抵御外侮、反抗殖民侵略的历史，见证了反对封建压迫、建立民主共和的历史。宣传介绍伊犁特别是伊犁九城在新疆历史上，尤其是清代历史中的重要地位，真实地展示那段历史，对维护祖国统一、反对民族分裂、增强民族团结、开发建设边疆具有重要的意义。

瞭望渐渐远去的卡伦

安英新

  在新疆伊犁哈萨克自治州的察布查尔锡伯自治县和霍尔果斯市的沿中哈边境一线，至今仍可以看到一些夯土建筑围成的院落围墙遗址，个别的还有角楼遗迹。这就是清代的卡伦遗址（图一、二）。

  卡伦是满、锡伯语 karun 的译音，在满语、锡伯语以及蒙古语中都有"瞭望""守卫""哨所"之意，其在清代的功能也是"瞭望""守卫"。《大清会典》载："于要隘处设官兵瞭望曰卡伦。"

  卡伦是清代伊犁及全疆驻防体制中的重要一环。乾隆年间，清政府在平定准噶尔部上层贵族的叛乱后，面对西北地区的形势，特别是伊犁举足轻重的战略地位，采取了一系列行之有效的军政措施，诸如设伊犁将军，建伊犁九城，调遣察哈尔、锡伯、索伦、厄鲁特四营在伊犁驻防等。伊犁四营的一项重要任务就是守卫卡伦。

  乾隆年间，卡伦按设置方式可分为常设卡伦、移设卡伦、添撤卡伦三种类型。常年设置、固定驻守的卡伦叫常设卡伦，这些卡伦多在重要通道、隘口上。按季节不同而转移设置地点的卡伦叫移设卡伦，这种卡

图一　锡伯营三棵树卡伦

图二　锡伯营干查罕莫敦卡
伦内景

伦多随牧民于不同季节逐水草而迁徙，按一定规律往返循环。在固定地点根据需要随时设置或撤回的卡伦叫添撤卡伦，此类卡伦担负季节性的侦察瞭望勤务，执行矿山、屯田等季节性生产场所的警卫任务。

清代中叶新疆卡伦具有守卫边防和管理内部治安两种性质，每座卡伦都担负通讯、巡查以及瞭望等重要任务。其主要职能是稽查行旅、管理游牧、拘捕逃犯、维护地方治安、保证交通安全等，与光绪年间中俄伊犁条约签订后沿边界设置的具有边防哨所性质的卡伦不同。所以，伊犁的卡伦大都设在边境及城镇山川隘口等重要通道上，与军台、驿站互相联系，构成一套安全防范体系。

驻守卡伦的官员有卡伦侍卫、佐领、防御和骁骑校。每座卡伦驻兵十几至近三十名不等。乾隆年间，卡伦侍卫都是由朝廷选派，三年更换一次，可见清朝中央政府对边疆地区的安宁是非常重视的；其余官兵由伊犁四营委派，三个月更换一次。

乾隆年间，仅伊犁周边就有卡伦90余座。清政府对卡伦的管理极其严格，各地卡伦的设撤、设置地点以及巡查路线的变更，都要经伊犁将军报请清朝中央政府批准之后方可执行。卡伦官兵在驻守一地执行任务外，相邻两座卡伦之间亦按规定时间和路线巡查，并在适中地点插杆、堆石作为会哨之处，互换信牌为凭。

清代新疆卡伦大都远离边界，少者数百里，多者千余里，在没有设置卡伦的那些边远地区，清政府则建立了石碣和"鄂博"。为了加强对这些地带的有效管辖和治理，建立和实行了巡边制度。道光年间，伊犁领队大臣乌凌阿在例行巡查中，发现沙俄军队侵入我巴尔喀什湖以东的哈喇塔拉一带强征赋税、私盖房屋和无理阻拦我方官兵正常巡边。经他们上报朝廷，通过外交途径交涉，迫使对方拆毁房屋，撤回军队。同治年间，沙俄军队公然进攻我驻伊塞克湖地方的清朝边防部队，并侵犯我国伊犁，在伊犁附近的尼玛图、博罗胡吉尔等处，擅自建立军事据点，制造边境事件。

清后期，西北边疆危机日趋加重，同治三年（1864年）清政府被迫和沙俄签订了《中俄勘分西北界约记》等三个勘界议定书，沙俄割占我国巴尔喀什湖以东以南地区的七河流域、塔拉斯河流域的西部领土44万平方千米。

同治十年（1871年），沙俄借口"代收代守"出兵侵占伊犁，又将伊犁的数十处卡伦毁掉。

光绪七年一月（1881年2月），中俄签订《中俄伊犁条约》，伊犁带着累累伤痕回归祖国怀抱。在后来的勘定边界过程中，又把包括霍尔果斯河以西7万多平方千米的土地并入俄国的版图。伊犁四营守卫的卡伦十之八九都划入沙俄境内。

中俄重新分界后，伊犁将军随即筹划在伊犁沿边重要地段、隘口处重新安设卡伦。《新疆伊犁府乡土志》中记载："自光绪九年，与俄罗斯勘定界务，西边界连俄国。经前将军金忠介公奏请新设沿边卡伦三十处，从前旧卡伦大半废弛或划入俄境。"这时的卡伦，就基本上具备了边界哨所的功能。

卡伦设置地点的选择非常讲究，多在交通要道、地势较高的险要之地建筑坚固的营房。除营房外，每座卡伦还修建一座瞭望台，供值班士兵站岗放哨，侦察民情。这种瞭望台一般都选择离卡伦不远的高地，以能环顾四周。我们可从清光绪年间设置的现在遗址尚存的察布查尔、霍尔果斯的塔奇勒哈、干查罕莫敦（尕宁木旦）、三棵树（梧桐孜）、头湖、河源、红山嘴卡伦等所选之地看出，卡伦营房一般都是坐北朝南，占地面积1000平方米左右，为正方形的营垒。四周围立夯实的黄土泥石掺杂围墙，高约一丈五，其上筑有垛口的女儿墙，四角有角楼，以备瞭望或流矢射击来犯之敌。厚墙外凿壕沟，深约一丈五，宽约一丈五至二丈。营房正南为两扇大门，进入院内，正中建有官兵住房五六间，东西两边盖有马厩及库房，大门内两侧亦各盖有一间士兵住房。营房院内一般还建有水井，供人畜饮用。

除以上军事设施外，有些卡伦还建有寺庙。如清咸丰年间的惠番卡伦"庙堂之内供奉'三世降魔大帝'与'威灵镇远天神'，两侧尚祭有山神、土地神、路神、龙王、火神、马神和班第祖师等诸神灵"。

锡伯营的卡伦一直到20世纪30年代后期才废弃。

卡伦作为一种特定时代的历史产物，渐渐离我们远去，即将消失在历史的长河中。但我们不应该忘记，卡伦曾经在人口稀少、防务薄弱的边疆地区，为祖国领土的完整、边境的安宁，为中央政府对边疆地区的行政管理和防止外敌的入侵发挥过重要作用，它是我们重要的文化遗产。

绝域边关

——我国帕米尔高原和昆仑山区的戍边遗址

艾 涛

在我国新疆西南边陲的昆仑山深处，今和田地区皮山县垴阿巴提塔吉克民族乡和赛图拉镇交界处的喀拉喀什河岸边，有一处废弃多年的边关遗址——赛图拉哨卡（图一）。近年来，随着新藏（新疆—西藏）公路上游客车辆的日益增多，这座位于路边的哨卡遗址吸引了越来越多人的目光，大家惊叹于如此偏远艰苦之地竟然这么早就有我们的军队在此驻守，众人的关注使这里逐渐成为千里新藏线上一处重要的网红打卡点和朝圣之地。

作为一处卫国戍边的重要遗址，赛图拉哨卡也得到了各级政府和文物部门的高度重视，2007 年和 2019 年分别被公布为新疆维吾尔自治区文物保护单位和全国重点文物保护单位。

关于赛图拉哨卡有一个流传很广的国共两军"换防"的故事。据传新疆和平解放后，为加强中印边界传统线新疆段的防务，解放军一支先遣分队翻越白雪皑皑的桑株达坂，经漫长跋涉终于到达赛图拉哨卡，没

图一 赛图拉哨卡哨楼及保护碑

想这里竟然还驻守着一队国民党士兵。多年没见到人的国军士兵看到解放军第一句话是："哎呀，你们总算来了，怎么这么多年都没人来呀！"解放军士兵还没来得及说话，他们又问："咦，怎么又换装了呀！"经过询问才知道因关山遥远，换防部队已经数年未至，他们的信息还停留在国民政府时期，突闻山外巨变，震惊之余潸然泪下，一旁的解放军战士也唏嘘不已。

这个戍边人的故事打动了许多人，然而，随着关注度的提高，人们的认知也在不断提升，关于赛图拉哨卡也有了一些争议，有人开始质疑这个故事的真假，甚至否认有过国民党军队在此驻守，认为新中国成立后才有我军在这里驻扎巡逻。

虽然关于"换防"故事的真假、细节的出入已经无法考证，但包括清代和民国在内的历代中原王朝在昆仑山区和帕米尔高原驻军戍守却是不容置疑的事实，除大量文献资料的记载外，在这些地区的崇山峻岭之间，还有许多戍边遗址作为实物证据。

不仅是赛图拉哨卡，在清代和民国时期，在整个帕米尔高原和昆仑山深处还设有许多其他的卡伦和哨卡，构成了一个庞大的边防体系，其中有许多遗址尚存，仅从昆仑山区的赛图拉向西至帕米尔高原上的塔什库尔干塔吉克自治县县城，在这个不算太大的沿边境范围内，目前经调查已知的就有赛图拉、麻扎大拉、吾普浪、铁克里克、红其拉甫、帕尔帕克、派依克、明铁盖、加兰吉勒尕、皮斯岭、达布达尔、拉布特等十多处民国时期的哨卡遗址（图二～五）。

图二　深山空谷中的帕尔帕
　　　克哨卡

图三　派依克卡伦瞭望台（清代的塔墩巴什卡伦）

图四　红其拉甫哨卡的战壕

图五　红其拉甫哨卡的哨位

　　这些哨卡多位于边境附近的山谷中，扼守进出境的交通要道，它们有的就在清代的卡伦附近，如清代的派依克卡伦附近有派依克、明铁盖等哨卡。也有的直接在清代卡伦的基础上进行改扩建，如麻扎大拉哨卡就继续沿用了清代麻扎大拉卡伦的建筑。

　　同样，今天的边防哨所也往往一脉相承，有的就建在民国时期的哨所附近，甚至就建在民国时期的哨卡之上。

　　即使在道路交通十分发达的今天，有的戍边遗址仍然远离公路，很难到达，有网友感慨于赛图拉哨卡的偏远闭塞，条件艰苦，认为这里是当时最西、最远、最高的边防要塞，但实际上比赛图拉更困难的哨卡还不少，以位于今天中巴边境红其拉甫口岸附近民国时期的红其拉甫哨卡遗址为例，海拔 4500 多米，在不通公路的时代，这里比海拔 3600 多米的赛图拉哨卡更西、更远、更高。

　　其实，不仅是清代和民国时期，在更加遥远的唐代，帕米尔高原上就有了唐朝的正式驻军机构——葱岭守捉。所谓葱岭，是包括今天帕米尔高原和天山、昆仑山西部广大区域的统称；而守捉是唐代在边疆地区一种独有的驻军机构，驻军数量数百至数千不等。当时葱岭守捉的驻地就在今天塔什库尔干塔吉克自治县县城北侧的石头城遗址，据《新唐书》记载，唐开元年间（713~741 年）在这里设置了葱岭守捉，是当时安西都护府最远的戍守之地。

　　即使在安史之乱（755 年）爆发后，唐王朝尽征天下之兵平叛，西域、河西军力空虚，吐蕃乘虚占领河西走廊，这里成为孤悬塞外的飞地，在这样局势近于穷途末路之际，葱岭守捉的将士们依旧不辞艰险孤军坚守，为维护国家的统一竭尽全力。

今天的石头城遗址依然屹立于帕米尔高原，虽断垣残壁，但气势雄伟，从石头城考古发掘的情况来看，防守用的城墙和马面都经过了多次维修加固，饱经岁月沧桑，出土有包括五铢、剪轮五铢、开元通宝、道光通宝等多种来自中原的方孔铜钱，这些文物既是东西交流丝绸之路的遗物，也是唐代葱岭守捉、清代蒲犁厅时期在此地驻军的历史见证（图六～八）。

在更早的汉代，这一地区被称为蒲犁，西汉政府就已经对这里的地方首领进行册封和颁赐印绶。据《汉书》记载，当时蒲犁的首领就接受了汉王朝的册封，有"侯、都尉各一人"，"佩汉印绶"，从那时候开始，帕米尔高原已经成为中国领土不可分割的一部分，当地人民已经开始承

图六　石头城遗址全景

图七　考古发掘后的石头城北墙与马面

图八　石头城遗址出土唐"开元通宝"钱币

担起为祖国戍守边疆的重任。

回到最开始的赛图拉哨卡国共两军"换防"故事真假问题，具体到赛图拉这个故事的真相也许永远无法考证，但在漫长的岁月里，类似可歌可泣的故事在帕米尔高原和昆仑山区这些遥远的边关很可能不止一次地真正发生过。

今天，这些位于我国帕米尔高原和昆仑山区戍边遗址中的大多数仍然静静地隐身于深山幽谷，鲜为人知，但它们见证了历代中原王朝对新疆的管辖和治理，更是抒写戍边将士丰功伟绩的永恒丰碑。

清代新疆铜器赏析

牟新慧

　　新疆的民间工艺种类繁多，其中手工制铜是具有地域和人文特色的一门传统工艺。维吾尔族工艺种类繁多，具有较复杂工艺过程的金属工艺也是维吾尔族民族特色较突出的工艺种类之一。新疆南疆地区维吾尔族传统手工铜制器皿的历史悠久，铜器多为实用的生活用具，如：容器、盛具、饮器，主要有铜水壶、铜茶壶、铜锅、铜盆和铜制花瓶等。维吾尔族的铜制品与其他手工艺品一样，既具有实用性，又具有装饰性。从目前的铜制品来看，多为生活用具。据考古发掘，新疆出土有不少铜器，如铜刀、铜釜、铜武士俑、铜箭镞等。《新疆志稿》记载说，维吾尔族"工冶业、铜范为器、若铛、盘、匜六属，镌錾完美"。

　　目前，新疆维吾尔族的铜器制作匠人主要集中在喀什地区。铜器制作的传统工艺是在冷轧加工成型的铜壶、铜盘、铜碗等金属器物上，将平展的紫红铜板延展、变形，渐渐成为手工铜器的雏形，经过几十道工序，包括敲敲打打上万次。然后进行錾花、镶嵌、镂孔或鎏金。"将一些细部造型配件焊接在铜器的雏形上，再进行锤敲，使焊接部分严丝合缝。接着给铜器内壁进行镀锡防腐处理。最后是将繁复的图案纹样镂刻在铜器表面"。一般以红铜（赤铜）为原料，由工匠们在经过冷轧成形，并打磨得十分光洁的红铜容器、盛具、饮器和装饰品的表面，精心雕刻出单一的或成组的图案花纹。全过程不用图纸，不用模具。新疆民间铜器的图案纹样带有浓郁的地域和民族色彩。花纹的题材一般都是植物的花、叶、藤以及石榴、菊花、野菊、无花果、牡丹等。纹样多以软花纹的缠枝花卉构成，多取材于巴旦姆、哈巴克古力（葫芦花）、阿娜尔古力（石榴花）、托特库拉克古力（四瓣花）等，用几何形纹饰做陪衬，表现出浓郁的民族风格和地方特点。在每组或每种花纹之间，往往又间以不同的曲线或不同的几何图案，使图案化了的花草与几何形的图案交相辉映，互相衬托，层次分明。线条流畅生动，花纹变幻生动，具有很强的表现力。

图一　清花卉纹铜执壶

图二　清镂空花卉纹铜盆

新疆民间的铜壶包括两种：茶壶和洗手壶。铜茶壶体型小巧，造型朴实简洁；铜洗手壶大小不一，造型精美，富有生活情趣，纹饰秀丽、细腻，不仅有使用价值，还有一定的收藏和观赏价值。洗手壶的品种花色有七八种之多，大小不一，这种壶无把手，使用时手握壶脖。新疆维吾尔自治区博物馆馆藏的一件清花卉纹铜执壶（图一），用模压、锻打法分别制成各部分，再以铆钉、焊接法使之成为整体，并雕镂纹饰，壶盖与把手上部有活销相连，可借以开启壶盖注水。有喇叭形围足。此件洗手壶的做工十分精细，但不是机械生产的，全部靠手工用铁锤、木槌将铜板敲炼打制而成，并进行焊接、磨光、刻花等工艺，全靠艺人匠师的智慧和巧夺天工的双手，表现了维吾尔匠师的聪明才智。

接水盆肚身很小，但盆沿却很大，倾斜30度，使其在洗手时水能全部接下来并流入盆内。有趣的是，洗完手的水，不是直接流入盆内，而是要通过菱形小孔的盖子进入盆内，这样人们既看不到已用的脏水，又不使脏水溅出盆外，十分卫生。盒盖是带活页的，水满时可以揭盖倾倒，非常方便。新疆维吾尔自治区博物馆馆藏的一件清镂空花卉纹铜盆（图二），维吾尔语称"奇拉普恰"。该铜盆实为接水盆，有直径16.3厘米的活动圆盖，盖面及盆体边沿部分透雕由近百个小洞组成的纹样。洗手时，污水由这些小洞流入盆内。盆体外也有透雕的盆套。

洗手壶和接水盆是维吾尔、哈萨克、塔吉克、柯尔克孜等民族家中必备的用品，但以维吾尔族工匠制作得最为精美，并成为维吾尔族传统的工艺品之一。洗手壶与接水盆有铜制和陶制两种，除了家庭用外，在清真寺里也有不少装满清水的陶制洗手壶与接水盆，供伊斯兰教徒在做礼拜之前"净身""净手"之用。洗手壶和接水盆结实耐用，不生水锈，一般可用上几代人，现在到南疆还可以见到已用了近百年的洗手壶和接水盆。

因铜洗手壶和铜洗手盆不仅使用广泛且具有一定的艺术欣赏价值，因而其是新疆民间铜器的典型代表。另外，还有其他的铜器，如新疆维吾尔自治区博物馆馆藏的清缠枝花纹有盖铜锅（图三），以模压锻打与焊接法合成整体，整体似葫芦状，有覆钵式盖，盖顶有小纽。锅敞口，短直径，有沿，小扁圆腹，小平底。通体除錾刻有缠枝花卉外，在口沿等部位还錾刻有菱格纹条带。清环耳有盖五足锅（图四），又名沙玛瓦尔，整个造型呈高脚酒杯状，容器内正中下大上小，上直径为 13、下直径为 23 厘米。高 55 厘米的烟筒从顶盖中心部位的孔中伸出，炭火可从烟筒中添加。顶盖直径 56、边宽 9 厘米，套盖在口上，非常严实。盖子两侧各有一铜环，用以提揭锅盖。束腰形容体从底部到口边深 39 厘米，凸出部分最大直径为 55 厘米，口边两侧也各有一铜环，以便搬运。在容器底部有平伸出的长 15、直径 2 厘米的带有开关的铜管，使用时容体内的茶水从此流出。与客体底部连接的是直径 18、高 5 厘米的通风膛，四周均开有相同的小口，这既可以使炭火及时泄出，又保证整个炉膛通风火旺。底部呈高脚酒杯底座状，下粗中细，最大直径 40、高 17 厘米，底座四周边缘等距离用长方形的铜条制有 6 个高 10 厘米的"S"形支腿，起着平衡作用。

新疆民间制铜工艺制作历史悠久，在发展的过程中吸收融合了多元文化，形成了具有新疆地域与民族特点的工艺。新疆民间铜器不仅具有实用价值，又具有特殊的艺术性。

图三　清缠枝花纹有盖铜锅

图四　清环耳有盖五足锅

年逾五十不为老，壮年出塞戍边垣

——邓缵先与八扎达拉卡

艾 涛

邓缵先（1868~1933年），字芑洲，自号毳庐居士，民国时期爱国戍边官员、边疆史志学家和杰出的边塞诗人。1868年生于广东河源市紫金县蓝塘镇布心村。1914年受北京中央政府派遣赴新疆，先后出任乌苏、叶城、疏附、墨玉、巴楚等县知事、县长等职，为新疆的稳定、发展和反抗外国侵略作出了历史贡献（图一）。

邓缵先勤于著述，在文学诗词方面造诣颇深，有《叶城县志》《乌苏县志》《叶迪纪程》《毳庐诗草》《毳庐续吟》等著作，诗词歌赋600多首，表达了对边疆风土人情的热爱和对家乡的思念。1933年，新疆发生波及南北疆的大动乱，邓缵先在巴楚县县长任上壮烈殉国，牺牲在反对民族分裂的第一线。

在邓缵先的丰功伟绩中，尤以他1920年3月亲往中印边境的八扎达拉卡巡查边关、勘察边界及调查屯务最具代表性。当时他已经52岁，就像他的诗中那样："年逾五十不为老，壮年出塞戍边垣。"在邓缵先民国时期编纂的《叶城县志》中，收录了他撰写的边情调查报告《调查八扎达拉卡边界屯务暨沿途情形日记》，让我们得以了解他此次巡查的详细情况。

日记首先介绍了哨卡的地理位置，接着说明了调查原因与目的："卡在叶城县西南一千二百八十里，西距喀什道治一千九百二十里，北距省治五千四百六十里，与坎巨提交界，亦可通往印度，防边戍边关系重要。近复有坎人越界偷种情事，奉命往查晓谕阻止，并招募缠布各民，前往开垦，以固边围而免侵越。"

图一　叶城县邓缵先纪念馆邓缵先塑像

沿途气象复杂，山高路险，令人触目惊心。"有一处仅数里崭绝如削，又如悬境，从中间过，险阻异常，不能停足，一停足则碎石滚滚下坠，勇夫色骇壮士股慄，虽老子之牛应将却步，王尊之驭未敢前行。土人云：前清时此路最险，前导先用长绳系在巨石间，各攀缘绳索步步移去，又用毛带束两腋引而纵之，以防其坠，倘人马一跌不可收拾，闻者莫不咋舌。"

千辛万苦到达哨卡后，"卡在河边东，一水来汇。卡门南向，垒石为墙，高八尺，房屋四间，深十四丈，阔十丈。有卡人四人看守，并住眷。卡后有小炮垒一间"。一座民国初年昆仑山深处的典型哨卡浮现在我们眼前。

巡查完哨卡后邓缵先继续沿叶尔羌河狭窄陡峭的深谷（图二）继续前往克勒青河谷，实地解决越界开垦等问题，针对了解到的边界问题提出了自己的见解和解决方案，开始招募各族人民到此开垦戍边，位于此地的今叶城和塔什库尔干塔吉克自治县交界处库鲁星克村的柯尔克孜族居民，据说就是当年到此戍边者的后代（图三）。

1962 年，中印边境发生战事，《叶城县志》中收录的这一边情报告

图二　叶尔羌河上游河谷

图三　库鲁星克村的两位柯
　　　尔克孜族小姑娘

成为领土之争中我方的重要依据。也正是这本《叶城县志》，让作者邓缵先在沉寂多年后，在浩瀚的历史中再度为世人所知。而互联网发达的今天，邓缵先被更多人关注，他的事迹在网上广为传播；在近年的对口援疆工作中，他更是被誉为"广东援疆干部第一人"，在他的家乡广东紫金县和喀什叶城县建有邓缵先纪念馆。

　　邓缵先巡查的八扎达拉卡始于清代，1877 年左宗棠收复南疆后，清朝政府在昆仑山深处重新设置了赛图拉卡、苏盖提卡、桑株卡、达摩卡、克里阳卡和麻扎达拉卡等多处卡伦，麻扎达拉卡就是邓缵先巡查的八扎达拉卡的前身（图四、五）。

　　中华人民共和国成立后，人民解放军进驻南疆，1950 年以第二军第四师、第五师，第五军第十三师各一部接管中印、中巴、中阿、中苏边防。为加强中印边界传统线新疆段的防务，第四师十一团的一个连进驻麻扎达拉，继续在此地驻守。

　　在往后的岁月里，根据边防的实际需要，这一地区的哨卡进行了重新设置，八扎达拉卡被废弃，驻军撤离，石墙坍塌，逐渐消失在历史的迷雾中。

　　2007~2011 年，全国范围开展了第三次全国文物普查工作，国家文物局对普查范围提出了全覆盖的要求，一些文物的空白区域得到填补。2009 年 9 月，喀什地区文物普查队的一支队伍步行翻越白雪皑皑的喀喇昆仑山，涉过奔腾的叶尔羌河，来到塔什库尔干塔吉克自治县和叶城县交界处的崇山峻岭，此地靠近边境，位置偏远，人烟稀少，中国的文物工作者是第一次踏上这片土地。这天，历经艰辛的普查队员来到了麻扎大拉河与叶尔羌河汇合处，远处，一片不同寻常的断垣残壁出现在空山幽谷，销声匿迹多年以后，八扎达拉卡再一次进入了人们的视野。

图四　八扎达拉卡远景

图五　八扎达拉卡残墙

第五章
启航复兴

一盏煤油炉和一台手摇缝纫机的故事

张　辉

　　1938年2月，毛泽民从延安经新疆赴苏联治病时，在新疆短暂停留，他接到党中央的指示，要求他化名周彬留任新疆。在新疆他先后担任新疆省财政厅代厅长及民政厅代厅长等职，迅速扭转了新疆财政困局，开拓了民政工作新局面，为新疆各族人民的解放事业作出了不可磨灭的贡献。

　　初来新疆时，毛泽民居住在一个简朴的两间半小平房里，他虽掌管新疆财政，但始终一身正气，两袖清风，廉洁自律。他不吸烟不喝酒，薪金的大部分都交了党费。他生活作风简朴，能自己做的事情从不愿意麻烦别人。财政厅公务繁忙，每天回家天色已晚，财政厅多次想派一个人来照顾他的饮食起居，但毛泽民坚持不要，他患胃病多年，吃饭必须按时按点，有时候工作很晚，回来生火做饭，就过点了，他就找来了一个苏联进口的煤油炉（图一），随时可以点火做饭，一日三餐都自己动手。每天还将吃剩的蔬菜，洗切干净，按照湖南人腌制泡菜的方法，腌在缸里，一点也不浪费。

　　1939年毛泽民与延安来支援新疆抗战大后方教育事业的朱旦华相识相恋。1940年5月，从苏联治病回来的毛泽民与朱旦华同志在新疆省政府的大礼堂举行了简朴的婚礼。闻讯前来贺喜的人真不少，他俩却按照在延安时的规矩，以茶水糖果招待，不花公家一分钱。朱旦华所在女子中学的同事们还带来了精彩的歌舞表演，在座的客人都说这可真是个新式婚礼！

　　在新房里，两人的铺盖被褥一拼就是新房，所有陈设只是他俩的简单行李：毛泽民只有一个旧皮箱和一个旧藤条箱。里面装的除了几件旧衣服、一双旧毡筒靴和一顶旧皮帽，还有一堆书本；朱旦华只有一个从延安带来的背包和一台手摇缝纫机

图一　毛泽民用过的煤油炉

图二　毛泽民夫人朱旦华使用过的手摇缝纫机（征集）

（图二）。

1941年国民党发动了皖南事变并掀起了第二次反共高潮，同年6月苏德战争爆发，国内外形势急转直下。1942年新疆军阀盛世才公开投蒋反共，9月派军警包围了陈潭秋、毛泽民两人的住所，将两人及其家人软禁在了刘公馆内，朱旦华做好了坐牢的准备，将她从延安带来的手摇缝纫机随身带进了刘公馆。

1943年2月，毛泽民等共产党员被全部投入迪化（今乌鲁木齐）第二监狱，从此就与外界失去了联系。朱旦华只能在过年过节时通过狱方送来的要东西的纸条，对毛泽民的情况有个大致的推测。

1943年端午节，朱旦华收到了署名周彬的纸条。纸条上写着："下次把高靿儿皮鞋及捆肚子的绑带捎来。"

望着这张纸条，朱旦华禁不住泪如泉涌。

现在已是夏天，泽民为什么还要高靿儿皮鞋呢？更何况那双高靿儿皮鞋硌脚，穿着不舒服，泽民早就不穿了，朱旦华心里清楚，一定是敌人给他铐上脚镣，磨破了他的脚踝，穿上高靿儿皮鞋可能好受一些。至于捆肚子的绑带自泽民从苏联治病回来，已经很长时间不用了，现在他受了酷刑，营养又跟不上，肯定是胃病又复发了……

朱旦华抹去泪水，用她带进监狱的手摇缝纫机给毛泽民制作了一条绑带，还有一双她一针一线制作的布鞋，她又把住孩子的小手，在一块小白布上写了"爸爸好"三个字，加上"我们妇女、小孩都在一起"的留言。她找出一顶旧棉帽，将白布字条缝在了帽衬里。

中秋节到了，朱旦华好不容易又盼来了能送东西的日子。可是，她再也没有见到要东西的纸条……

1943年9月27日，毛泽民被敌人秘密杀害，掩埋在六道湾荒山上。时年47岁。

毛泽民把宝贵的生命奉献给了中国人民壮丽的解放事业，他清廉刚正的人格魅力和崇高的革命精神，永远铭记在新疆各族人民的心中。

天地英雄气，千秋尚凛然。

克一号井

——新中国石油工业的曙光

王慧君

　　克一号井（原名黑油山一号井），位于新疆克拉玛依市黑油山东南5千米处，是克拉玛依油田的发现井。1955年10月29日，克一号井完钻获得工业油流，标志着新中国第一个大油田——克拉玛依油田的诞生，唱响了共和国石油工业第一曲壮歌，揭开了新疆石油工业大发展的序幕。1955年11月至2013年6月，克一号井累计生产9248天，即25年3个月。累计生产原油1.7939万吨，生产天然气302万立方米。

　　2013年3月5日，国务院公布第七批全国重点文物保护单位，克一号井名列其中。

一　源起

　　中华人民共和国成立初期，百废待兴，百业待举。旧中国的石油工业十分落后，全国只有玉门、延长和新疆独山子等少数几个矿区，最大的玉门油矿，年产原油不过10余万吨。石油极度匮乏，让经济发展滞

图一　克一号井定位照片

图二　克一号井管卡

图三　克一号井三刮刀钻头

图四　克一号井原油油样

后的新中国举步维艰。共和国需要石油，需要能源工业的支撑。

希望在哪里？曙光在何方？

1950 年，中国政府和苏联政府根据《中苏友好同盟互助条约》成立中苏石油股份公司。在准噶尔盆地西北缘地区工作的勘探队，根据黑油山地区发现的沥青丘、沥青脉等露头油苗，经进一步详查，认为从黑油山到乌尔禾一带广大地区含油希望很大。负责这一带工作的苏方专家乌瓦洛夫和中方地质师张恺认为，这是一个"地下油海"。一些资深的苏联专家却认为那里仅有一点残余油，没有工业价值。此时，"主攻山前"还是"走向地台"的争论愈演愈烈。1955 年 1 月，第六次全国石油勘探会议做出挺进黑油山、钻探一号井的决定。

遵照这一决策，1955 年 3 月，独山子矿务局王克思、王秋明、王连壁等地质工作者立即测定黑油山一号井井位（图一），做出了地质技术设计，设计井深 1000 米，目的层为侏罗系含煤地层。苏联留任专家潘切亨娜做出钻井设计，设计方案报经新疆石油公司代理总地质师杜博民批准后付诸实施（图二、三）。

二　克一号井出油

1955 年 6 月 15 日，独山子矿务局派出由 8 个民族 36 人组成的 1219 青年钻井队，由队长、技师陆铭宝带队，从独山子开赴黑油山。他们在茫茫戈壁安营扎寨，克服大风、酷暑、缺水等重重困难，发出"安下心，扎下根，不出油，不死心"的铿锵誓言。1955 年 10 月 29 日，克一号井完钻，下入油管用清水替出泥浆后，油、气开始外溢，喜获工业油流（图四、五）。

三　全国支援

1956 年 9 月 1 日，克拉玛依矿务局成立，统一

图五　克一号井出油

领导油田的勘探和建设，克拉玛依油田开始投入大规模勘探开发，独山子矿区有 1800 余人来到克拉玛依，成为最早的一批油田创业者和骨干力量。

同年 11 月 26 日，《人民日报》发表社论，号召全国支援克拉玛依。石油工业部从玉门、延长等老油矿抽调整个钻井队伍和其他各专业队伍及技术干部、技术工人，来到了克拉玛依。各方有志之士、成千上万的转业军人和青年知识分子，从祖国的四面八方汇聚到这片亟待开发的戈壁热土。

大量物资也从四面八方汇集到克拉玛依。国家从苏联和东欧进口油田急需的钻探设备和器材；全国 35 个城市的工厂为克拉玛依生产各种设备和器材；新疆生产建设兵团工一师三团工程大队冒着漫天飞雪赶赴克拉玛依，开始建设房屋；塔城地区组织 1000 多峰骆驼为油田运送柴火⋯⋯

四　以苦为荣

克拉玛依油田勘探开发初期，生产生活条件极为艰苦。住是当时最

图六　骆驼拉水

图七　克拉玛依早期运水铁皮桶

头疼的问题。当时最好的住房是地窖。但是地窖和帐篷十分有限，很多人只能露宿在戈壁滩上。油田方圆几十里没有水（图六、七）。当时规定：洗脸、刷牙、洗衣服都用硫化氢水。即使硫化氢水，每人每天只分一脸盆。用法是：早晨刷牙又洗脸，晚上擦身又洗脚，洗脚之后，沉淀一下再洗衣服。除此之外，当时还面临着蔬菜短缺、风灾频发等困难，但职工们以苦为荣、以苦为乐，充满革命乐观主义精神。

五　后记

1982 年 10 月 29 日，为纪念克一号井对中国石油工业的卓越贡献，新疆石油管理局和克拉玛依市为该井树立纪念碑，成为克拉玛依油田的象征。而在油田勘探开发过程中凝结出的爱国奉献、艰苦创业、民族团结、求真务实、追求卓越的优秀品格，也逐渐成为克拉玛依的精神内核，激励着克拉玛依人应对各种困难和挑战，不断取得新胜利，创造新奇迹。

为钻井两万口、生产石油两千万吨而奋斗

——朱德视察克拉玛依题词

王慧君

克拉玛依市文博院收藏着一件十分珍贵的文物，即朱德视察克拉玛依题词，是 1958 年朱德副主席视察克拉玛依时为勉励新疆各族石油职工留下的题词。题词纵 61、横 34 厘米，宣纸上用行草书写着"为钻井两万口，生产石油两千万吨而奋斗。朱德一九五八年九月十二日"（图一）。

一 克拉玛依油田的重要历史意义

中华人民共和国成立之初，石油工业十分落后，1949 年全国原油年产量仅 7 万吨，主要靠进口"洋油"维持国民经济的发展，初生的新中国仍戴着"贫油国"的帽子。

1955 年 7 月 6 日，克拉玛依一号井正式开钻。当时，正是中国第一个"五年计划"时期，全国原油产量仅有 30 多万吨，远远不能满足国民经济发展需要。1955 年 10 月 29 日克拉玛依一号井喷油，日初产原油 3.7 吨，掀开了新中国第一个大油田——克拉玛依油田建设的篇章，推翻了"贫油国"的论断。

1956 年国庆节，首都北京的游行队伍中，人群簇拥着一辆标有"1956 年发现的大油田克拉玛依"标记的巨大模型在天安门广场缓缓走过，毛主席、周恩来、刘少奇、朱德等领导人挥手示意，游行群众举目欢呼（图二）。克拉玛依——一个充满着艰苦奋斗精神，一个浸透着无数志士仁人血汗，一个凝结着共产党人意志的名字，以新中国第一个大油田的身份享誉海内外。

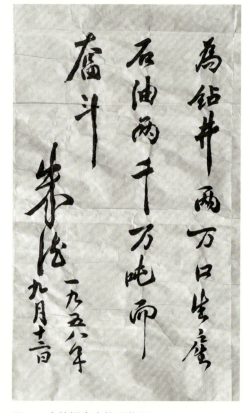

图一 朱德视察克拉玛依题词

图二　1956 年国庆节，首都北京的游行队伍中，人群簇拥着一辆标有"1956 年发现的大油田克拉玛依"标记的巨大模
　　　型在天安门广场缓缓走过

二　朱德视察克拉玛依

　　1958 年 9 月，时任中共中央副主席、中华人民共和国副主席的朱德偕夫人康克清来到新疆，此时距离克拉玛依一号井出油已过去 3 年，石油城克拉玛依已见雏形，中央领导关注着石油工业发展，关注着正在开发、建设中的克拉玛依油田，惦记着石油工人的工作和生活。9 月 9~13 日，朱德副主席先后到独山子炼油厂、独山子地质调查大队 301 地震队、"三八"女子钻井队、张云清钻井队、新疆石油管理局技术革命展览馆等基层单位视察，看望奋战在石油生产第一线的各民族干部、职工，并会见了矿区的先进生产者和先进工作者，与他们亲切交谈。当时克拉玛依石油产量将达到 30 万吨，超过当年全国石油生产总量的五分之一。他对油田的各族职工群众说："三年时间，在荒凉的戈壁滩上，建立起一座 4 万人口的石油城市，这是一个很大的成绩，也是一个很动人的神

话。"9月12日，朱德参观了原新疆石油管理局技术革命展览馆并挥毫题词"为钻井两万口，生产石油两千万吨而奋斗"，以此勉励新疆各族石油职工。

1. 黑油山是座宝山

9月10日，朱德听取了克拉玛依矿区党委的汇报（图三、四）。"克拉玛依在准噶尔盆地的西北部"，时任新疆石油管理局副局长的秦峰同志指着铺在桌子上的地图说："这边，是成吉思汗山，克拉玛依市就在这个山脚下；那边，就是黑油山，很早以前，就有泉眼冒油；这边，是

图三　朱德视察克拉玛依

图四　朱德与参加克拉玛依矿区党委扩大会议的同志研究矿区发展规划

乌尔禾探区，不久以前，才发现有油……"听完汇报后，朱德前往黑油山，他迈着大步，稳健而有力地登上了著名的黑油山。这座小山岗上，遍地都是黑亮的油泥，不时还冒着油泡，这是制作沥青的好原料。他站在这座山上，向远处望去，就像是瞭望整个准噶尔盆地，离开时感慨地说："这真是座宝山啊！"

2. 巾帼不让须眉

9月11日，刚刚成立不久的"三八"钻井队、"三八"采油队、"三八"炼油厂的各族女工们，在自己的劳动岗位上，接受了朱副主席的视察（图五）。她们来自祖国各地，有好几个不同的民族，大多数是职工的家属。她们亲密地工作和生活在一起，互相帮助，互相学习，团结得就像亲姊妹一样，年年超额完成任务。朱副主席勉励女工们："你们是建设社会主义的一支重要力量，你们政治挂了帅，具有共产主义思想和风格，我回到北京后，一定要把你们的事迹报告给党中央和毛主席，并号召各地向你们学习。"

三　后记

朱德视察克拉玛依题词体现了他对克拉玛依建设的肯定，更展现了国家对克拉玛依的发展期许，60多年来一直激励着克拉玛依人为实现这

图五　朱德副主席与"三八"
　　　女子钻井队女工交流

一任务目标而不懈奋斗。截至2019年，克拉玛依油田已累计生产原油3.76亿吨、天然气847.6亿立方米，为保障国家能源安全作出了重要贡献。

朱德副主席当年接见过的三八女子钻井队指导员吴淑华同志，在退休后仍旧不忘初心，经常配合各单位、组织开展党员教育，做主题宣讲，讲述三八女子钻井队的感人往事，以身作则传承克拉玛依的艰苦奋斗精神。

朱德视察克拉玛依题词现展览于克拉玛依市文博院基本陈列中，文物配合朱德视察克拉玛依主题的油画，生动再现了当年的情景，成为克拉玛依爱国主义教育、革命传统教育和精神文明建设的重要内容。